כתבי האקדמיה הלאומית הישראלית למדעים
החטיבה למדעי־הרוח

התרגומים העבריים
של כתבי אבן רשד

עורך הסידרה שלמה פינס

אוצר הפילוסופים של ימי־הביניים
של האגודה הבינלאומית של האקדמיות

כתבי אבן רשד

הנוסחים העבריים של המאמר הרביעי

של הביאור האמצעי של אבן רשד

לספר המידות על־שם ניקומאכוס לאריסטו

ההדיר וצירף מבוא וחילופי־נוסח

אליעזר זאב ברמן

ירושלים תשמ״א
האקדמיה הלאומית הישראלית למדעים

ISBN 965-208-034-9

פתח־דבר

חובה נעימה לי להודות למנהלים ולספרנים של הספריות אשר המציאו לי תצלומים של כתבי־היד העבריים שהשתמשתי בהם במחקר זה: ספריית מדיציאה־לורנציאנה, פירנצה; ספריית בודליאנה, אוקספורד; ספריית האוניברסיטה, קיימבריג׳; ספריית כל ישראל חברים, פאריס; הספרייה הלאומית, פאריס; הספרייה הלאומית, וינה; ספריית הוואטיקאן; ספריית פאלאטינה, פארמה. אני מודה גם למכון לתצלומי כתבי־יד עבריים שבבית הספרים הלאומי והאוניברסיטאי בירושלים על הרשות להשתמש באוצרותיו ועל עזרתם הנדיבה של עובדיו. תודה מיוחדת נתונה לאב דימטריאו סטיפאנו אלטימארי (Demetrio Stefano Altimari) מן ה־Laboratorio di Restauro del Libro, Badia Greca di Grottaferrata על ששלח לי מיקרופילם של כ״י טורין ועל עזרתו הנדיבה בעת ביקורי במנזר בקיץ 1973. כמו־כן נתונה תודתי לאלעאבד אלפאסי ז״ל, מנהל הספרייה של אוניברסיטת הקרויין בפאס, ולהנהלת הספרייה הלאומית ברבאט שבעזרתם קיבלתי צילום של כתב־היד היחיד של התרגום הערבי לספר המידות על־שם ניקומאכוס לאריסטו השמור בספרייה בפאס. על העזרה הכספית והעידוד שהושיטו לי במרוצת השנים אני מודה למוסדות אלה: American Council of Learned Societies, החברה הפילוסופית האמריקאית (American Philosophical Society), האקדמיה הלאומית הישראלית למדעים, המוסד הלאומי לתרבות יהודית (National Foundation for Jewish Culture, U.S.A.), אוניברסיטת סטנפורד ומוסד Roland. רוצה אני להודות גם למרכז המחשבים של סטנפורד, שעזר לי בכל דרך אפשרית. תודה גם לדוד י׳ הלפרין שהיה ממונה על הצד הטכני של ראשית עבודתי. רפאל אריה פינקל השתתף כיועץ טכני בשלבים הסופיים של העבודה והיה אחראי לעדכון תכניות המחשב. תודתי נתונה גם לאשתי חנה, שהשוותה את כ״י טורין עם כתב־היד הבסיסי ועזרה באופנים שונים להביא את המפעל לידי גמר. אני מודה גם לפרופסור ו״א קלבש (W.A. Clebsch), שעודד אותי בשנים האחרונות. גם פרופ׳ שלמה פינס עודד אותי במרוצת השנים, ותודתי נתונה לו בזה. אני גם מביע את תודתי לאקדמיה הלאומית הישראלית למדעים שקיבלה על עצמה לפרסם מחקר זה בהוצאתה ולמר שמואל ראם על עזרתו האדיבה בהבאת הספר לדפוס.

אז״ב

סטנפורד–ירושלים

תוכן־הענ—יינים

מבוא

1. ראשית המחקר בנוסחי התרגום

בשנת 1962 התחלתי לאסוף חומר בשביל מהדורה מדעית של התרגום העברי של הביאור האמצעי של אבן רשד לספר המידות על־שם ניקומאכוס לאריסטו, תרגום שנעשה בידי שמואל בן יהודה ממארסיי[1] בשנים 1321 ו־1322. זהו התרגום הראשון לעברית של ספר פילוסופי יווני הדן בענייני המידות והמדינה. לתרגום היתה השפעה גדולה על התפתחותו של המינוח העברי הפילוסופי בתורת המידות ובתורת המדינה, מינוח שעדיין לא נחקר כל־צורכו. עם הנוסח המקורי של תרגומו של שמואל החלה תקופה של התעניינות בספר המידות, וזו נמשכה לפחות עד זמנו של משה אלמושנינו, שחיבר באמצע המאה הט״ז פירוש לספר המידות שתורגם מלאטינית לעברית בידי מאיר אלגואדיש בסוף המאה הי״ד;[2] הווה אומר, ההתעניינות בספר המידות בימי־הביניים העבריים מתחילה מן התרגום מן הערבית ומסתיימת עם פירוש על תרגום מלאטינית לעברית.

במהלך מחקרי נוכחתי לדעת בהדרגה, כי כתבי־היד העבריים של ספר המידות שמנה שטיינשניידר בספרו על התרגומים העבריים בימי־הביניים מייצגים למעשה שלבים שונים בהתפתחות הטקסט.

קודם־כול, לפי דעתי, אפשר להבחין בתיקונים שונים שהכניס המתרגם עצמו לנוסח העברי כאשר עיבד את תרגומו; באחד הסעיפים של מבוא זה אצביע על דוגמאות מספר שיש בהן כדי לבסס דעתי זו. ולא זו אף זו, הנוסח המקורי של שמואל עובד בשלבים שונים בידי יחידים עלומי־שם. במאמר הרביעי של הביאור האמצעי אפשר להבחין בשלושה עיבודים שונים, לפחות, שעברו על הנוסח המקורי. עוד טקסט חשוב לענייננו הוא הקיצור של הנוסח המקורי שנעשה בידי יוסף אבן כספי, בן זמנו של שמואל. המהדורה של הנוסח המקורי בשלימותו עתידה לצאת לאור בהוצאה של

1 נוסח טרומי של המבוא באנגלית הושמע ב־29 ביולי 1973 בקונגרס העשרים ותשעה של המזרחנים שהתקיים בפאריס.
לידיעות על שמואל עיין: ברמן, ׳שמואל בן יהודה׳, עמ׳ 289–320. למחקר טרומי של הנוסחים העבריים של הביאור האמצעי המבוסס על חומר לקוח מן המאמר הראשון עיין: L.V. Berman, 'The Revised Hebrew Translation of Averroes' *Middle Commentary on the Nicomachean Ethics*', in *Seventy-Fifth Anniversary Volume of the Jewish Quarterly Review*, Philadelphia 1967, pp. 104–120. קיצורו של המבוא לכרך זה עיין: *Études hébraïques – Actes du XXIXe Congrès internationale des Orientalistes*, Paris 1975, p. 17, n. 1. מאמר זה מכיל תיקונים למאמר הקודם. בדבר חומר שנשתמר מן המקור הערבי של הביאור עיין: ברמן, ׳קטעים׳, עמ׳ 31–59. בדבר היחס בין התרגום העברי לבין הערבית של הביאור של אבן רשד ושל המתרגם הערבי האנונימי, וכן על מקומו של הביאור האמצעי בספרות העברית של ימי־הביניים, עיין: ברמן, ׳ביאור׳.

2 עיין: שטיינשניידר, עמ׳ 215.

האקדמיה הלאומית הישראלית למדעים. גם המהדורה של הנוסח המתוקן, השונה בהרבה מן הנוסח המקורי, וכן קיצורו של אבן כספי, עתידים לראות אור בהוצאה זו. במבוא זה נעשה נסיון לברר את השתלשלות הטקסט של התרגום בכתבי־היד ולהצביע על אותם כתבי־היד הנוגעים במישרין במהדורת הנוסח המקורי של שמואל. הטקסטים הקשורים בספר המידות לאריסטו בעברית שאני דן בהם כאן לא הוסבה אליהם תשומת־לב בעבר.

2. הטקסטים ואופן סידורם בכרך זה

הטקסטים העבריים, המוצגים להלן בקבוצות של חמש־חמש שורות מקבילות, חולקו בהתאם לשורות של הטקסט היווני של כתבי אריסטו במהדורת בקר (Bekker), ברלין 1831, שלפיה מקובל לצטט את הטקסט. חלוקה כזאת של טקסטים עבריים אפשרית, כיוון ש'ביאור אמצעי' כמונח טכני מתייחס בראש וראשונה לדרך הסגנון שנקט אבן רשד בתרגומים הערביים של חיבורי אריסטו (בערבית تلخيص). בפירוש הארוך שלו הוא מפרש את הטקסט באופן מפורט, ואילו בקיצור הוא מתייחס לתוכן הטקסט בלי לשמור בקפידה על רציפות הטקסט. אבל ב'ביאור האמצעי' נשאר התרגום קרוב למקור ואינו מכיל פירוש נפרד. ראשי סעיפים מוצגים על־ידי הנוסחה 'אמר [כלומר, אריסטו]' במקומות המתאימים. ברם, התאמת העברית לשורות של המהדורה היוונית של בקר היתה מטבעה שרירותית במידת־מה מפאת ההבדלים שבין שתי הלשונות ובשל סטיות מן הטקסט היווני של יתר וחסר. רק הנוסח המקורי הושווה עם היוונית. סידור שאר הנוסחים נעשה לפי הנוסח המקורי.

שני טעמים עיקריים הניעוני לחלק את השורות של הטקסט העברי לפי היוונית ולמקם את הנוסחים השונים זה תחת זה. ראשית, סידור זה מאפשר ראייה גראפית של היחסים שבין השכבות הטקסטואליות השונות. שנית, מבנה זה עוזר להבנת התפתחותו של המינוח הפילוסופי הנקוט בטקסטים. לפעמים יש חמישה נוסחים שונים למהדורה הראשונה של שמואל לתרגומו לביאור האמצעי (עיין להלן), המכילים גם שינויים במינוח. התועלת בסידור הנוסחים השונים לפי שורות הטקסט היווני גלויה לעין, שכן סידור כזה מאפשר להשוות שורה המעניינת את החוקר לשורות המקבילות בנוסחים השונים. בעיון קל הוא יכול להיווכח אם המינוח הפילוסופי נשאר קבוע ואם השתנה במרוצת השנים, בלי להיזקק להשוואה מייגעת של מונחים מלה במלה. מובן, כי טכניקה מעין זו תהיה מועילה יותר כאשר גם הטקסטים היווני, הערבי והלאטיני יהיו ערוכים במבנה דומה לעברי.[3]

אף שהקיצור של אבן כספי אינו הולך בעקבות הסדר של היוונית באורח צמוד כשאר הנוסחים, רשמתי אותו באותו הסדר. הערה בדבר הסדר המקורי של הקיצור צוינה במקום המתאים (עיין, למשל, 1120א26–30). אותה השיטה נקטתי במקומות שבהם הטקסטים האחרים סוטים מן הסדר של הטקסט היווני (עיין, למשל, 1128ב17–19).

3 אני מקווה, שהסיבות האלה יצדיקו את סטייתי מן הנוהג להדפיס נוסחים שונים של טקסטים בטורים מקבילים, כנזכר בספר: M.L. West, *Textual Criticism and Editorial Technique*, Stuttgart 1973, p. 75. ברור, כי הצעד הבא הוא הדפסת הנוסחים השונים השלימים. הטקסטים האלה ייצאו בנפרד. היה כדאי להדפיס בשלב מאוחר יותר את כל הטקסטים לפי השיטה המוצעת כאן. דבר זה יתאפשר על־ידי שכלול השיטות המאפשרות להדפיס שפות שונות ביחד במחשב.

שינויים בכתיב אינם נזכרים באופן ממצה באפאראט הביקורתי, אבל ניתן מבחר מייצג, ובמיוחד צוינה הופעתו הראשונה של שינוי בכתיב מלה. בטקסט עצמו לא שאפתי להאחדה מלאכותית של הכתיב. בדרך־כלל הכתיב הוא של כתב־היד הבסיסי. על־פי־רוב, פיסוק כתב־היד אינו מסומן באפאראט, אבל פיסוק כתב־היד הבסיסי מצוין באופן כללי על־ידי רווחים בטקסט הנדפס, דבר שהוא מקובל בכתבי־יד עבריים מימי־הביניים. בדרך־כלל תיבת 'אמר' בהתחלת סעיף מופיעה בכתבי־היד באותיות גדולות; עובדה זו לא צוינה באפאראט, אלא־אם־כן יש שינוי כלשהו בכתבי־היד. ברם, מלים אחרות באותיות גדולות בנוסח המקורי, וכן בנוסחים המתוקנים הראשון, השני והשלישי (ראה להלן), צוינו באפאראט. בדרך־כלל ציינתי את הופעתם של סימנים הבאים בכתבי־יד בקשר למלים או אותיות מסוימות. השימוש בסימנים אלה מקורו בשימושי סופרים, והם מציינים בעיקר השמטת אותיות, היפוך מלים או המקום שבו חומר הכתוב בגליון צריך להיכנס לתוך הפנים. שימושי סופרים אלה בכתבי־יד עבריים צריכים חקירה יסודית.[4]

3. הנוסח המקורי (נמ"ר)

השורה הראשונה המלאה שבכל יחידה של חמש שורות היא הטקסט של הנוסח המקורי של הביאור האמצעי לאבן רשד בתרגומו העברי של שמואל בן יהודה ממארסיי. הסימן המציין את התרגום בנוסחו המקורי הוא %, והוא מוצמד לשורת המספרים והאותיות המציינת את העמוד, הטור והשורה של מהדורת בקר של הטקסט היווני של אריסטו. האפאראט המלווה את הטקסט בחלק התחתון של העמוד מצוין באותו הסימן.

הטקסט של נמ"ר מבוסס על חמישה כתבי־יד אלה:

א כ"י פירנצה, Bibl. Medicea Laurenziana, Pluteus 88.25. תיאורו ראה: *Bibliothecae Ebraicae Graecae Florentinae sive Bibliothecae Mediceo Laurentianae Catalogus,* ab Antonio Maria Biscionio, II, Florence 1757 מידותיו: 256 × 175 (159 × 98) מ"מ; בכל עמוד שלושים שורות; כתוב על קלף דק לבן. לפעמים הוסיף מתקן או סופר כתב־היד למונחים טכניים עבריים את המונחים המקבילים בלאטינית. בגליון יש ציון של פרקים; אלה מקבילים לחלוקת הפרקים שבתרגום העברי מן הלאטינית שעשה מאיר אלגואדיש.[5]

ב כ"י אוקספורד, ספריית בודליאנה, Mich. 317. תיאורו ראה: נויבאואר, 2,1355. בגליון יש הערות המזכירות את 'הספר הישן'. ההערות הנראות במיקרופילם מובאות באפאראט.

ג כ"י פירנצה, Bibl. Medicea Laurenziana, Conventi Soppressi 12. תיאורו ראה: *Supplementum Alterum ad Catalogum Codd. Graecorum, Latinorum,* etc., IV (נמצא בחדר־הקריאה של הספרייה). מידותיו: 234 × 179 (160 × 127) מ"מ; בכל עמוד 31 שורות; כתוב על קלף. הועתק בידי משה די ריאיטי ב־1457. עיין: ברמן, 'שמואל בן יהודה', עמ' 311, הערה 36.

4 לעת עתה עיין דיון בקצת מן הבעיות: M. Beit-Arié, *Hebrew Codicology*, Paris 1976

5 הנתונים של חלוקת הפרקים הם על־פי מהדורה ביקורתית טרומית שהכנתי. התרגום מן הלאטינית יצא לאור על־ידי יצחק סטנוב בברלין, 1790, בהוצאה בלתי־ביקורתית.

ד כ״י אוקספורד, ספריית בודליאנה, Mich. 565. תיאורו ראה: נויבאואר, 2,1350. חסר בו כמעט כל המאמר הראשון של הביאור. נראה, כי הטקסט של הביאור האמצעי נכתב בידי אותו הסופר שכתב את הספר הראשון בכתב־היד שנשלם בסיון ה׳קמז (מאי–יוני 1387), ולכן נראה, כי הוא הֶעָתיק מבין כל כתבי־היד. במקומות מספר נפגע ממים, ולעתים הוא קשה לקריאה במיקרופילם. משום כך הובא כ״י **ד** באפאראט רק כאשר יש בינו ובין שאר כתבי־היד שינוי שאפשר להבחין בו. בדרך־כלל לא נזכרו גירסאות מטושטשות.

ח כ״י קיימבריג׳, ספריית האוניברסיטה, Add. 496. תיאורו ראה: רוזנטאל, עמ׳ 6.

כתב־יד אחר של נמ״ר שמור בפאריס בספריית כל ישראל חברים, מס׳ 305 (סרט המכון לתצלומי כתבי־יד, מס׳ 3303). מידותיו: 200×140 (144×90) מ״מ; בכל עמוד 24 שורות; כתוב על נייר וקלף. כתב־היד מתחיל בשורה 1120ב24 של הטקסט היווני. נוסח זה הגיע אלי רק לאחר שנשלמה ההדרת המאמר הרביעי, ולכן אינו כלול באפאראט. ברם, השוויתי גם אותו עם שאר כתבי־היד של המאמר הרביעי, ומסקנות ההשוואה ניתנות בנספח א, עמ׳ 139–142. להלן אני מציין כתב־יד זה בסימנים ט (סימן זה מתייחס לגוף הטקסט) וט$_{מ}$ (= ט מתוקן; סימן זה מתייחס לתיקונים שהכניס אל הטקסט מתקן או מסגנן עלום־שם). על־פי רוב, גוף כתב־היד מתאים **לא**, ואילו בתיקוניו הוא מותאם בדרך־כלל **לבגדח** כל־אימת שהם סוטים **מא**.

מבדיקת ההבדלים בין כתבי־היד נראה ברור, כי כ״י **א** וט שונים מאוד **מבגדח** וט$_{מ}$ אף שאין בהבדלים אלה משום מניעה להכלילם באותו האפאראט עצמו. כדי להבליט הבדלים אלה הוספתי לפעמים מעל לחטיבה של חמש השורות שורה שישית, וציינתי אותה בסימן %%. שורה נוספת זו מכילה רק שינויים מהותיים מן הנוסח שבשורה הראשונה (%). בדרך־כלל נתקבצו השינויים האלה מן האפאראט המתייחס לשורה הראשונה (%). (יוצא מן הכלל בולט מצוי ב־1120א2%%, התלוי בקיצורו של אבן כספי; ראה להלן, סעיף 7.) כדי להקל על הציטוט במקרה שהוצגה גם שורה שישית קראתי לשורה הראשונה (%) נמר״א (= נוסח מקורי א), ולשורה השישית (%%) — נמר״ב (= נוסח מקורי ב). בדרך־כלל נשמר בנמר״א הנוסח של **א**, אלא־אם־כן תוקן **א** ושאר כתבי־היד תומכים בתיקון פה אחד (יוצא מן הכלל מצוי ב־1125ב31). הצדקת השיטה השמרנית הזאת הוא הנסיון לשקף נאמנה כתב־יד אחד כנוסח־יסוד.

מהו מקור השינויים בין נמר״א לנמר״ב? קודם־כול, יש תיקונים שהכניסו מתקן או מתקנים עלומי־שם. שנית, וזה מעניין יותר, אני סבור, שאפשר להבחין בעקבותיהן של המהדורות הראשונה והשנייה של שמואל עצמו. כך עולה מן הקולופונים שהוסיף שמואל לתרגום שעשה לביאור האמצעי של אבן רשד לספר המידות ולקיצורו של אבן רשד לספר הנהגת המדינה לאפלטון. בקולופון לתרגום שלו לביאור האמצעי הוא אומר, כי גמר את תרגומו בי׳ אדר ראשון ה׳פ״א (8 בפברואר 1321) ותיקן אותו שמונה חודשים לאחר־מכן, בכ״ז אלול ה׳פ״א (21 בספטמבר 1321), ׳עם עזר קצת משכילי אומתינו היתה עלינו ידם בזה.׳ הוא מבטיח לתקן אותו שוב, אם ישוחרר מן הכלא, ומבקש מאלה שהספר מגיע לידם לפני התיקון השני ׳לנצל׳ (שיסלחו לו) אותו. מכאן, שהמהדורה הראשונה של שמואל אמנם יצאה לאור, כלומר, ניתן לאחרים לשם העתקה.[6] בקולופון שלו לתרגומו של הקיצור לספר הנהגת המדינה לאבן רשד

6 עיין: ברמן, ׳שמואל בן יהודה׳, עמ׳ 295, 305, 307.

שמואל מזכיר, שגמר תיקון שני של שני חלקי החכמה המדינית, כלומר, הביאור האמצעי לספר המידות והקיצור לספר הנהגת המדינה. במלאכת התיקון קיווה להיעזר בחכמי הנוצרים, אלא שהתאכזב, ובתיקון שעשה לתרגום שלו לביאור האמצעי השתמש, כנראה, בתרגום הערבי של ספר המידות עצמו. לשון התרגום הזה לא נזכרה, אבל מן הסתם היא זהה ללשון התרגום של ספר המידות, שהיתה קשה מדי בשבילו כאשר חשב לראשונה להעתיק את החכמה המדינית לשפה העברית. שפת התרגום הזה היתה מן הסתם ערבית.[7]

נראה לי, שבטקסט המיוצג על־ידי **א** ו**ט** אפשר למצוא את עקבותיה של המהדורה הראשונה של שמואל. ברם, **א** ו**ט** תוקנו אף הם, בלי שניכרת התייחסות למהדורה השנייה של שמואל. ועוד, **בגדח** ו**ט**$_{\text{מ}}$ מייצגים בדרך־כלל את המהדורה השנייה של שמואל, אף־על־פי שגם בהם הוכנסו תיקונים עצמאיים.

מה הם הקריטריונים שלפיהם עלינו להחליט, אם גירסה מסוימת שייכת למהדורה הראשונה של שמואל או למהדורתו השנייה, או שהיא בגדר תיקון עצמאי?

מלבד הקירבה לערבית המשוערת[8] וגירסה קשה מול גירסה קלה (עיין להלן), יש קריטריון חיצוני חשוב, והוא ההתאמה לחלק הראשון של ספר תרומת הכסף ליוסף אבן כספי, שהוא הקיצור שעשה אבן כספי לתרגומו של שמואל בן יהודה של הביאור האמצעי. הקיצור הזה נעשה בכסלו ה׳צ (25 אוקטובר – 23 נובמבר 1329) בטאראסקון.[9] אנחנו יודעים, שגם שמואל היה בטאראסקון בזמן הזה, בערך, מכיוון ששם גמר בעשרים בטבת ה׳צ (13 בדצמבר 1329) את התיקון לתרגומו של קיצור ההגיון לאבן רשד.[10] נראה סביר להניח, אם כן, כי הגיעה לידיו של אבן כספי המהדורה השנייה של שמואל (אולי עם תיקונים נוספים של המחבר), וכי השתמש בה בעת שחיבר את קיצורו. לכן, כשיש ספק אם גירסה שייכת למהדורה הראשונה או השנייה של שמואל ואם הוא תיקון עצמאי, גירסאותיו של אבן כספי מועילות. כאשר הגירסה של קיצורו של אבן כספי מסכימה עם גירסה מסוימת, עלינו להניח, כי היא מייצגת את המהדורה השנייה של שמואל. לפיכך צירפתי למהדורה שלפנינו גם מהדורה ביקורתית של הקיצור של אבן כספי, והיא מופיעה בשורה האחרונה בכל חטיבה של חמש (או שש) שורות של טקסט (עיין להלן).

מעניין לציין, שהתאריך האחרון שבידנו על־אודות פעילותו של שמואל הוא ח׳ בתמוז ה׳ק (4 ביולי 1340), הוא המועד שבו גמר להעתיק את הנוסח של תרגומו המתוקן של הספר על הנפש לאלכסנדר איש אפרודיסיאס, שתרגמו בפעם הראשונה כששהה במורסיה (Murcia) שש־עשרה שנה קודם־לכן, והוא בן שלושים שנה.[11] לפיכך מתקבל מאוד על הדעת, שמדי פעם בפעם תיקן שמואל את תרגומו של

7 שם, עמ׳ 310 ועמ׳ 307.

8 נשמרו בידנו רק קטעים מספר מן הטקסט הערבי של הביאור האמצעי של אבן רשד; הללו ראו אור במאמרי ׳קטעים׳. כאשר אין בידנו טקסט ערבי של הביאור האמצעי, אני מניח, שהטקסט הערבי של התרגום לספר המידות הוא הטקסט של הביאור האמצעי של אבן רשד, אלא־אם־כן יש שינויים משמעותיים בין התרגום הערבי ובין התרגומים העברי והלאטיני של הביאור האמצעי.

9 לספרות על יוסף אבן כספי עיין שם, עמ׳ 297. עיין גם: B. Mesch, *Studies in Joseph ibn Caspi, Fourteenth Century Philosopher and Exegete*, Leiden 1975

10 עיין: ברמן, ׳שמואל בן יהודה׳, עמ׳ 312.

11 עיין שם, עמ׳ 298.

הביאור האמצעי, אבל אין לנו עדות על כך. יש בידנו שלושה תיקונים נוספים, אולם אלה כנראה לא נעשו בידי שמואל עצמו, שכן חסר להם האופי המילולי של תרגומו. כאן אני מבקש להביא דוגמה שתשמש סימוכין להנחה שהוזכרה לעיל, שאת עקבות המהדורה הראשונה של שמואל אפשר למצוא בטקסט שאותו מייצגים כ״י **א** ו**ט**. בדוגמה נוספת אני רוצה להראות, כי ב**א** ו**ט** הוכנסו תיקונים עצמאיים, שאינם תוצאות של המהדורה השנייה של שמואל. מן הדוגמה יתברר, שהטקסט המיוצג על־ידי **בגדח** ו**ט**$_{מ}$ הוא, בעיקרו, המהדורה השנייה של שמואל עם תיקונים עצמאיים אפשריים. נוסף לכך יתברר טיבו של היחס בין הקיצור של אבן כספי לבין תרגומו של שמואל.

ב־1121ב27 נמ״ר אנחנו קוראים: ׳יקראוהו ההמון שונא החופות׳. ׳שונא־החופות׳ מקביל לתיבה היוונית *κυμινοπρίστης* (מפצל הכמון). האפאראט מראה, כי בכ״י **א** היה בתחילה ׳מעדר אלערש׳ וזה תוקן בגליון ל׳שונא החופות׳. לפי דעתי, לא ידע שמואל כיצד להתייחס למה שהקביל בטקסט הערבי שלו ל׳מפצל הכמון׳ היווני, השאיר זמנית את הערבית בטקסט שלו, ותיקן אותה אחר־כך ל׳שונא החופות׳, תרגום הנובע מקריאתו בטקסט הערבי معدى (=معادى) العرس (שונא החופות). הערבית באותיות עבריות ׳מעדר אלערש׳ מייצגת את הקריאה הראשונה שלו. בכתב־יד של התרגום הערבי של ספר המידות על־שם ניקומאכוס, השמור בפאס,[12] הגירסה היא معدد العدس או معرد العرس . בתרגום הלאטיני של הרמאנוס אלימאנוס[13] אנחנו קוראים ‘numeratorem lentium’ (מהדורת ויניציה 1483; במהדורות של ויניציה 1489, 1496, 1550, ו־1562 בא ‘numeratione lentium’). הרמאנוס קרא את הערבית כאילו היה כתוב معدد العدس, שהוא קרוב יותר ליוונית מן הקריאה שהיא היסוד לתרגומו של שמואל. ושמא היה התרגום הערבי מן היוונית مقدد العدس (הצעת שאול שקד), שהוא קרוב מבחינה גראפית לגירסה שבכ״י פאס, ופירושו ׳חותך העדשה׳. גם באבן כספי וגם בכל שאר כתבי־היד (כולל **ט**) בא ׳שונא החופות׳. בגליון **ט**$_{מ}$ יש תיקון ל׳מונה העד???׳. מכאן נראה, שהמתקן בגליון **ט** השתמש בתרגום הלאטיני של הרמאנוס לביאור האמצעי. בכ״י טורין (עיין להלן, סעיף 8) בא ׳מונה העדשים׳ בטקסט.

ברור אפוא, שלנגד עיני המעתיק של **א** היה כתב־יד שבו עדיין היה התעתיק של הערבית בגוף הטקסט,[14] אולי עם תיקון בגליון. גם אפשר, שהמתקן של **א** הכניס את התיקון מכתב־יד אחר מאוחר יותר. אם כן, מן המקרה הזה אנחנו למדים, שכ״י **א** שומר על גירסאות שמקורן במהדורתו הראשונה.

הדוגמה שלהלן יש בה כדי להראות, שיש גירסאות אשר מקורן במהדורות הראשונה והשנייה של שמואל. ב־1128א25 נמר״א אנחנו מוצאים ׳ומי יתן ואשער׳, שהיא הגירסה של **א** ו**ט**, ואילו ב**בגדחט**$_{מ}$ ובאבן כספי בא ׳ומי אתן ואדע׳. הערבית כאן היא يا ليت شعري (בלאטינית בא רק ‘an igitur’). אני סבור, כי ׳ואשער׳ של נמר״א מייצג

12 לתיאור של כ״י פאס ועוד מידע הנוגע בענייננו עיין: ברמן, ׳קטעים׳, עמ׳ 31–34.

13 עיין שם, עמ׳ 37.

14 דוגמה מאלפת נוספת לערבית שנשארה בטקסט של הנוסח המקורי עיין 1126ב22 נמר״ב, שבו מופיע ׳המדה היא מודה (مودّة , ידידות)׳ המבוסס על **בגדח** ו**ט**$_{מ}$ בעוד שב**א** מופיע ׳החבה׳, וב**ט** — ׳החכמה׳. כאן **א** מייצג תיקון עצמאי או תיקון על־פי הלאטינית, ואילו הטקסט של **ט** פשוט מקולקל. עיין גם 1128א23 נמר״א ששם מופיע ׳בהגיה׳, שהוא כמעט תעתיק של הערבית في الهجاء . בנמר״ב מופיע ׳בגנות׳, שהוא תרגום מילולי.

את המהדורה הראשונה של שמואל, וכי נמר״ב מייצג את המהדורה השנייה, ויעיד על כך אבן כספי. אף־על־פי־כן אפשר, שנמר״ב תוקן על־פי אבן כספי, המייצג תיקון עצמאי.

דוגמה דומה נמצא ב־1121א5 נמר״א, שבו ׳לא ישער׳, המקביל לערבית لا يقدر וללאטינית ʻnon . . . potestʼ, נדחה על־ידי ׳אין לו יכולת׳ של נמר״ב, גירסה הנתמכת בגירסה של אבן כספי ׳אין יכולת לו׳. גם כאן אני סבור, כי ׳ישער׳ מייצג את המהדורה הראשונה של שמואל, מכיוון שזו גירסה מיוחדת (המלה הערבית قدر במובן של ׳כמות׳ היא המקבילה של המלה העברית ׳שעור׳) לעומת ׳אין לו יכולת׳ של נמר״ב, המייצג את המהדורה השנייה שאבן כספי תומך בו. בכ״י טורין בא ׳לא יוכל׳; ועיין הנוסח המתוקן השלישי באותו המקום. עיין גם להלן, סעיף 9, דוגמאות אפשריות נוספות למהדורה השנייה של שמואל.

עכשו אביא הוכחה, שהטקסט המיוצג **בא וט** תוקן באופן עצמאי. נחזור ל־1128א25 נמר״ב. שם כתוב ׳החרוף והגדוף׳, המקביל לערבית التهاتر والتفاحش כלומר, ׳חרף, גדף; התנצח בחרפות עם׳ ו׳היה גס׳, ׳היה מגונה׳, המקביל ליוונית *εὖ σκώπτοντα*.[15] בתרגום הלאטיני של הרמאנוס בא ʻscurrilitas et turpiloquiumʼ, שתואם את הערבית. הגירסה של נמר״ב, ׳החרוף והגדוף׳, המבוססת על **בגדחט**$_{מ}$ ואבן כספי, היא תרגום די צולע, שכן אינו כולל את רעיון הגסות. אבל בנמר״א, המבוסס על **א וט**, כתוב ׳ההדיוטות והגדוף׳. נדמה לי, שהחלפת החרוף בהדיוטות הוא שינוי עצמאי, שנעשה בידי המתקן עלום־השם של המסורת שמייצגים **א וט**. הסיבה שבגללה אני מייחס אותו לתיקון עצמאי, ולא למהדורה הראשונה של שמואל, היא, שהיא יותר קלה לקריאה, כלומר, היא יותר הגיונית מן ה׳חרוף׳, שהוא רק הד של שבר פסוק מקראי ואינו מוגדר במובנו (עיין, למשל, מל״ב יט:כב; יש׳ לז:יז; ועיין 1128א14, 30 נמ״ר). אפשר, כמובן, כי יש השפעה מן התרגום הלאטיני, אבל נראה לי, כי המונח ׳הדיוטות׳ רחוק מן הלאטינית.

לסיכום, שמואל הוציא את מהדורתו הראשונה לאור. המסורת המיוצגת **בא וט** היא, כללית, המהדורה הראשונה. בכתב־היד או בכתבי־היד שהשתלשלו מהם **א וט** הוכנסו במרוצת הזמן גם תיקונים עצמאיים. בזמן מאוחר יותר גמר שמואל את מהדורתו השנייה ונתן את כתב־היד לאחרים על־מנת שיעתיקוהו. כ״י **בגדח וט**$_{מ}$ מייצגים בדרך־כלל את המהדורה השנייה של שמואל. הקיצור של אבן כספי נעשה מן המהדורה השנייה של שמואל, ולכן הוא משמש עדות לטקסט שלה. דבר המובן מאליו הוא, שבכל מקרה ומקרה יש צורך לשקול אם גירסה מסוימת מייצגת את המהדורה הראשונה או את המהדורה השנייה, או שהיא בגדר תיקון עצמאי.

4. הנוסח המתוקן הראשון (נ״מ1)

השורה השנייה בכל חטיבה של חמש שורות מייצגת את מה שאני רואה כשלב הראשון בעריכה החופשית של המהדורה השנייה של שמואל, עריכה שנעשתה כדי שהטקסט יהיה מובן יותר. הטעם לרישום השורה הראשונה של הטקסט לחוד והשורות האחרות לחוד ובמלואן הוא, שההבדלים בינם ובין הנוסח המקורי כה גדולים עד שאי־אפשר להכליל אותם באפאראט משותף. הנוסח המתוקן הראשון

15 התייחסות לבעיות הקשורות לתרגום הערבי אינה אפשרית בתחום מחקרנו זה.

מסומן בסימן б. האפאראט המלווה את פנים הטקסט מופיע בכל עמוד למטה, והוא מסומן באותו הסימן. נוסח זה מבוסס על כ״י **א** — כ״י אוקספורד, ספריית בודליאנה, Mich. 227. תיאורו ראה: נויבאואר, 1425. במיקרופילם היה כתב־היד בלתי־קריא משורה 1128ב18 עד סוף המאמר הרביעי, וגם בעוד אי־אילו מקומות, מחמת הדיו הכהה. בגליון יש מובאות מפירוש־העל המיוחס לתומאס איש אקווינו, שהוא נמצא בכ״י **ב** של הנוסח המתוקן השני (עיין להלן בסמוך).

5. הנוסח המתוקן השני (נ״מ2)

הנוסח המתוקן השני מייצג את השלב השני בעריכת הנוסח המקורי, ובדרך־כלל הוא מבוסס על הנוסח המתוקן הראשון (עיין להלן, סעיף 9). נ״מ2 הודפס בשורה השלישית של כל חטיבה של חמש שורות, והוא מסומן בסימן #. האפאראט שלו מופיע בחלק התחתון של העמוד ומסומן באותו הסימן. הפנים מבוסס על כתבי־יד אלה:

א כ״י אוקספורד, ספריית בודליאנה, Mich. 370. תיאורו ראה: נויבאואר, 1,1424. סימן־המים בכתב־היד דומה לבריקה (Briquet) 3194, שהוא משנת 1382, בריסל.

ב כ״י אוקספורד, ספריית בודליאנה, Opp. 591. תיאורו ראה: נויבאואר, 1426. כתב־היד נשלם באגרמונט[16] בט׳ באב ה׳כ״ד (25 ביולי 1444). הטקסט של הביאור האמצעי מלווה בפירוש־על המיוחס לתומאס איש אקווינו. בספרות לא נזכר פירוש כזה בין חיבורי תומאס, אבל יוסף אבן שם טוב כותב בהקדמתו לפירושו לספר המידות על־שם ניקומאכוס בתרגום מן הלאטינית לעברית מאת מאיר אלגואדיש: ׳וכבר נעזרנו אנחנו במה שביאר בן רשד בקצת ענייני הספר הזה ועם מה שפרשו על דברי בן רשד קצת ממשכילי אמתנו אשר למדו לשון רומיים וכתבו על דבריו קצת ממה שראו לחכמי הנוצרים בפירושים הנפלאים אשר להם על הספר הזה...׳[17] נראה, כי פירוש־העל בכתב־היד שלנו זהה לפירוש הנזכר בדברי יוסף אבן שם טוב. בשני כתבי־יד נוספים של פירוש־העל נמצאים רק הדיבורים המתחילים. בהדרת הטקסט שלנו לא התייחסתי לכתבי־יד אלה.[18]

6. הנוסח המתוקן השלישי (נ״מ3)

הנוסח המתוקן השלישי מייצג בהתפתחות הטקסט השלב הסוטה ביותר מן הנוסח המקורי. נוסח זה הוא עריכה הבנויה על הנוסח המתוקן השני (עיין להלן, סעיף 9). הנוסח המתוקן השלישי הודפס בשורה הרביעית בכל חטיבה של חמש שורות והוא מסומן בסימן △. באותו הסימן מסומן גם האפאראט המלווה את הטקסט בחלק התחתון של העמוד. הנוסח המתוקן השלישי מבוסס על כתב־יד אחד, ובו תיקונים רבים בגליון או בין השיטין שנעשו בארבע ידיים שונות. הסימנים שאני משתמש

16 עיין: Encyclopaedia Judaica, Jerusalem 1972, s.v. *Agramunt*

17 עיין: כ״י אוקספורד, ספריית בודליאנה, Mich. 399, 404, בהתחלה.

18 יש עוד כתב־יד חלקי, הוא כ״י ליידן Warn. 48, מאמצע המאמר השני עד תחילת המאמר השישי. במאמר הרביעי יש רק הדיבורים המתחילים של אבן רשד. לפרטים על פירוש־העל עיין: ברמן, ׳ביאור׳, עמ׳ 300, 312–321. שם פרסמתי את שתי הפיסקאות הראשונות של הביאור האמצעי של אבן רשד עם פירוש־העל עם תרגום לאנגלית והערות.

בהם באפאראט הם כדלקמן:

א כ״י פאריס, הספרייה הלאומית, héb. 956

א.א תיקונים בגליון או בין השיטין ביד שכתבה את **א**

א.ב תיקונים ביד שנייה

א.ג תיקונים ביד שלישית

א.ד תיקונים ביד רביעית

בדרך־כלל הכנסתי בתוך הטקסט את התיקונים שבגליון אפילו הם רק תיקונים סגנוניים, כפי שיראה למעיין באפאראט. תיאור כתב־היד ראה: *Catalogues des manuscrits hébreux et samaritains de la Bibliothèque impériale*, compiled by H. Zotenberg, Paris 1866. מידותיו: 275×195 (165×115) מ״מ; כתוב על קלף. הוא מכיל מחזור שלם של ספרים פילוסופיים ודומה מבחינה זאת לכ״י טורין המתואר להלן בסעיף 8. הוא נכתב במארסיי, כפי שעולה מן העמוד הראשון.[19]

7. קיצורו של יוסף אבן כספי

כפי שהוזכר לעיל, חיבר יוסף אבן כספי קיצור של הנוסח המקורי. קיצור זה הוא החלק הראשון של ספרו ׳תרומת הכסף׳.[20] מפאת העניין שבו כשלעצמו ובשל חשיבותו כעדות לטקסט של המהדורה השנייה של שמואל כללתיו במחקר זה. הדפסתיו בשורה האחרונה בכל חטיבה של חמש שורות, והוא מסומן בסימן ‡ אותו הסימן מציין את האפאראט שלו המלווה את הטקסט בחלק התחתון של העמוד. הפנים מבוסס על כתבי־היד אלה:

כ כ״י אוקספורד, ספריית בודליאנה, Pococke 17. תיאורו ראה: נויבאואר, 2,1427. במקומות מסוימים כתב־היד קשה לקריאה בגלל מצבו הפיסי. את ההעתק המודרני של כתב־היד הזה, השמור במוזיאון הבריטי בלונדון, כ״י Or. 12261 (סרט מס׳ 8205 במכון לתצלומי כתבי־יד), לא כללתי במהדורה זו.

ל כ״י וינה, הספרייה הלאומית, Hebr. 161 (סרט מס׳ 1305 במכון לתצלומי כתבי־יד). תיאורו ראה: A.Z. Schwarz, *Die hebräischen Handschriften der Nationalbibliothek in Wien,* Leipzig 1925, p. 170. כתב־היד הזה הוא היחיד שהקולופון שלו מכיל את התאריך והמקום שבהם גמר אבן כספי את מלאכתו.

מ כ״י ספריית הוואטיקאן, Hebr. 296 (סרט מס׳ 351 במכון לתצלומי כתבי־יד). תיאורו ראה: S. & J. Assemanus, *Bibliothecae Apostolicae Vaticanae Codicum Manuscriptorum Catalogus*, Part 1, Vol. I, Paris 1926, p. 279

ס כ״י פארמה, ספריית הפאלאטינה, 1,424 (סרט מס׳ 13543 במכון לתצלומי כתבי־יד). כתב־היד מכיל את המאמר הרביעי מראשיתו עד שורה 1124ב24.

8. כ״י טורין

כתב־יד אחר של הטקסט של הביאור האמצעי רשום בטורין, הספרייה הלאומית והאוניברסיטאית, כ״י XIV.A.I. 14. תיאורו ראה: Joseph Pasinus, *Codices Manuscripti Bibliothecae Regii Taurensis Athenaei*, Turin 1749, I, pp.

19 עיין מאמרי: ׳כתב־יד המכונה ״שושן למודים״ ויחסו ל״קהל המעיינים״ הפרובנסאלי׳, קרית ספר, נג (תשל״ח), עמ׳ 368–372.

20 עיין לעיל, הערה 9.

10–15; B. Peyron, *Codices Hebraici Manu Exarati Regiae Bibliothecae quae in Taurinensi Athenaeo Asservatur*, Turin 1880, p. 16. על כתב־יד זה נאמר, שאבד בשריפה בשנת 1904. והנה, בביקורי בספרייה בקיץ של 1973 למדתי לדעת, כי אבד רק חלק מכתב־היד, וכי אותו חלק שנשתמר נשלח אל ה־Laboratorio di Restauro del Libro, השוכן ב־Badia Greca di Grottaferrata מחוץ לרומא. כתב־יד שני בטורין (Peyron, p. 173: CLXIX), המכיל טופס אחר של הביאור האמצעי בעברית, הושמד כליל. בביקור במעבדה מצאתי, כי החלק של כתב־היד המכיל את הביאור האמצעי של ספר המידות ואת הקיצור של ספר ההנהגה נשמר בשלימותו (והשווה: רוזנטאל, עמ׳ 6, הערה 2). מידותיו: 395×293 מ״מ (בשני טורים; כל טור 285×95 מ״מ); 45 שורות בעמוד; כתוב על נייר. פעם הכיל כתב־היד הזה מחזור שלם של ספרים פילוסופיים, והיום אפשר לשחזרו ברובו. נשלם ביום שלישי י״ג חשון ה׳רל״א (7 בנובמבר 1470). לא יכולתי להכליל את הגירסאות של כתב־יד זה באפאראט מכיוון שהגיע לידיעתי אחרי שנערכו הטקסטים שלפנינו. בנספח ב אני מציע את מסקנות ההשוואה של כתב־יד זה עד שורה 1126א14 עם נמ״ר, ומשורה זו ואילך — עם הנוסח המתוקן השני. מפאת טבעו היוצא דופן של כ״י טורין לא חיברתי את נספח א (המכיל את ההשוואה עם כ״י ט) עם נספח ב.

המסקנה העיקרית הראשונה העולה מן ההשוואה היא, שעד 1126א14 הטקסט של כ״י טורין מסכים כללית עם נמ״ר כפי שנתגבש בכ״י **בגדח** וט$_{מ}$ (עיין לעיל, סעיף 3). אבל יש בכ״י טורין סטיות בולטות, שאין להן מקבילות בנוסחים האחרים: ניכר, כי פעלה כאן ידו של מתקן עצמאי נוסף. עד 1123ב14 התיקונים העצמאיים הם בתוך הטקסט, ואילו מ־1123ב15 עד 1126א1 הטקסט הוא כנוסח נמ״ר ואילו כל התיקונים העצמאיים נרשמים בגליון.

המסקנה העיקרית השנייה של ההשוואה היא, שמ־1126א14 עד סוף המאמר הרביעי כ״י טורין זהה לנוסח המתוקן השני; משום כך נעשה המשך ההשוואה שבנספח ב עם נ״מ2, ולא עם נמ״ר.

להלן אביא דוגמאות מספר המדגימות את תכונותיו המיוחדות של כ״י טורין, מתחילת המאמר הרביעי עד 1126א14.

א. עדים נאמנים להסכמתו של כ״י טורין עם נמ״ר כפי שנתגבש בכ״י **בגדח** וט$_{מ}$ משמשים נספח ב, האפאראט של נמ״ר ונספח א, שבו הושווה נמ״ר עם כ״י ט. אבל יש מקרים שבהם כ״י טורין מסכים עם נמ״ר כפי שנתגבש בכ״י **א** וט. ב־1120א1 כתוב בכ״י טורין ׳ישחית׳, גירסה שמסכימה עם אבן כספי ועם כ״י **א** כנגד כ״י **בגדח** (ט$_{מ}$ ליתא כאן). לדוגמאות נוספות לנטייה זו עיין תת־סעיפים י, יא, טז, יח, כ להלן.

ב. בשורה 1120א2 באה גירסה מיוחדת ׳שאבוד ממונו׳. כל כתבי־היד של נמ״ר, חוץ מכ״י טורין, אין בהם תיבת ׳ממונו׳, והוא סימן, שהללו יש להם מקור משותף אחד. באבן כספי בא ׳שאבוד האיש ממונו׳, גירסה שהצבעתי בשורת %%. בנוסחים המתוקנים הראשון, השני והשלישי בא ׳שאבוד ממון האיש׳. ייתכן, שגירסת כ״י טורין מקורו בתיקון עצמאי, אבל אפשר, שהוא נובע מן הטופס שעליו מסתמך אבן כספי. בלאטינית בא כאן ‘destructio pecuniae hominis’.

ג. בשורה 1120ב2 אנחנו קוראים ׳יאבד׳, שהוא התיקון מידי המתקן של כ״י טורין לתיבת ׳יאצור׳. ברור, שכאן אין לכ״י טורין מגע עם הנוסחים המתוקנים הראשון, השני והשלישי ואבן כספי. מקרים דומים של תיקונים עצמאיים נמצאים ב־1121א6

('צרתו'); 1121ב1 ('משתדלים'); 1121ב2 ('שיזדמן'); 1121ב11 ('שומע'); 1121ב12 ('ויפקוד'); 1121ב22 ('וקפדן'); 1121ב24 ('להנקות מרע'); 1121ב27 ('מונה העדשים'; עיין להלן, תת־סעיף ה); 1121ב33 ('שיפעלו' עד 'להם'; עיין להלן, תת־סעיף ו); 1122א31 ('יתרון' עד 'והתגדלות'); 1122ב8 ('ועיון'); 1122ב9 ('והתפארת הוא'); 1123א3 (מוסיף 'השלוחים'); 1123א24 ('ההתפארות'); 1123ב2 ('יחשוב בעצמו שהוא ראוי' במקום 'יכין נפשו'); ועוד דוגמאות.

ד. בשורה 1121א27 אנחנו מוצאים 'המסתפק' במקום 'העשיר'. בנוסח המתוקן השלישי בא 'העשיר והמסתפק', שהוא צירוף של נמ"ר וכ"י טורין. מובנו של 'מסתפק' הוא אולי: מי שמסתפק בעצמו, שאין לו צורך באחרים, ולכן הוא עשיר. בערבית יש התפתחות דומה במשמעויות השורש غنى.

ה. ברור, כי מתקן כ"י טורין השתמש בתרגום הלאטיני של הביאור האמצעי. ב־1121ב27 בא הביטוי 'מונה העדשים', שהוא מקביל לתרגום הלאטיני של הרמאנוס מן הערבית (עיין לעיל, סעיף 3, ליד הערה 12). אין זה מתקבל על הדעת, שמקור הביטוי בהבנה העצמאית של המתקן העברי לטקסט הערבי, שכן ידיעת הערבית לא היתה נפוצה בין הממשיכים המאוחרים של המסורת העברית, מה עוד שכתבי־יד ערביים עצמם לא היו בהישג היד. והנה, רק בכ"י טורין באה גירסה זאת בגוף הטקסט. על־פי זה נראה סביר, כי המתקן בגליון ט השתמש בכתב־יד מן הטיפוס של כ"י טורין או בתרגום הלאטיני במישרין.

ו. בשורה 1121ב33 אנחנו מוצאים ביטוי מורחב ועצמאי לגמרי של נמ"ר, שאין לו מקבילה בנוסחים אחרים: 'שיפעלו שפלי הנפש מן האנשים והאנשים הנקביים רצוני לומר אשר דרך נשים להם' במקום 'שיפעלו הקופים והאנשים' (או 'והנשים'; עיין כ"י **בגח**), שהוא קשה להבנה. אצל הרמאנוס מופיע כאן 'faciunt lenae et prostibularii' (כלומר, 'שעושים זונות וזונים').

ז. בשורה 1122ב10 יש השמטה, שנגרמה מן הסתם בגין סופי־מלים דומים (קשה להחליט אם בכתב־היד הערבי שהיה לפני שמואל או באחד מכתבי־היד העבריים) בכל כתבי־היד של נמ"ר. הנוסחים המתוקנים הראשון, השני והשלישי ממלאים את החסר, מן הסתם על יסוד תרגומו של הרמאנוס. הוא הדין בכ"י טורין, אלא שיש הבדלים משמעותיים בינו לבין הנוסחים המתוקנים הראשון, השני והשלישי, במיוחד השמטת הקטע מן 'וכאשר' עד 'כן' וההוספה של 'בהכרח'. נראה, על כן, כי כ"י טורין השתמש בתרגום הלאטיני באופן בלתי־תלוי בנוסחים הראשון, השני והשלישי.

ח. בשורות 1123א14–15 אנחנו מוצאים גירסה עצמאית לגמרי: 'הכדור והצפור ושני צמידים' ו'שישתעשע'. זה נראה כצירוף של הטקסט שלנו עם נוסח התרגום הלאטיני של הרמאנוס, ששם כתוב: 'etenim donum troci et flagelli propellentis ipsum ex magnis est quo ad exultationem pueri ex ipso' (ובעברית: 'וגם מתנת חישוק ושוט להריץ אותו היא דבר גדול מבחינת השמחה של הילד ממנה').

ט. בשורה 1123ב7 בא בכ"י טורין 'שהיופי', המקביל לנוסחים המתוקנים הראשון, השני והשלישי. אפשר, כי גם כאן השתמש בלאטינית של הרמאנוס 'venustas' באורח עצמאי.

י. באותה שורה בא בכ"י טורין 'והנוי' וחסרה תיבת 'והמלחות'; כתב־היד מסכים עם כ"י **א** **וט** כנגד כ"י **בדח**, שבהם יש רק 'והמלחות', שהוא כמעט תעתיק של התיבה הערבית والملاحة. אבן כספי משמיט קטע זה.

יא. כפי שנזכר לעיל, השורות מ־1123ב15 עד 1126א1 מכילות סידרה של תיקונים

בגליון שבאופן כללי נראים עצמאיים; הטקסט גופו מסכים עם נמ״ר. בשורה 1123ב19 הטקסט של כ״י טורין מסכים עם נמ״ר, ובמקרה זה הוא מסכים עם כ״י **א** (׳ובעלי׳) כנגד כ״י **בגדח** (׳ובעל׳). בתיקון בגליון כתוב ׳ההשתדלות בענינים׳. ׳ההשתדלות׳ הוא שינוי לעומת הנוסחים המתוקנים הראשון, השני והשלישי. אצל הרמאנוס יש ‘et strenui in rebus’ שמקביל לערבית ذوو . . . الاجتهاد في الامور. מן הסתם קרא שמואל الامول (=الاموال) במקום الامور, שהוא קרוב מבחינה גראפית. נראה לי, שהנוסחים המתוקנים הראשון, השני והשלישי השתמשו בהרמאנוס בגלל הקושי שמצאו בנמ״ר. המתקן של כ״י טורין עשה אותו הדבר, אבל באופן עצמאי. דוגמאות נוספות לנטייה זאת הבאנו בתת־סעיפים יז ויח.

יב. בשורה 1124א11 החלק הראשון של הטקסט של כ״י טורין כמעט זהה לנמ״ר, והוא זהה לנוסח המתוקן הראשון. בתיקון בגליון מופיע ׳יבז בעיניו ויקל בו׳, שהוא קרוב לנוסח המתוקן השני, אבל אינו זהה לו.

יג. בשורה 1124א31 הטקסט של כ״י טורין זהה לנמ״ר, ואילו בגליון אנחנו מוצאים ׳לכלכל׳ ו׳יכלכלו׳, שהן גירסאות בלתי־תלויות בנוסחים האחרים.

יד. בשורה 1124ב11 יש בכ״י טורין ׳יאהבהו׳, שמסכים עם כ״י **א** וט$_{מ}$ ועם הנוסח המתוקן הראשון, כנגד כ״י **בגדחט** של נמ״ר. המקור של כ״י **בגדחט** הוא מן הסתם גירסה בטקסט הערבי שהיה לנגד עיני שמואל, ובה הופיע يُحبه במקום يُحبّه. אצל הרמאנוס יש ‘hoc per rem amatam ei’. לפיכך אפשר, שהגירסה בכ״י טורין, **א**, ט$_{מ}$, וכן הנוסח המתוקן הראשון, מושפעים מן הלאטינית.

טו. בשורה 1124ב18 הטקסט של כ״י טורין מסכים עם הטקסט של כ״י **בגדחט**. בהערה בגליון מופיע ׳בזריזות׳, שמסכים עם הגירסה של כ״י **א**.

טז. בשורה 1124ב21 בטקסט של כ״י טורין מופיע ׳לבעלי התפארת׳; בזה מסכים כ״י טורין עם כ״י **א** וט כנגד **בגדח** וט$_{מ}$. התיקון בגליון של כ״י טורין ל׳בעל תפארת׳ הוא משני.

יז. בשורה 1124ב26 הטקסט של כ״י טורין מסכים עם נמ״ר כפי שהוא בכ״י **בגדח** וט$_{מ}$, שהיא גם הגירסה של אבן כספי. בהרמאנוס בא כאן ‘odit palam et amat latitare et etenim timide est’. בערבית בא ان يكون يبغض علانية ويحبّ علانية لان المكاشرة فذلك من شان الخائف. **נראה**, כי בכ״י טורין יש כאן בגליון ׳הגבהת קול׳, המקביל לכ״י **א** של נמ״ר. לרוע המזל, רק ׳קול׳ מופיע, מכיוון שנעלם החלק הראשון של הביטוי. יש עוד הערה בגליון, ׳פרסום גדולתו׳, שהיא אינה מופיעה במקום אחר ומייצגת תרגום עצמאי של ‘palam’ של הרמאנוס. גם הנוסח המתוקן הראשון וגם הנוסח המתוקן השני משמיטים את הביטוי, ואילו סגנון הנוסח המתוקן השלישי הוא ריטורי ביותר.

יח. בשורה 1125א5 הטקסט של כ״י טורין מסכים עם כ״י **א** וט בזה שאצלו בא ׳שישפיל האנשים׳, כנגד כ״י **בגדח** וט$_{מ}$, שבהם בא ׳שיספר חדשות לבני אדם׳. הדבר המעניין כאן הוא, שההערה בגליון כ״י טורין, ׳שירבה שיחה עם בני אדם׳, מקבילה לכ״י **בגדח** וט$_{מ}$, אלא שהיא מנוסחת במלים אחרות. הן נראות כשני תרגומים עצמאיים של ‘ut narret hominibus’ של הנוסח הלאטיני המקביל לערבית ان يحدث (يحدّث ?) النفس (צ״ל الناس). מכיוון שבאבן כספי יש ׳שיספר חדשות לבני אדם׳, אני מציע לראות בגירסה ׳שישפיל האנשים׳ את המהדורה הראשונה של שמואל לטקסט ערבי משובש. אולי הגירסה בכתב־היד שהיה מונח לפניו היתה يخبت, כלומר, ׳ישפיל׳, שהיא קרובה מבחינה גראפית (הצעת י״א וידה). ׳שיספר חדשות׳ מייצג את

תיקונו של שמואל לתרגום ההוא, ועדות לכך משמש הנוסח של אבן כספי. ההערה בגליון של כ״י טורין מייצגת תיקון עצמאי של הטקסט על יסוד הלאטינית.

יט. בשורה 1125א7 אנחנו מוצאים, שהטקסט של כ״י טורין מסכים עם נמ״ר ועם הנוסחים האחרים, ואילו ההערה בגליון, ׳מרבה לשבח בני אדם׳, היא עצמאית לגמרי. ׳מספר בגנות׳ של כ״י טורין, הבא מיד אחר־כך, עצמאי אף הוא.

כ. בשורה 1125ב29 כ״י טורין שומר על ׳רתיחה׳ בתוך הטקסט כמו כ״י ט וא של נמ״ר. ׳רתיחה׳, כפי שאני מציין בסעיף הבא, מן הסתם מייצגת את המהדורה הראשונה של שמואל לתרגום שלו. כ״י טורין שומר אפוא אף הוא על גירסאות ישנות.

כפי שכבר הוזכר, כ״י טורין זהה לנוסח המתוקן השני משורה 1126א14 עד סוף המאמר הרביעי. משום כך מן המקום ההוא ואילך נרשמות בנספח ב מסקנות ההשוואה של כ״י טורין עם הנוסח המתוקן השני.

מכל האמור לעיל נראה ברור, שכ״י טורין מושפע ביותר ממסורות שונות. בההדרה של נמ״ר ראוי אפוא לראות בו נוסח בעל חשיבות משנית בלבד.

9. ניתוח מפורט של שורות 1126א22–25

בסעיף זה אני מביא ניתוח מפורט של קטע בנוסחים השונים כדי להצביע באופן שיטתי על היחס שבין השכבות השונות של הטקסט שלנו. הקטע הנזכר עוסק במרי הנפש, הכועסים זמן רב מפני שהם שומרים את כעסם בלבם; אילו היו מתנקמים, היה כעסם פג.

שורה 1126א22. נמר״א הוא תרגום ברור למדי של הערבית, והלאטינית מתאימה אליה. הגירסה הערבית כאן היא لان التشفى يسكن الغضب لانه يحدث لصاحبه لذه موضع الاذى . התרגום של تشفى על־ידי ׳ההסתפקות׳ אינו לגמרי בלתי־נכון, שכן شفى V יכול להתפרש כ׳לקח נקם מן׳ או ׳נרגע, רווח לו (לאחר שלקח נקם, בא על סיפוקו)׳.[21] מאידך, אין למלה ׳הסתפקות׳ מובן מוגדר, שכן היא יכולה להתפרש כ׳מדת המסתפק במה שיש לו׳ או במובן ׳ספק׳.[22] כשאנחנו פונים לנמר״ב, המבוסס על כ״י **בגדח** וט$_{\text{מ}}$, אנחנו מוצאים ׳והרצוי׳ בנוסף על ׳שההסתפקות׳, ו׳ישקיט׳ במקום ׳יניח׳. התוספת ׳והרצוי׳ כוונתה לפרש כיצד עלינו להבין את ׳ההסתפקות׳, כלומר, ׳סיפוק אחרי נקם׳. נקיטת לשון ׳ישקיט׳ במקום ׳יניח׳ באה גם היא כדי לברר את המשמעות. ׳יניח׳ בעצמו יכול להתפרש, בין שאר המובנים, כ׳לעזוב׳ ו׳להביא מנוחה׳. נראה לי, כי אפשר ששמואל הכניס בעצמו תיקונים אלה במהדורתו השנייה, במיוחד לאור העובדה, כי השימוש בשתי מלים עבריות להסברת מלה ערבית אחת אופייני לשיטת התרגום של שמואל אבן תבון, והרי שמואל שלנו שייך לאסכולה שלו. לרוע מזלנו, אין באבן כספי טקסט המקביל לשורה דנן. אין להוציא מכלל אפשרות שיש כאן תיקון עצמאי של הטקסט.

נ״מ1 בנוי באופן ברור על נמר״ב; ברם, כיוון שאינו מרוצה מן הקטע הראשון, הוא שם במקומו ׳שהשגת הנקמה׳, המשקף את מובנה של היוונית. הנטייה לבהירות, מחד,

21 עיין: ד׳ איילון ופ׳ שנער, מלון ערבי–עברי, ירושלים תשל״ב, בערכים המתאימים, ההולכים בעקבות המילונים הקלאסיים.

22 עיין: י׳ קלצקין, אוצר המונחים הפילוסופיים, ברלין תרפ״ח, א, עמ׳ 188, ערך ׳הסתפקות׳.

וההתרחקות מן הטקסט, מאידך, אינן מתאימות לסגנונו של שמואל. כאמור, הוא שייך למסורת של שמואל אבן תבון, וסטייתו משיטת התרגום המילולי אינה הולמת את שיטת התרגום שלו. המקור של נ"מ1 יכול להיות התרגום הלאטיני של רוברטוס גרוסטסט. התרגום הלאטיני כאן הוא: ,Retinent enim iram. Quiens autem fit' cum retribuerint. Punicio enim quietat impetum ire'.[23] גם אפשר, שהתיקון של נ"מ1 מבוסס על הבנה מדויקת של מלת satisfactio של הרמאנוס. נ"מ1 משנה את 'יחדש' ל'מחדש' מטעמי סגנון. ברור, כי זו סטייה מן ההשפעה הערבית על העברית (אבל ראה נ"מ3).

נ"מ2 בשורה זאת זהה לנ"מ1. דבר זה קורה לעתים קרובות. להלן ננתח כמה מן השינויים.

כרגיל, נ"מ3 מרחיב את נ"מ2 במידה יתירה, ויש לו עניין רב בצד הדקדוקי. אליבא דאמת, לנ"מ3 עניין בצורה הדקדוקית והריטורית שהוא מעבר להתעניינות במשמעות. לכן אנו מוצאים 'תשקיט' במקום 'ישקיט' שנשמר בנ"מ1 ובנ"מ2, אף־על־פי שהנושא נהפך לנקבה. המרת 'הכועס' בתיבת 'הכעס' מאפשרת את ניסוח הקטע הבומבאסטי 'ותשכך החימה העצומה בעין'. נ"מ3 משנה אז את 'לפי שהוא מחדש' אל 'כי היא תחדש', שהוא נכון יותר מבחינה דקדוקית ומשקף חזרה לסגנון מקראי. מן הקטע הזה ברור לגמרי, כי נ"מ3 מייצג נסיון להרחיב את התרגום הקודם בידי סופר בעל תודעה ספרותית מובהקת.

השורה שלאחריה, 1126א23 נמר"א, מבוססת על כ"י א וט ומייצגת נוסח שהוא קרוב לערבית واذا لم يشتفوا اتصل غيظهم وذلك لانهم لما كانوا ע . בנמר"ב, המבוסס על בגדח וט$_{\text{מ}}$, אנחנו מוצאים תיבת 'ויתרצו' נוספת אחרי 'ויסתפקו', לפי השיטה בשורה הקודמת. המרת 'התדבקה רתיחתם' בתיבות 'תבער חמתם' מייצגת, לפי דעתי, את המהדורה השנייה של שמואל. לרוע המזל, אבן כספי אינו עוזר לנו כאן. והנה, עיון ב־1126א25 יגלה, שבנמר"א בא 'רתיחתם', בעוד שבנמר"ב כתוב 'חמתם', גירסה התומכת בסברתנו, כי שמואל החליף 'רתיחה' ב'חימה', וכאן אבן כספי, הנוקט לשון 'חמתו', הולך בעקבותיו. נשוב ל־1126א23. כאן תיבת 'תבער' במקום 'התדבקה' מעלה תמיהה בגלל אופייה הלא־מילולי. אני משער, ששמואל לא היה מרוצה מן 'רתיחה' כתרגום ל־ غيظ . לפיכך חיפש מלה קונוונציונאלית יותר, ובחר ב'חימה'. משבחר ב'חימה', לא היה אלא טבעי להשתמש ב'תבער', שכן במקרא השורש 'בער' מתחבר לפעמים עם 'חימה' (עיין, למשל, תה' פט: מז; עיין גם 1125ב29 נמ"ר).

נ"מ1 משנה את הטקסט לעתים קרובות כדי לתת לו מובן מדויק יותר. ברור, כי אין זו מלאכתו של שמואל. שני הקטעים הראשונים מן 'ובעוד' עד 'שמורה' הם שונים כמעט לגמרי מנמר"א ומנמר"ב עד שאי־אפשר לכלול אותם באותו האפאראט; הם שייכים למשפחה אחרת. הקטע האחרון הוא נסיון להקל את אופיו הערבי של נמ"ר ולפשט את סרבולו בעברית.

23 בתרגומו העברי של מאיר אלגואדיש הוא 'יתמידו חמתם. המנוחה תהיה כאשר ישלמו גמול כי עשותם שפטים יניח חמתם' (על־פי מהדורה ביקורתית טרומית שהכנתי; ועיין לעיל, הערה 5). התרגום הלאטיני נעשה בתחילת המאה הי"ג, ולכן יכלו שמואל בן יהודה ממארסיי ומתקניו להסתייע בו. התרגום העברי נעשה בסוף המאה הי"ד או בהתחלת המאה הט"ו ולכן אינו מתקבל על הדעת שהשתמשו בו מתקני התרגום של שמואל, וכל הסימנים מעידים, כי הנוסח המתוקן השלישי שבכ"י 956 של הספרייה הלאומית הצרפתית הושלם במחצית השנייה של המאה הי"ד. עיין מאמרי על כתב־יד זה (לעיל, הערה 19).

נ"מ2 הוא כמעט זהה לנ"מ1, להוציא הקטע האחרון, שנראה כאילו בבחינת חזרה לנמ"ר אגב שמירה על המלים 'שהם למה ש'.

נ"מ3 הוא כמעט זהה לנ"מ2, חוץ מהרחבת 'עברתם' ל'עברת כמו אלה האנשים'. באשר למשמעותם, שינוי זה אינו מעלה ואינו מוריד.

כשאנו פונים לשורה שלאחריה, 1126א24 נמ"ר, אנחנו מוצאים טקסט שאין לו מובן. בערבית בא يظهرون غضبهم لم يتهيأ لاحد تسكينهم ولذلك. לפני המתרגם הלאטיני היה טקסט ערבי, התואם את הטקסט של כ"י פאס. נראה ברור, שבטקסט הערבי שהיה לנגד עיני שמואל היה כתוב لمن במקום لم, או שמא קרא בטעות لمن במקום لم, ואותו הוא מתרגם באופן מילולי ואינו משנה את תרגומו גם במהדורה השנייה שלו. אבן כספי מסכם את הטקסט במלותיו־הוא, מכיוון שהטקסט שהיה לנגד עיניו לא היה לו מובן. לאמיתו של דבר, סיכומו אינו קולע אל המטרה.

נ"מ1 משנה, ראשית־כול, את 'יראו' של נמ"ר ל'מראים', בהתאם ל'אינם' שבטקסט שלו. הוא אינו שומר על הקירבה שיש בין נמ"ר לבין הנוסח הערבי, כדי לשפר את הסגנון העברי. לשון 'עברתם' במקום 'כעסם' מתאימה גם היא לנוהג של נ"מ1 — שצוין בשורה הקודמת — לא לשמור על מילוליות. תיבת 'לכן' נוספה לשם הבהרה, אבל 'לא יוכן' משקף תרגום מילולי של הערבית لم يتهيأ. מכאן נראה ברור, כי נ"מ1 השתמש בחומר ספרותי מחוץ לנמ"ר. אפשר, שהשתמש בתרגום הלאטיני של הרמאנוס 'non praeparatur alicui sedatio ipsorum', או אף בטקסט ערבי אחר. הקטע הבא לאחר זה, 'אל שום אדם לשכך חמתם', מרחיב ומברר את הטקסט של נמ"ר.

כשאנו פונים לנ"מ2, נמצא שינויים מהותיים מספר, ואלה אי־אפשר לכלול באפאראט אחד. נמנה את השינויים אחד־אחד. נ"מ2 מציב תיבת 'מגלים' במקום 'מראים' שבנ"מ1 או במקום 'יראו' שבנמ"ר. תיבת 'כעסם' שלו היא בגדר הפתעה, שכן הוא מדלג אחורנית אל נמ"ר ומתעלם מנ"מ1. האם ייתכן, שנ"מ1 ונ"מ2 הם תוצאות של שיפורים והערות שאדם מסוים העיר על המהדורה השנייה של שמואל? לפעמים נראה, שיש טקסט משותף לנ"מ1 ונ"מ2, ולפעמים — כאילו נכנסו לטקסט שינויים של השומעים. תשובה חד־משמעית לשאלה זאת יכולה להינתן רק לאחר שייעשה ניתוח מפורט ושיטתי של היחס בין נ"מ1, נ"מ2 ונ"מ3 בינם לבין עצמם ובינם לבין נמ"ר. 'אין דרך' של נ"מ2 נראה כשיפור וכהבהרה של 'לא יוכן' של נ"מ1, שאינו ברור והוא צירוף קשה להבנה, אף־על־פי שהוא מובן בהקשרו. המשך השורה מסכים עם נ"מ1, והוא עדות חותכת נוספת לתלותם זה בזה.

ב־נ"מ3 כאן יש דוגמה בולטת לנטייתו לשפר את הטקסט של נ"מ2. ראשית, נ"מ3 מוסיף 'את'. המאמר מ'אכן' עד 'בכליותיהם' מיותר לגמרי ומוסיף רק סלסול ריטורי לטקסט. הצבת 'לא יהיה' במקום 'אין' והוספת 'ומסלול' אחרי 'דרך' הן עוד דוגמאות לנטייתו הריטורית המפורזת של נ"מ3. 'להניחם מרוגזם' הוא הכפלת לשון ריטוורי של 'לשכך חמתם', שאין לו תכלית אחרת אלא להעלות בנ"מ3 את הרמה הסגנונית ביחס לנ"מ2, שלא לדבר על נ"מ1 ונמ"ר. 'ומפני כן' במקום 'לכן' גם הוא שינוי סגנוני בלבד.

כשאנחנו פונים לשורה שלאחריה. 1126א25, אנחנו מוצאים תרגום ברור למדי וקרוב לערבית. הערבית היא כדלהלן: يبقى غيظهم زمانا طويلا ومن كان بهذه الحال فهو مؤذ لنفسه. כפי שנזכר לעיל, נמר"ב מחליף את 'רתיחתם' של נמר"א ב'חמתם', ואבן כספי הולך בעקבות נמר"ב. במקרה זה נ"מ1 נשאר צמוד לנמ"ר והוא כמעט זהה לו.

נ״מ2 זהה לנ״מ1. נ״מ3 בסגנון הריטורי המקובל עליו מביא ׳תתמיד ותמשך׳ במקום ׳תשאר׳, שלעצמו הוא ברור. במקום ׳ומי שהיה׳ נ״מ3 גורס ׳והאיש שהוא בזה התואר׳, וזה שוב אינו אלא ליטוש, ומצד התוכן הוא מיותר. בסוף העניין הוא מוסיף ׳מצער׳ ל׳מזיק׳.

בסעיף זה השתדלתי להבהיר מהו היחס בין הנוסחים השונים על־פי ניתוח של דוגמה מן הטקסט. מסקנות כלליות יותר תצטרכנה לחכות למחקר שיטתי של יחסי הנוסחים זה לזה במסגרת בדיקה כללית של הביאור האמצעי העברי כולו.

10. שיטות מחשב

השימוש במחשב בההדרת טקסטים מאפשר (1) תיקון קל יחסית של שגיאות־דפוס; (2) עשיית פעולות מיכאניות, כמו מספור של שורות; (3) הכנת חומר מוכן להדפסה; (4) הוצאה של מפתחות בצורה של ׳מלות־מפתח בהקשרן׳ (KWIC Indices) באופן אוטומאטי למחצה.

כשהתחלתי בעבודה זו היתה הבעיה הראשונה למצוא דרך נאותה להדפיס חומר בעברית. י.ב.מ. מייצר כדורית עברית לשימוש במסוף מס׳ 2741. האותיות העבריות בכדורית מסודרות בסדר אלפבית על־פי הסדר של האלפבית הלאטיני. כתבנים עבריים הדפיסו את הטקסט לפי הסדר העברי; תכנית־מחשב החליפה כל אות באות העברית כפי שהיא מופיעה בכדורית. תכנית אחרת הפכה את סדר השורות לסדר העברי.[24]

לאחר שהטקסט הועלה על סרט מאגניטי הופעלו תכניות המתקנות בדייקנות וביעילות קבוצות של שגיאות בפעם אחת. תיקון שגיאות בדרך אחרת היה מחייב שימוש במסוף, שהוא יקר מאוד ומצריך עבודה רבה יותר.

הדפסת על־ההגהה הסופיים נעשתה על IBM Magnetic Card Selectric Typewriter שנקשר למחשב 67/360 של י.ב.מ. באוניברסיטת סטנפורד. הטקסטים והאפאראט המודפסים להלן הם הדפסת־צילום של דפי הפלט של המחשב.

לצורך הכנת המפתחות נכתבו תכניות נוספות (כולן בדיאלקט של SNOBOL4). אחת מאפשרת ניקוב של טקסטים בכרטיסי י.ב.מ. שיטת ניקוב ראשוני של טקסטים בכרטיסי י.ב.מ. היא זולה בהרבה מן השימוש במסוף. הערך המילוני, וכן הצורות הלשוניות השייכות לו שבחרתי בהן, נוקבו בכרטיסי י.ב.מ. תכנית אחרת מייצרת רשימה של כל המלים לפי סדר הופעתן הראשונה. דבר זה עוזר בבחירת מלים שהן בעלות משמעות למפתוח ובמציאת כל הצורות השונות של כל מלה בעלת משמעות. היא גם עוזרת במציאת שגיאות־דפוס בטקסט עצמו. תכנית שלישית מייצרת מפתחות של ׳מלות מפתח בהקשרן׳ כשהיא ניזונה בכרטיסים הנושאים את הערך המילוני ואת הצורות הלשוניות השונות השייכות לו. בדרך זו הוכנו מפתחות מפורטים לטקסטים שבכרך שלפנינו. מפאת היקפם הרב הוחלט לא להדפיס אותם עם

24 השווה: E.A. Goldman et al., ‘Transliteration and a “Computer-Compatible Semitic Alphabet”’, *Hebrew Union College Annual*, XLII (1971), pp. 251–256. ליתר פרטים על שיטות של מיפתוח וקונקורדאנציה עיין: L.V. Berman & R. Finkel, ‘Printing and Indexing Medieval Hebrew Philosophical Texts’, in: *The Critical Study of Sacred Texts*, Berkeley 1979, pp. 165–177

הטקסט. הם שמורים באוניברסיטת סטנפורד (Department of Religious Studies,
Stanford University, Stanford, California). המעוניינים יכולים להזמין אותם
משם.

11. מסקנות כלליות

מן האמור לעיל נראה ברור, שבשביל הההדרה של הנוסח המקורי של תרגומו של
שמואל לביאור האמצעי ראוי להתחשב בראש וראשונה רק בשישה כתבי־יד, הלוא
הם **אבגדחט**, של הנוסח המקורי. לארבעת כתבי־היד של אבן כספי אפשר להיזקק כל
אימת שיש הבדלים בין כתבי־היד כדי לברר את ההבדל בין המהדורה הראשונה לבין
המהדורה השנייה של שמואל. אשר לכתבי־היד שעליהם מבוססים הנוסחים
המתוקנים הראשון, השני והשלישי, די להתחשב בהם רק באופן שולי. הוא הדין ביחס
לכ״י טורין (עיין לעיל, סעיף 8). זאת ועוד, עצם קיומם של ארבעה נוסחים התלויים
במהדורה השנייה של שמואל לתרגומו העברי לביאור האמצעי, כלומר, הנוסחים
המתוקנים הראשון, השני והשלישי והקיצור של אבן כספי, מראה על חשיבות
הטקסט בעיני יהודי דרום־אירופה בימי־הביניים.[25] בזמן מאוחר יותר תורגם ספר
המידות על־שם ניקומאכוס מלאטינית לעברית, מכיוון שלא הכול היו מרוצים מן
התרגום שנעשה מן הערבית. נוסף לכך, נתחברו פירושים לספר המידות בין בצורת
פירוש לביאור האמצעי ובין בצורת פירוש לספר של אריסטו גופו. מחברים שונים מן
המאות הי״ד–הט״ז השתמשו בפירושים הללו.[26] ספר המידות היה בַּדרך לזכות
באותה דרגת חשיבות בספרות הפילוסופית בעברית שזכה לה בספרות הלאטינית של
ימי־הביניים והרנסאנס, אלא שרדיפות מנעו בעד התפתחות ההתעניינות במשנת
מידות אשר טענה כי היא מבוססת על ניתוח שכלי של הטבע האנושי ושל התנהגות
בעל־החיים האנושי. תולדות ספר המידות בעברית עוד לא נכתבו. המחקר שלפנינו
הוא בבחינת צעד בכיוון זה.

12. סימנים וקיצורים באפאראט הביקורתי

להלן הסימנים המשמשים באפאראטים לנוסחים השונים. בחירת הסימנים היתה
תלויה בסמלים שעמדו לרשות הכדורית העברית (עיין לעיל, סעיף 10). אשר לסימנים
שהשתמשתי בהם לציון כתבי־היד, עיין לעיל, סעיפים 3–7.

% נוסח מקורי או נוסח מקורי א

%% נוסח מקורי ב

ᵇ הנוסח המתוקן הראשון

⁎ הנוסח המתוקן השני

△ הנוסח המתוקן השלישי

‡ הקיצור של אבן כספי

X X סוגריים המקיפים הערות של המהדיר

25 הפעילות הזאת התרכזה בדרום־צרפת, ספרד ואיטליה, ארצות המקור של כתבי־היד.
26 לפרטים נוספים עיין: ברמן, 'ביאור', עמ' 297–301.

/ סימן־הפרדה לפני לֶמה חדש

[סימן־הפרדה אחרי לֶמה

( ) סוגריים המקיפים סימני כתבי־היד

< > סוגריים המקיפים הוספה בכתבי־היד

- - מקפים סביב חסר

√ גרש

• קריאה לא בטוחה של אות

* סימן לפני מלה מנוקדת

×2× הופעה שנייה של מלה[27]

0 חסר של אות (רק בנמר״ב)[28]

13. קיצורים במבוא ובהערות

ברמן, ׳שמואל בן יהודה׳ = L.V. Berman, 'Greek into Hebrew — Samuel ben Judah of Marseilles', in: *Jewish Medieval and Renaissance Studies*, Cambridge (Mass.) 1967, pp. 289–320

ברמן, ׳ביאור׳ = L.V. Berman, 'Ibn Rushd's *Middle Commentary on the Nicomachean Ethics* in Medieval Hebrew Literature', in: *Multiple Averroès*, Paris 1978, pp. 287–322

ברמן, ׳קטעים׳ = L.V. Berman, 'Excerpts from the Lost Arabic Original of Ibn Rushd's *Middle Commentary on the Nicomachean Ethics*', *Oriens*, XX (1967), pp. 31–59

נויבאואר = *Catalogue of the Hebrew Manuscripts in the Bodleian Library and in the College Libraries of Oxford*, compiled by Ad. Neubauer, Oxford 1886–1906

נמ״ר = נוסח מקורי

נמר״א = נוסח מקורי, גירסה א

נמר״ב = נוסח מקורי, גירסה ב

נ״מ1 = נוסח מתוקן ראשון

נ״מ2 = נוסח מתוקן שני

נ״מ3 = נוסח מתוקן שלישי

רוזנטל = E.I.J. Rosenthal, ed., *Averroes' Commentary on Plato's Republic*, Cambridge (Eng.) 1956

שטיינשניידר = M. Steinschneider, *Die hebräischen Übersetzungen des Mittelalters*, I, Berlin 1893

27 לפעמים, כאשר מקומה של מלה בשורה שמתייחסת אליה הגירסה השונה ברור על־פי מקום הגירסה באפאראט, השמטתי ציון זה. כאשר אין ציון למקומה של המלה שבשורה, הגירסה השונה מתייחסת להופעתה הראשונה של המלה.

28 כאשר נמר״ב מתייחס ליותר ממלה אחת, הדפסנו מלה נוספת, המקבילה למלה בנמר״א, כדי להצביע על המקום שבו נמר״ב חוזר לנמר״א.

הנוסחים העבריים של המאמר הרביעי
של הביאור האמצעי של אבן רשד
לספר המידות על־שם ניקומאכוס לאריסטו

1119ב20% המאמר הרביעי מן ניקומאכיה
1119ב20ƃ המאמר הרביעי מן הספר
1119ב20# באור המאמר הרביעי מספר ניקומאכיא
1119ב20△ ביאור המאמר הרביעי מספר ניקומכיא
1119ב20ǂ המאמר הרביעי

1119ב21% Xאין טכסט יורניX
1119ב21ƃ Xאין טכסט יורניX
1119ב21# Xאין טכסט יורניX
1119ב21△ Xאין טכסט יורניX
1119ב21ǂ Xאין טכסט יורניX

1119ב22% אמר הנה ראוי שנמשיך מה שאמרנוהו בנדיבות מה הוא ונאמר שכבר יחשב בו שהוא
1119ב22ƃ אמר הנה ראוי שנמשיך אל מה שאמרנוהו עניך הנדיבות מה הוא ונאמר שכבר יחשב בו שהוא
1119ב22# אמר הנה ראוי שנמשיך אל מה שאמרנוהו עניך הנדיבות מה הוא ונאמר שכבר יחשב בו שהוא
1119ב22△ אמר ראוי שנמשיך אל מה שאמרנו עניך הנדיבות מה הוא ונאמר שכבר יחשב מענינו שהוא
1119ב22ǂ הדבור במעלת הנדיבות אמר הנדיבות כבר יחשב בו שהוא

1119ב23% מצוע בממונות וזה כי הנדיבות לא ישובח
1119ב23ƃ מצוע בממונות וזה כי הנדיבות לא ישובח
1119ב23# מצוע בממונות וזה כי הנדיבות לא ישובח
1119ב23△ מצוע בממונות וזה שהנדיבות לא ישובח
1119ב23ǂ מצוע בממונות וזה כי הנדיבות לא ישובח

1119ב24% בעניני המלחמה ולא בענינים אשר בם יהיה האדם ירא חטא ולא
1119ב24ƃ בעניני המלחמה ולא בענינים אשר בם יהיה האדם ירא חטא ולא
1119ב24# בעניני המלחמה ולא בענינים אשר בם יהיה האדם ירא חטא ולא
1119ב24△ בעניך המלחמה ולא בענינים אשר יהיה האדם בהם ירא חטא ולא
1119ב24ǂ בענייני המלחמות כמו שהוא העניין בגבורה ולא בתענוגים הגשמיים כעניין ביראת חטא

% 20ב19 המאמר הרביעי Xבאותיות גדולותX (א ב ג ד ח) / מן] מספר (ג) Xבאותיות גדולותX (א ב ג ד ח) / ניקומאכיה]
הניקומכיה (ב) ניקומכיא (ג) ניקומאכיא (ד) הניקומכיאה (ח) Xבאותיות גדולותX (א ב ג ד ח) / 22 אמר Xבאותיות
גדולותX (א ב ג) / שנמשך (ב ד ח) / הוא] ..א Xבין השורותX (א) / שכבר < ... הנדיבות ליבראליטס* בלטן> XבגליוןX
(א) / 23 ממוצע (ד) / ישובח <בעיני> XמחוקX (ד) / 24 יהיה Xבין השורותX (א) / -האדם- (ג) /

ƃ 20ב19 המאמר הרביעי Xבאותיות גדולותX (א) / המאמר Xהגליון מלא חומר שאי אפשר לקרוא אותו וממשיך עד 1120א22X (א) / 22
עניך הנדיבות Xבאותיות גדולותX (א) / ונאמר Xבאותיות גדולותX (א) /

20ב19 באור עד ניקומאכיא Xבאותיות גדולותX (אב) / -באור- (ב) / הרביעי] הד√ (ב) /

△ 20ב19 ביאור עד ניקומכיא Xבאותיות גדולותX (א) /

ǂ 22ב19 -הדבור במעלת הנדיבות- (כ) / במעלות (מ ס) / 23 המצוע (כ) / 24 העניין] בעיני (מ) /

1119ב25% במשפטים אבל בלקיחה והנתינה בממונות והיותר ראוי שיהיה
1119ב25ƃ במשפטים רק בלקיחה והנתינה בממונות והיותר ראוי שיהיה
1119ב25# במשפטים רק בלקיחה והנתינה בממונות והיותר ראוי שיהיה
1119ב25△ במשפטים רק בענין הנתינה והלקיחה במכונות והיותר ראוי מעבינו הוא שיהיה
1119ב25ǂ אבל הוא בלקיחה והנתינה בממונות והיותר ראוי שיהיה

1119ב26% בנתינה ארצה בממונות כל מה
1119ב26ƃ בנתינה וארצה בממונות כל מה
1119ב26# בנתינה וארצה בממונות כל מה
1119ב26△ בנתינה ורצוני בממונות כל מה
1119ב26ǂ בנתינה וארצה בממונות כל מה

1119ב27% שיעמוד בדינרין והדרהמין רצוני במטבע והפזור תוספת על המצוע בזה והכילות
1119ב27ƃ שהוא נישום ונערך בדינרין והדרהמים רצוני באמד והשערה והפזור הוא תוספת על המצוע בזה והכילות
1119ב27# שהוא נישום ונערך בדינרין והדרהמים רצוני באומד והשערה והפזור הוא תוספת על המצוע בזה הענין והכילות
1119ב27△ שהוא נשום ונערך עם הסלעים והדינרין והפזור הנה הוא תוספת על המצוע בזה הענין והכילות
1119ב27ǂ שיעמד בדינרין והדרהמים רצוני במטבע והנה הפזור הוא תוספת על המצוע בזה והכילות

1119ב28% חסרון מהמצוע ואנחנו אמנם
1119ב28ƃ היא חסרון מהמצוע ואנחנו אמנם
1119ב28# הוא חסרון מהמצוע ואנחנו אמנם
1119ב28△ הוא חסרון מן המצוע ואנחנו אמנם
1119ב28ǂ הוא חסרון מהמצוע אמר אנחנו אמנם

1119ב29% ניחס תמיד הכילות לאשר ישגיחו בכל הממונות יותר ממה שראוי
1119ב29ƃ ניחס תמיד הכילות לאשר ישגיחו בקבוץ הממונות יותר ממה שראוי
1119ב29# ניחס תמיד הכילות אל האנשים הלהוטיב אחר קבוץ הממון יותר ממה שראוי
1119ב29△ ניחס תמיד הכילות אל האנשים הלהוטיב אחר קבוץ הממון יותר ממה שראוי
1119ב29ǂ ניחס תמיד הכילות לאשר ישגיחו ויקפידו בממונות יותר ממה שראוי

% 26 וארצה (ב ג ד ח) / 27 והדרהמים (ב ד ח) והדרהמי√ (ג) / והפזור Xבאותיות גדולותX (א) / והכ.לות (ד) והפלאת (ח) / 29
תמ.ד (ב) .... Xבין השורותX (א) / ואשר (ח) / יתר (ג) /

ƃ 29 תמיד] תמ.. (א) /

----

27 נישום] רשום (ב) /

△ 25 והיותר Xה"ר" נוספת בין השורותX (א.א) / 28 מן (א.ב) / המצוע Xה"ה" נוספת בין השורותX (א.ב) /

ǂ 25 היותר (מ) / שיהיו (כ) / 28 -אמנם- (ס) /

%30ב1119 ואולם הפזור הנה אמנם ניחסהו
б30ב1119 ואולם הפזור הנה אמנם ניחסהו
#30ב1119 ואולם הפזור הנה אמנם ניחסהו
△30ב1119 ואולם הפזור כבר ניחס אותו
ǂ30ב1119 ואולם הפזור הנה אמנם ניחסהו

%31ב1119 אל השטופים בתאות ואשר יוציאו ממונותיהם בתענוגים
б31ב1119 אל השטופים בתאות ואשר יוציאו ממונם בתענוגים
#31ב1119 אל האנשים השטופים בתאות ואל האנשים אשר יוציאו ממונם בתענוגים
△31ב1119 אל האנשים השטופים בתאות ואל האנשים אשר יוציאו ממונם בתענוגים
ǂ31ב1119 אל השטופים בתאות אשר יוציאו ממוניהם בתענוגים הגשמיים

%32ב1119 לפי שכמו אלו הם אשר יקראו מפזרים ולכן יחשב בם שהם יותר רעים מזולתם
б32ב1119 לפי שכמו אלו הם אשר יקראו מפזרים ולכן יחשב בם שהם יותר רעים מזולתם
#32ב1119 לפי שכמו אלה האנשים הם הנקראים מפזרים ולכן יחשב בהם שהם יותר רעים מזולתם
△32ב1119 לפי שכמו אלה האנשים הם הנקראים מפזרים ולכן יחשב בהם שהם יותר רעים מזולתם
ǂ32ב1119 לפי שכמו אלה הם אשר יקראו מפזרים ולכן יחשב בם שהם יותר רעים מזולתם

%33ב1119 לפי שעמם רעות הרבה נמצאות יחד להתחלף תאותיהם ולכן אין ראוי בם זה השם
б33ב1119 לפי שיש עמם רעות הרבה נמצאות יחד להתחלף תאותיהם ולכן יאות להם זה השם
#33ב1119 לפי שרעות הרבה יחד נמצאות אתם להתחלף תאותיהם ולכן יאות להם זה השם
△33ב1119 לפי שכבר תמצאנה אותם רעות הרבה יחד בסבת התחלף תאותיהם ולכן יאות להם זה השם
ǂ33ב1119 לפי שעמם רעות רבות נמצאות יחד להתחלף תאותיהם ואולם אין ראוי בם זה השם

%34ב1119 לפי שמדרך המפזר שיהיה עמו רע אחד
б34ב1119 לפי שמדרך המפזר שיהיה עמו רע אחד
#34ב1119 לפי שמדרך המפזר הוא שימצא אתו דבר רע אחד
△34ב1119 לפי שכבר ימצא גם כן במפזר דבר אחד שהוא רע ומר
ǂ34ב1119 לפי שמדרך המפזר שעמו רע אחד

% 31 ממוניהם (ג ד) / 32 .. אשר Xבגליון‬X (א) / מזולתם] ....תם (ד) / 33 להחליף (ג) / תאותיהם (ג ח) / 34 -שיהיה עד המפזר- Xעד X1א1120 (ב) /

△ 34 שהוא (א.ב) /

ǂ 30 ואולם] ואמנם (כ) / 31 -ממוניהם- (מ) / 33 נמצאים (ל) /

%%1א1120 יכחיש
%1א1120 והוא אבוד ממונו וזה כי המפזר הוא אשר ישחית נפשו בידו
б1א1120 והוא אבוד ממונו וזה כי המפזר הוא אשר ימית נפשו בידיו
#1א1120 והוא אבוד ממונו וזה כי המפזר הוא אשר ימית נפשו בידיו
Δ1א1120 והוא אבוד ממונו וזה שהמפזר הוא אשר ימית נפשו בידיו
‡1א1120 והוא אבוד ממונו ובזה תאבד נפשו וזה כי המפזר הוא אשר ישחית נפשו

%%2א1120 האיש ממונו השחתת
%2א1120 לפי שכבר יחשב שאבוד האיש השחתת נפשו
б2א1120 לפי שכבר יחשב שאבוד ממון האיש הוא השחתת נפשו
#2א1120 לפי שכבר יחשב שאבוד ממון האיש הוא השחתת נפשו
Δ2א1120 בשכבר יחשב שאבוד ממון האיש הוא השחתת נפשו
‡2א1120 לפי שכבר יחשב שאבוד האיש ממונו הוא השחתת נפשו

%3א1120 מפני שהחיים אמנם ישלמו בממון הנה כפי זה הצד יהיה הפזור
б3א1120 מפני שחייו אמנם ישלמו בממונו הנה כפי זה הצד יהיה הפזור
#3א1120 מפני שחייו אמנם ישלמו בממונו הנה כפי זה הצד יהיה הפזור
Δ3א1120 מפני שחייו אמנם ישלמו בממונו והנה כפי זה הצד יהיה הפיור
‡3א1120 מפני שחייו אמנם ישלמו בממונו

%4א1120 אמר והדברים אשר יצטרך אליהם הנה הם אשר ישתמשו השתמשות טוב והשתמשות רע
б4א1120 אמר והדברים אשר יצטרך האדם אליהם הם אותם אשר ישתמש מהם השתמשות טוב והשתמשות רע
#4א1120 אמר והדברים אשר יצטרך האדם אליהם הם אותם אשר ישתמש מהם השתמשות טוב והשתמשות רע
Δ4א1120 אמר והדברים שהאדם צריך אליהם הם הדברים שהוא משתמש מהם אם השתמשות טוב ואם השתמשות רע
‡4א1120 אמר הדברים אשר יצטרך אליהם הנה בם נשתמש אם השתמשות טוב אם השתמשות רע

%5א1120 והעושר מהענינים המועילים
б5א1120 והעושר הוא מהענינים המועילים
#5א1120 והעושר הוא מהענינים המועילים
Δ5א1120 והעושר הוא מן הענינים המועילים
‡5א1120 והממון אחד מהעניינים אשר נשתמש בם

% 1א20 -וזה- (ג) / ישחית] יכחיש (ב ג ד ח) / 3 שהחיים] שחייו (ב ג ד ח) / בממונו (ב ג ד ח) / -כפי- (ג ד) / -זה- (ד) /
-הצד- (ג) הצד Xבין השורותX (א) / יהיה] תכלית (ג) / -הפזור- (ד) / 5 והעשר (ג) / מהעניינים (ג) / ....לים (ד) /

4א20 ישתמש] ישתמשו (ב) /

----

‡ 1א20 -וזה עד נפשו X2X- (כ מ ס) / 3 ישלימו (מ ס) / 4 בצטרך (מ) / אם X2X] ואם (כ מ) /

%%6א1120 0000000
%6א1120 והמחושב והמעולה אשר עמו המעלה בכל אחד מהדברי√ הוא אשר ישתמש מכל אחד מהדברים על יותר טוב מה שיהיה
ƀ6א1120 והאדם החשוב אשר עמו המעלה בכל אחד מהדברים על היותר מעולה שאפשר להיות
#6א1120 והאדם החשוב אשר תמצא אתו המעלה בכל אחד מן הדברים הוא האיש אשר ישתמש מכל אחד מהדברים על היותר מעולה שאפשר להיות
△6א1120 והאדם החשוב אשר תמצא אתו המעלה בכל אחד מן הדברים הוא האיש אשר ישתמש מכל אחד מן הדברים באופן יותר מעולה שאפשר
‡6א1120 Xאין מקבילX

%7א1120 ואשר עמו מעלה בממונות הוא המשתמש מהעושר על יותר טוב מה שיהיה וזהו
ƀ7א1120 ואשר יש עמו מעלה בממונות הוא המשתמש מהעושר באופן יותר מעולה שיהיה וזהו
#7א1120 ואשר תמצא אתו מעלה בענין הממון הוא המשתמש מן העושר באופן יותר מעולה שיהיה וזהו
△7א1120 ואשר תמצא אתו המעלה בענין הממון הוא האיש המשתמש מן העושר באופן יותר מעולה שאפשר וזהו
‡7א1120 ואשר עמו מעלה בממונות הוא האדם המשתמש מהעושר על יותר טוב מה שיהיה וזהו

%%8א1120 שהשתמשות
%8א1120 הנדיב אמר וידוע שההשתמשות הממון היא ההוצאה
ƀ8א1120 הנדיב אמר וידוע שההשתמשות מהממון הוא בהוצאה
#8א1120 הנדיב אמר ודבר ידוע הוא שההשתמשות מן הממון הוא בהוצאה
△8א1120 הנדיב אמר ודבר ידוע הוא מדבר ההשתמש מן הממון שהוא נמצא בענין ההוצאה
‡8א1120 הנדיב אמר ידוע שהשתמשות הממון הוא ההוצאה

%9א1120 והנתינה ואולם קבוץ הממון ושמירתו הנה הוא קניתו ולכן
ƀ9א1120 והנתינה ואולם קבוץ הממון ושמירתו הנה הוא קנייתו ולכן
#9א1120 והנתינה ואולם קבוץ הממון ושמירתו הנה הוא קנייתו ולכן
△9א1120 והנתינה ואולם קבוצ ושמירתו הנה יסודתו התעמל בחריצות וקפיצת היד ולכן
‡9א1120 והנתינה ואולם קבוץ הממון ושמירתו הנה הוא קניתו ולא יקרא זה שמושו ולכן

%%10א1120 משיקה מאשר
%10א1120 היה מדרך הנדיב שיתן יותר ממה שיקח מאשר
ƀ10א1120 יהיה מדרך הנדיב וממשפטו שיתן יותר ממה שיהיה משפטו בשיקח מאשר
#10א1120 יהיה מדרך הנדיב וממשפטו שיתן יותר ממה שיהיה משפטו בשיקח מאשר
△10א1120 יהיה ענין הנדיב מיוסד ובנוי על דבר הנתינה לא על דבר הלקיחה ולא לקיחה לא על דבר הלקיחה בשיקח ממה
‡10א1120 היה מדרך הנדיב שיתן יותר מדרכו שיקח

% 6 -והמעולה- (ב ג ד ח) / מהדברי√ <הם> (א) מהדברים (ג ד ח) / הוא Xבין השורותX (א) / מכל] בכל (ג) / מהדברים <והוא אשר ישתמש מכל אחד מהדברים> Xמחוקא (ב) / מהדברים] מן הדברים (ג) מהדברי√ (ד) / 7 -ואשר עד שיהיה- Xנוסף בגליוןX (ב) / הוא] והוא (ח) / מהעשר (ג) / וזהו] וזה הוא (ב ג ד ח) / 8 אמר Xבאותיות גדולותX (א ב ג ח) / שהשתמשות (ב ג ד ח) / היא] הוא (ב ג ח) כמו (ד) / 9 קניינו Xבגליון "ת"X (ב) קנייתו (ג ד ח) / 10 ממה שיקח⌊ משיקה (ב ד ח) / שיוקח (ג) /

ƀ 6 מהדברים על Xכךא (א) /

----

6 תמצא] נמצא (ב) / להיות] להיותו (ב) / 7 ואשר⌊ אשר (ב) / 10 שיהיה <יותר ממה שיהיה> (ב) /

△ 8א20 ודבר (א.ב) וכבר (א) / 9 התעמל⌊ ההתעמל Xה"ה" הראשונה מחוקהX (א) / 10 בשיקח <Xארבע אותיות מחוקותX> (א) /

----

‡ 7 והוא (כ) / וזהו] והוא (ל) / 9 -ואולם- (ס) / וקבוץ (ס) / 10 מדרכו⌊ ממה (מ) /

%11א1120 אין ראוי ושלא יקח מאשר אין ראוי כי מדרך המעלה
ƃ11א1120 אין ראוי ושלא יקח מאשר אין ראוי כי מדרך המעלה היא
#11א1120 אין ראוי ושלא יקח מאשר אין ראוי כי מדרך המעלה הוא
△11א1120 שאין ראוי ולא על לא לקיחה בשלא יקח ממה שאין ראוי וזה שהמעלה מיוסדת היא
‡11א1120 ולא יקח מאשר אין ראוי כי מדרך המעלה הזאת

%12א1120 שיהיה האדם בה מטיב אל זולתו יותר משיהיה לא יטיב ושיהיה בה יפעל הנאה
ƃ12א1120 שיהיה האדם בה מטיב אל זולתו יותר משלא יטיב ושיהיה פועל בה הנאה
#12א1120 שיהיה האדם מטיב אל זולתו יותר משלא ייטיב ושיהיה פועל בה הנאה
△12א1120 על היות האדם מטיב בעבורה אל זולתו יותר מהיותו סר והדל להשכיל להטיב ומיוסדת היא על שיהיה פועל בעבורה הפעלים שהם יפים ונאים
‡12א1120 שיהיה האדם בה מטיב לזולתו

%13א1120 יותר משיהיה לא יפעל בה המגונה אמר וממה שלא יעלם
ƃ13א1120 יותר משלא יפעל המגונה אמר וממה שלא יעלם
#13א1120 יותר משלא יפעל המגונה אמר וממה שלא יעלם
△13א1120 יותר משיהיה סר וחדל בעבורה מלפעול הפעלים שהם מכוערים ומגונים אמר וממה שלא יעלם
‡13א1120 Xאין מקבילX

%14א1120 שההכרה וההטבה ימצאו בנתינה
ƃ14א1120 שההטבה והחנינה ימצאו בנתינה
#14א1120 בדבר ההטבה והחנינה הוא בשהן נמצאות בענין הנתינה
△14א1120 בדבר ההטבה והחנינה הוא כשהן נמצאות בענין הנתינה
‡14א1120 וההטבה תמצא בנתינה

%15א1120 ושקבול האדם ההטבה מזולתו ושלא יפעל המגונה ימצאו בלקיחה וההודאה והחזקת הטובה אמנם הן
ƃ15א1120 ושקבול האדם ההטבה מזולתו ושלא יפעל המגונה ימצאו בלקיחה וההודאה והחזקת הטובה אמנם הם
#15א1120 ואכן קבלת האדם ההטבה מזולתו ושלא יפעל הפעלים המגונים הלא הם נמצאים בענין הלקיחה והחזקת הטובה אמנם תהיה
△15א1120 ואכן קבלת האדם ההטבה מזולתו ושלא יפעל הפעלים המגונים הלא הם דברים נמצאים בענין הלקיחה והחזקת הטובה אמנם תהיה
‡15א1120 וקבול האדם הטובה מזולתו ימצא בלקיחה והנה ההודאה והחזקת הטובה והשבח אמנם הם

% 11 אי"ן (ג) / שלא (ד) / 12 משיהיה לא] משלא (ג) / יטיב (ד) / שיהיה (ב ח) / בה] בו (ח) / 13 -בה- (ב ג ד ח) / אמר Xבאותיות גדולותX (א ב ג ה) / 14 שההטבה וההכרה (ב ג ד) שה..ה וההכרה (ח) / 15 שקבול (ד) / .הטבה (ד) / בלקיחה <"> (ג) / וההוראה (ג) / -אמנם- (ג) / הן] הם (ב ג ד ח) /

----

11 -ושלא עד ראוי- (ב) /

△ 11 לא (א.ב) / שהמעלה <מיוסדת (א.א) היא (א.ב) על עשות הטוב לא על החדל מעשותו ולא על החדל מעשות רע (א.א)> / 15 הם <נמ> Xמחוקא (א) / ר.החזקת Xאות מחוקהX (א) /

----

‡ 14 בנתינתו (מ) / 15 הטובה] ההטבה (מ) / והחזקה (מ) /

1120א16% לנותן לא לאשר יקח והשבח לו גם כן יותר
1120א16ƃ לנותן לא לאשר יקח והשבח לו ג"כ יותר
1120א16# לאיש הנותן והתודה לו לבדו תנתן לא אל האיש הלוקח וההלול והשבח גם כן ברוב לנותן יהיו
1120א16△ אל האיש הנותן והתודה לו לבדו תנתן לא אל האיש הלוקח וההלול והשבח גם כן ברוב לנותן יהיו
1120א16‡ לנותן לא ללוקח

1120א17% וההמנע מהלקיחה יותר נקל מהנתינה לפי שתתם מה שלהם יותר קשה
1120א17ƃ וההמנע מהלקיחה הוא יותר נקל מהנתינה לפי שתתם את שלהם הוא יותר קשה
1120א17# וההמנע מהלקיחה הוא יותר נקל מהנתינה לפי שתת האדם יגיעו לזרים הוא יותר קשה
1120א17△ וההמנע מן הלקיחה הוא יותר נקל מן הנתינה לפי שיותר קשה לאדם תתו יגיעו לזרים
1120א17‡ אמר   ההמנע מהלקיחה יותר נקל מהנתינה לפי שתת האדם מה שלו יותר קשה

1120א18% מעזיבתם לקיחת מה שאין להם והנדיבים
1120א18ƃ מהמנעם לקחת מה שאינו שלהם והנדיבים
1120א18# מהמנעו לקחת מה שאינו שלו והנדיבים
1120א18△ מהמנעו לקחת מה שאינו שלו והנדיבים
1120א18‡ מן ההמנע מלקיחת מה שאינו שלו והנדיבים

1120א19%% ואולם
1120א19% אמנם הם אשר יתנו ואמנם אשר יקחו הנה לא
1120א19ƃ אמנם הם אותם אשר יתנו ואולם אשר יקחו הנה לא
1120א19# אמנם הם האנשים הנותנים ואכן הלוקחים לא
1120א19△ אמנם הם האנשים הנותנים ואכן הלוקחים לא
1120א19‡ אשר יתנו

1120א20%% נתישרו
1120א20% ישובחו מדרך שהם נדיבים אלא שהם כאשר נשתרו בלקיחה הנה אינם למטה מהנדיבים בעשות היושר
1120א20ƃ ישובחו מדרך שהם נדיבים אלא שהם כאשר נתישרו בלקיחה אינם למטה מהנדיבים בעשיית היושר
1120א20# ישובחו בתאר הנדיבות אלא שהם אם יהיה דרכם בדבר הלקיחה דרך ישר אינם למטה מהנדיבים בעשיית היושר
1120א20△ ישובחו בתואר הנדיבות אלא שהם אם יהיה דרכם בדבר הלקיחה דרך ישר אינם למטה מן הנדיבים בענין עשיית היושר
1120א20‡ Xאיך מקבילX

% 17 והמנע (ח) / שתתם] ש... (ח) / 19 אמנם הם] הם אמנם Xעם סמני הפוך על שתי המליםX (ב) / ואמנם] ואולם (ב ד ח) / 20 נשתרו] נתישרו (ב ג ד ח) /

△ 16 יהיו (א.ב) יהיה (א) / 20 אם <דרכם> Xמחוקא (א) / דרכם (א.ב) / מן הנדיבים (א.ב) /

----

‡ 17 שלו] שלא (כ) / 18 מן ההמנע] מהמנע (מ) / שאינו <שלא> (ל) / והנדיבים <הם> (מ) /

%21א1120 אבל אשר יקחו ביושר לא ישובחו מאד
ƃ21א1120 ואמנם אותם אשר יקחו ביושר לא ישובחו מאד
#21א1120 זולתי שיש הפרש ביניהם בענין ההלול והשבח שהאנשים המתנהגים ביושר בענין הלקיחה לא ישובחו מאד
△21א1120 זולת שהאנשים האלה המתנהגים ביושר בענין הלקיחה לא ישובחו בהפלגה
‡21א1120 Xאין מקבילX

%22א1120 והנדיבים יהיו נאהבים וישובחו מאד לפי שהם מועילים
ƃ22א1120 והנדיבים יהיו אהובים וישובחו מאד לפי שהם מועילים
#22א1120 והנדיבים יהיו אהובים ומשובחים במאד מאד לפי שהם מועילים
△22א1120 אך הנדיבים הלא הם אהובים ומשובחים במאד מאד לפי שהם מועילים אל זולתם
‡22א1120 ובעבור זה יהיו נאהבים וישובחו מאד לפי שהם מועילים לזולתם

%23א1120 ותועלתם בבזבזם הממון ופעולות המעלה נאות
ƃ23א1120 והועילם הוא בבזבזם הממון ופעולות המעלה הן נאות ויפות
#23א1120 במה שבהם ופעולות המעלה הן נאות ויפות
△23א1120 במה שיפזרו להם מרכושם ופעולות המעלה הנה הם פעלות יפות ונאות
‡23א1120 בבזבזם ממוניהם

%24א1120 ובסבת הנאה יפעלו ופעולתם
ƃ24א1120 ובסבת הנאה תפעלנה ועושות
#24א1120 ובסבת הנאה תפעלנה ונעשות
△24א1120 ובסבת הדבר היפה והנאה תתחדשנה עם שהם נעשות
‡24א1120 Xאין מקבילX

%%25א1120 0000
%25א1120 נכונה לפי שהם אמנם יפעלו למי שראוי שיפעל בו ובשעור הראוי ובזמן הראוי ובכלל הנה יפעלו כל הדברים אשר
ƃ25א1120 ביושר ונכונה לפי שהן תפעלנה למי שראוי שיפעל בו ובשיעור הראוי ובזמן הראוי ובכלל הנה היא פועלת כל הדברים אשר
#25א1120 ביושר ונכונה לפי שהן תפעלנה לפי שראוי שיפעל בו ובשעור הראוי ובזמן הראוי ובכלל הנה היא פועלת כל הדברים שהם
△25א1120 ביושר ואמת לפי שהן נעשות אל האיש הראוי וההגון שתעשנה בעבורו ונעשות בשיעור הראוי ובזמן הראוי ובכלל הנה כל הדברים
‡25א1120 למי שראוי ובשעור הראוי ובזמן הראוי ויפעלו כל זה

% 23 -ותועלתם- (ד) / ופעולות (ב ג ה) / המעלות (ג ד) / 24 ופעלתם (ג ד ה) / 25 שהם Xעם סמן על ה"ה"X (ד) / -אמנם- (ב ג ד ה) / וכשיעור (ד) / הנה] מה Xמחוק ובין השורות "הנה"X (ב) /

ƃ 23 והועילם] ...ע.לם (א) /
----
23 <אמר> Xבאותיות גדולות לפני "ופעולות"X (ב) /

△ 21 האלה (א.ב) / 23 שיפזרו Xה"פ" מתוקנתX (א) / 24 הדבר Xבגליון הימני (א.א) ובגליון השמאלי (א.ב)X / 25 שתעשנה Xה"נ" נוספת בין השורותX (א.ב) /
----
‡ 22 -יהיו נאהבים- (כ) / נאהבים] כאוהבים (מ) / ישובחו (כ) /

%26א1120 ימשכו היושר האמתי ויוחד פועל המעלה שהוא יפעל בעונג ובזולת צער לפי שאשר
ƃ26א1120 ימשכו ליושר האמתי וייוחד פעל המעלה שהוא יפעל בעונג ובזולת צער לפי שאשר
#26א1120 נמשכים ליושר האמתי ויוחד פעל המעלה שהוא יפעל בעונג ובזולת צער לפי שאשר
∆26א1120 הנמשכים אל היושר האמתי יהיו נזכרים ונעשים מצד המעלה וכבר ייוחד הפעל המושפע מפאת המעלה בשהוא יעשה מתוך עונג
והנחה או לפחות בזולת צער וזה מפני שהאדם אשר.
ǂ26א1120 להמשיך הנאה והיושר אמר עוד ייוחד פעל המעלה הזאת שהנדיבים יפעלו זה בעונג ובזולת צער כי Xאל X‡ב29א1120

%27א1120 יפעל המעלה הוא אשר אם שלא יהיה עמו נזק או יהיה הזקו מועט ואולם אשר יתן
ƃ27א1120 יפעל המעלה הוא האיש אשר אם שלא יהיה עמו צער או יהיה צערו מועט ואולם אשר יתן
#27א1120 יפעל המעלה הוא האיש שלא ימצא אתו צער או אם באולי ימצא הנה הוא מעט מזער ואולם האנשים הנותנים מתנות
∆27א1120 תאר.ו כתאר האדם המעלה לא ימצא אתו יגון ואנחה או אם באולי ימצא הנה הוא מעט מזער ואולם האנשים הנותנים מתנות
ǂ27א1120 וכן מי שיתן ממונו

%28א1120 למי שאינו ראוי ולבלתי הנאה אבל לסבה אחרת
ƃ28א1120 למי שאינו ראוי ולבלתי הנאה ואבל לסבה אחרת
#28א1120 לאנשים שאינם הגונים וראוים מבלתי שתהיה סבת הנתינה בעבור הדבר היפה ואבל לסבה אחרת
∆28א1120 לאנשים שאינם הגונים מבלתי שתהיה נתינתם זאת בסבת הדבר היפה והנאה ואבל לסבה אחרת
ǂ28א1120 למי שאינו ראוי ולבלתי הנאה אבל לסבה אחרת Xאל X‡א29א1120

%29א1120 הנה אינו נדיב אבל הוא יקרא בשם אחר ולא אשר יתן
ƃ29א1120 הנה הוא אינו נדיב ואמנם יקרא בשם אחר ולא אשר יתן
#29א1120 אינם נדיבים ואמנם יקראו בשם אחר ולא גם כן יקרא נדיב האיש שהוא נותן
∆29א1120 אינם נדיבים ואמנם יקראו בשם אחר וכמו כן הוא הענין באנשים שהם נותנים
ǂב29א1120 אשר יתן Xאל X‡30א1120 ‡29א1120 הנה אינו נדיב אבל יקרא בשם אחר Xאל X‡31א1120

%30א1120 ויינזק גם כן נדיב וזה שהוא יבחר הממונות על הפועל הנאה
ƃ30א1120 ויצטער ג"כ נדיב וזה שהוא יבחר הממונות על הפעל הנאה
#30א1120 ומצטער בנתינתו לפי שהוא כבר יכריח לבחור בממון על הפעל הנאה
∆30א1120 ודואגים על נתינתם שאינם נדיבים לפי שהם כבר יבחרו בחילם וברוב עשרם יותר מאשר יבחרו בפעל היפה והנאה
ǂ30א1120 ויצטער אינו נדיב Xאל X‡27א1120

% 26 היושר] היותר (ב ח) / אמתי (ח) / ויירחד (ב ג ד ח) / בעורנג] בענג (ב ג ח) / צער] צורי (ג) / 27 -אשר- (ג) / הזקו] היזקו (ח) / אולם (ד) / 28 אבל <אבל> (ד) / 29 יקראה Xה"ה" מחוקהX (א) / 30 הנאה] ההוא (ג) /

ƃ 27 ואולם אשר יתן] וא.לם א.. .ת. (א) /

∆ 26 וכבר (א.ב) / 27 כתאר] כתור (א) / המעלה Xכךֿ X (א) / 28 מבלתי (א.ב) / והנאה Xעם שתי נקודות למעלהX (א) /

ǂ 26 להמשך (כ) / עוד <יחויב> (ס) / ייוחד] יוחל (מ) / 30 מצטער (ל) /

1120א31% ראין זה מפועל הנדיב ולא יקח הדבר גם כן מצד אין
1120א31ƃ ראין זה מפעל הנדיב ולא יקח הדבר ג"כ מצד בלתי
1120א31# וכמו זה איננו מפעל הנדיב ולא יקח הדבר גם כן מצד בלתי
1120א31Δ וכמו זה איננו מפעל הנדיב ומחקו ומסגולות הנדיב גם כן שלא יקח דבר ממקום שאינו
1120א31ǂ אמר הנה הנדיב כאשר יקח ממון מזולתו לא יקחהו ממי שאינו ראוי ולא בצד בלתי

1120א32% ראוי וזה שזאת הלקיחה אינה מסוג מי שלא יכבד הממונות
1120א32ƃ ראוי וזה שזאת הלקיחה אינה מדרך מי שלא יכבד הממונות
1120א32# ראוי וזה שזאת הלקיחה אינה מדרך מי שלא יכבד הממונות
1120א32Δ ראוי לפי שכמו זאת הלקיחה איננה מדרך האיש שאינינו מכבד את הונו ולא מנשא אותו
1120א32ǂ ראוי

1120א33% ולא ישאל גם כן מאחר לפי שאינו
1120א33ƃ ולא ישאל ג"כ אחר לפי שאינו
1120א33# ולא ישאל גם כן דבר מעם רעהו ולא מעם אחר לפי שאינו
1120א33Δ ומסגולותיו גם כן שלא ישאל דבר מעם רעהו ולא מעם אחר וזה שאיננו
1120א33ǂ ולא ישאל ג"כ מזולתו לפי שאינו

1120א34%% הטבה 00
1120א34% נקל על המטיב שיקבל טובה מאחר וכבר יקח מצד מה יחויב הלקיחה רצוני
1120א34ƃ נקל בעיני המעניק והמטיב שיקבל הטבה מאחר וכבר יקח ממקום ראוי רצוני
1120א34# נקל בעיני המעניק המטיב שיקבל הטבה מאחר וכבר יקח ממקום ראוי רצוני
1120א34Δ דבר נקל בעיני האיש השוע המעניק מטובו לכל יבא שיקבל הטבה מאחר אלא שלפעמים יקח ממקום שהלקיחה ממנו היא נאותה
והגונה רצוני
1120א34ǂ נקל על המטיב שיקבל ההטבה ואמנם יקח רצוני הנדיב מצד מה שיחוייב הלקיחה

% 31 מפעל (ב ג ד ח) / 32 מי שלא] משלא (ב ד ח) / 33 ג"כ (ב) / מאחר] אחד (ב ג ד ח) / 34 טובה] הטבה (ב ג ד ח) /
מאחד (ב ד) / -מה- (ב ג ד ח) /

Δ 32 איננה Xה"ה" נוספת בין השורותX (א.ב) / שאינינו (א.ב) שאינו (א) / 34 נקל Xה"ב" נוספת בין השורותX (א.ב) / לכל (א.ב
לבל (א) /

ǂ 31 יקחו (כ) / 34 יקח <זה> (מ ס) /

%1ב1120 מקניניו לא על שזה נאה אבל על שהוא מצטרך אליו
ƃ1ב1120 מקניניו לא על שזה נאה אבל על שהוא מצטרך אליו
#1ב1120 מקניניו לא על שזה נאה ואבל על שהוא מצטרך אליו
Δ1ב1120 שכבר יקח מן האנשים הכבושים תחת ידו לא על שיהיה זה הענין יפה ונאה אלא שהוא צריך אליו
ǂ1ב1120 לא שזה בעצמו נאה אבל על שהוא מצטרך אליו

%2ב1120 כדי שיהיה אצלו מה שיתן ולא יאצור גם כן ממונו אחר שהיה אמנם יקח הממון
ƃ2ב1120 כדי שיהיה אצלו מה שיתן ולא יתרשל ג"כ ממונו כי הוא אמנם יקח הממון
#2ב1120 כדי שיהיה אצלו מה שיתן ולא יתרשל גם כן מממונו כי הוא אמנם יקח הממון
Δ2ב1120 למען ימצא אתו קנין ורכוש אשר יוכל לעשות בו נדיבותיו ומתנות ידו ומסגולותיו גם כן שלא יהיה נואש ומרושל משום
עינו על הונו ומהשגיח עליו לפי שהוא אמנם יחזיק בו
ǂ2ב1120 כדי שיהיה אצלו מה שיתן אמר הנדיב לא יעשה אוצרות ממונות אחר שהיה אמנם הוא יקבוץ ממון

%3ב1120 כדי שיגמול בו אנשים יאותו לו ולא יתן לכל מי שהזדמן אבל יהיה עמו
ƃ3ב1120 כדי שיגמול בו אנשים ראויים והגונים אליו ולא יתן לכל מי שהזדמן ואבל יהיה עמו
#3ב1120 כדי שיגמול בו אנשים ראוים והגונים אליו ולא יתן לכל מי שהזדמן ואבל יהיה עמו
Δ3ב1120 לבעבור יגמול בו אנשים שהם ראויים והגונים אליו ולא יתן מממונו אל אי זה איש שיזדמן ואבל יעצרנו אתו
ǂ3ב1120 כדי שיגמול בו אנשים יאותו לו

%%4ב1120 ובזמן הראוי וצד ראוי
%4ב1120 מה שיתן למי שראוי שיתנהו ובזמן ראוי וצד תהיה גדולה ונאה ומדרך הנדיב
ƃ4ב1120 מה שיתן למי שראוי שיתנהו ובעת הראוי ואופן ראוי ובצד שתהיה מתנתו יפה ונאה ומדרך הנדיב
#4ב1120 מה שיתן למי שראוי שיתנהו ובעת הראוי ואופן ראוי ובצד שתהיה מתנתו יפה ונאה ומדרך הנדיב
Δ4ב1120 עד אשר ימצא אדם כשר והגון אשר יתננו לו עם שיסכים בזה היות העת ראוי ושיהיה באופן ראוי ובצד שתהיה מתנתו יפה
ונאה ומדרך האיש שהוא נדיב
ǂ4ב1120 ומדרכו

%%5ב1120 שיוציא
%5ב1120 מאד שיוסיף בנתינה עד שלא יעזב
ƃ5ב1120 מאד שיוציא בנתינה עד שלא יעזוב
#5ב1120 מאד שיוציא בנתינה עד שלא יעזוב
Δ5ב1120 בהפלגה לעבור הגבול בענין הנתינה עד אשר לא ישאיר
ǂ5ב1120 שיוציא בנתינה מאד עד שלא יעזוב

% ב1 מקניניו Xה"י" השניה נוספה בין השורותX (ב ג) מקניניה (ח) / -על- (ג ד) / 2 שיהיה (ג ד) / 3 בו Xבין השורותX (א)
/ 4 ובזמן <הראוי וצד> (ב ד ח) / הראוי (ג) / שתהיה (ג) / 5 שיוסיף] שיוציא (ב ג ד ח) / יעזוב (ב ג ח) /

ƃ ב2 ממונו XכךX (א) /

ǂ ב1 שהוא <מצטער> (ל) / 2 -מה- (מ) / ממונו (ס) / שהיה] שיהיה (ל מ) / -הוא- (כ) / 3 אנשים] אוהבים (כ) /

1120ב6% לעצמו אלא המעט אחר שהיה אין כוונתו דעיון לעצמו
1120ב6ƃ לעצמו אלא המעט אחר שאין כונתו לפקוח עין על עצמו
1120ב6# לעצמו אלא המעט אחר שאין כונתו לפקוח עין על עצמו
1120ב6△ לנפשו זולת מעט מצער לפי שאיננו מכוין לפקוח עין על עצמו
1120ב6ǂ לעצמו אלא המעט אחר שהיה אין כונתו ההשגחה לעצמו אבל לזולתו

1120ב7% והנדיבות אמנם יהיה כפי ממון הנדיב לפי שלא יהיה
1120ב7ƃ והנדיבות אמנם יהיה כפי ממון הנדיב לפי שאין
1120ב7# והנדיבות אמנם יהיה כפי ממון הנדיב לפי שאין
1120ב7△ והנדיבות אמנם יהיה כפי חיל הנדיב ורכושו וזה
1120ב7ǂ אמר הנדיבות תהיה כפי ממון הנדיב לפי שלא

1120ב8% אדם שיתן הרבה וקנינו רב
1120ב8ƃ האדם שיתן הרבה ורכושו רב
1120ב8# האדם שיתן הרבה ורכושו רב
1120ב8△ שהאיש המפליג בנתינה ורכושו רב איננו
1120ב8ǂ יהיה אדם שיתן הרבה וקניינו רב

1120ב9% Xאין מקבילX
1120ב9ƃ Xאין מקבילX
1120ב9# Xאין מקבילX
1120ב9△ Xאין מקבילX
1120ב9ǂ Xאין מקבילX

1120ב10% יותר נדיב מאחר שיתן מעט וקנינו מועט עד שיהיה יתרון לנתינתו כפי יחסה אל ממונו על נתינת האחר
1120ב10ƃ יותר נדיב מאחר שיתן מעט מרכוש מועט עד שתעדיף מתנתו על כתנת האחר כפי יחסה אל ממונו
1120ב10# יותר נדיב מאחר שיתן מעט מרכוש מועט עד שתעדיף מתנתו על כתנת האחר כפי יחסה אל ממונו
1120ב10△ יותר נדיב מאיש אחר שיתן דבר מועט מרכוש מועט אלא אם כן העדיף מתנתו על מתנת האחר כפי יחסה וערכה אל ממונו
1120ב10ǂ יותר נדיב מאחר שיתן מעט מקניין מעט עד שיהיה יתרון לנתינתו כפי יחסה אל ממונו על נתינת האחר

% 6 -לעצמו- (ב ח) / .ונתו (ג) נותנו (ח) / 7 ממון] מין (ג) / הנדיב X"ב" נוספת בין השורותX (ד) / 10 וקנינו Xבאותיות
קטנות נמשך בגליוןX (א) מקנין (ב ד ח) / מועט Xבאותיות קטנות נמשך בגליוןX (א) מעט (ג) / יתרון] יתכון (ב) Xנקודה
על ה"ו"X (ד) / לנתונתו (ג) / כפי] כפ√ (ג) /

ǂ 6 כונת (כ) כונתנו (ס) / 8 וקניינו] וממונו (מ) / 10 יתרון] ענין (מ) / יחסם (כ ל) / אל ממונו] לממונו (מ) /

%11ב1120 אמר וכבר נדע שאשר לא יקנו הממון בנפשותם
ƃ11ב1120 אמר כבר נדע שהאנשים אשר הם עצמם לא קנו הממון
#11ב1120 אמר וכבר נדע שהאנשים אשר הם עצמם לא קנו הממון
△11ב1120 אמר ואנחנו נדע מענין האנשים אשר לא אספו חילם בנפשותם
ǂ11ב1120 אמר וכבר נודע שאשר לא יקנו הממונות בנפשם

%12ב1120 אבל הם הצליחו בו מבלתי קנין יותר נדיבים מזולתם לפי שהם לא יגיע להם
ƃ12ב1120 ואבל הצליחו בו מבלי עמל הם יותר נדיבים מזולתם לפי שהם לא הביאם
#12ב1120 ואבל הצליחו בו מבלי עמל הם יותר נדיבים מזולתם לפי שהם לא הביאם
△12ב1120 אבל הגיע להם מבלי יגיעה ועמל שהם נדיבים יותר מזולתם כי לא לחצם
ǂ12ב1120 אבל הם יצליחו בו מבלי קניין ועמל הנה הם יותר נדיבים מזולתם לפי שהם לא יגיע להם

%%13ב1120 ויאהבהו
%13ב1120 הכרח הצורך בקנינו ולא היה הממון גם כך פועל מפעולתיו שיאהבהו אחר שהיו בני אדם כולם אוהבים פעולותיהם
ƃ13ב1120 הכרח הצורך לאסוף אותו ולא היה גם כך הממון פעל מפעולותיהם שיאהבוהו לפי שהאנשים כולם אוהבי√ פעולותיהם
#13ב1120 הכרח הצורך לאסוף אותו ולא היה הממון גם כך פעל מפעולותיהם שיאהבוהו לפי שהאנשים כלם אוהבים פעולותיהם
△13ב1120 הכרח הצורך להתעמל באסיפתו ועוד שאיננו פעל ידיהם ולא מעשה ממעשיהם עד שיאהבוהו ותחוס עליו עינם וזה שהאנשים כלם
אוהבים הפעלים המחדשים מאתם וחסים עליהם
ǂ13ב1120 הכרח הצורך בקניינו ולא יהיה הממון לאלו פעל מפעולותיהם עד שיאהבוהו מאד אחר שהיו בני אדם כלם אוהבים פעולותיהם

%14ב1120 כאבות אשר יאהבו בניהם והמשוררים אשר יאהבו שיריהם ולכן היה מי שיקנה הממון יאהבהו ויקשה על הנדיב שיתעשר
ƃ14ב1120 כאבות אשר יאהבו בניהם והמשוררים אשר יאהבו שיריהם ולכן היה שמי שיקנה הממון יאהבהו ויקשה על הנדיב שיתעשר
#14ב1120 כאבות אשר יאהבו בניהם והמשוררים אשר יאהבו שיריהם ולכן היה שמי שיקנה הממון יאהבהו ויקשה על הנדיב שיתעשר
△14ב1120 כמו שכבר ימצא זה באבות שהם אוהבים את בניהם וכמשוררים שהם אוהבים את שיריהם ומפני כן יהיה האיש עצמו העושה חיל
אוהב אותו ובקושי על צד הזרות יאסוף הנדיב הון עתק
ǂ14ב1120 כאבות אשר יאהבו בניהם והמשוררים שיריהם ולכן היה מי שיקנה בעצמו הממון יאהבהו מאד אמר הנדיב יקשה עליו
שיתעשר

%15ב1120 אחר שהיה לא יקבל דבר ולא ישמור דבר אבל יבזבז הממון
ƃ15ב1120 לפי שהוא לא יקבל דבר ולא ישמור דבר ואבל יבזבז הממון
#15ב1120 לפי שהוא לא יקבל דבר ולא ישמור דבר ואבל יבזבז הממון
△15ב1120 לפי שהוא איננו מקבל שום דבר מאחר ולא יקפוץ את ידו מתתו ואכן יפזור רכושו ויבזבז אותו
ǂ15ב1120 אחר שהיה בלתי אוהב לקבל דבר ולא לשמר דבר אבל יבזבז ממונו

% 11 אמר Xבאותיות גדולותX (א ב ג ח) / נודע (ג) / בנפשותם Xה"ס" בין השורותX (א) הנפשותם (ג) / 12 -הם- (ג) / מבלי (ג)
/ -להם- (ד) / 13 פועל] פעל (ב ח) פעלה (ג) מפעל (ד) / מפעלותיו (ב ג ח) מפעולותיו (ד) / שיאהבהו Xה"א" מתוקנת
מ"ה"X (א) ויאהבהו (ב ד ח) ויאהבו (ג) / אחד (ד) / שהיו] שהיא (ד) / כלם (ב ג ד ח) / 14 ואשר (ח) / יאהבהו]
יאהבוה (ג) יאהבו (ד) /

△ ב15 יפזור] יבזור (א) /

ǂ 11 אשר (מ) / 12 יגיעו (ל) / 13 הכרח] הכח (כ) / הצריך (מ ס) / שיאהבהו (ס) / 14 שמי (ס) /

%16ב1120 ולא יכבדהו לעצמו אבל אמנם יכבדהו כדי
ƃ16ב1120 ולא יכבדהו לעצמו ואבל יכבדהו כדי
#16ב1120 ולא יכבדהו לעצמו אבל יכבדהו כדי
△16ב1120 ואיננו מכבד אותו בעבור עצמו רצוני בעבור עצם הרכוש ואכן יכבדנו למען
‡16ב1120 ולא יכבד בממון לעצמו אבל אמנם יכבדהו כדי

%17ב1120 שיתנהו ולכן ישלחו בני אדם הנדיבים אל הקרי וההזדמן ויאמרו לא יוכל להתעשר מי שהיה לעושר הגון ונאות
ƃ17ב1120 שיתנהו ולכן ישלחו האנשים טוב המזל בנדיבים ויאמרו כמעט שאי אפשר שיתעשר מי שהוא לעושר הגון ונאות
#17ב1120 שיתנהו ולכן ישלחו האנשים טוב המזל בנדיבים ויאמרו כמעט שאי אפשר שיתעשר מי שהוא לעושר הגון ונאות
△17ב1120 יתננו ולכן יסירו וישללו טוב ההזדמן מן הנדיבים ויאמרו כמעט שאי אפשר לאיש שהוא ראוי והגון אל העושר שיעלה אליו ויזכה לקנותו
‡17ב1120 שיתנהו ולכן ישלחו בני אדם הנדיבים אל הקרי וההזדמן ויאמרו לא יוכל להתעשר מי שהוא לעושר הגון ונאות

%18ב1120 וזה אינו דבר יקרה לנדיבים על זולת הכש והזדמן לפי שלא
ƃ18ב1120 וזה אינו דבר שיקרה לנדיבים על זולת הקש ובהזדמן לפי שלא
#18ב1120 וזה אינו דבר שיקרה לנדיבים על זולת הקש ובהזדמן לפי שלא
△18ב1120 וזה הענין איננו דבר נופל בנדיבים בהזדמן ובזולת הקש לפי שההקש השכלי גוזר הוא שאיננו
‡18ב1120 Xאין מקבילX

%19ב1120 יתכן שיהיה אצל אחד ממונות מבלתי שירצה בקבוצם כמו
ƃ19ב1120 יתכן שיהיו אצל שום אדם ממונות מבלתי שישגיח בקבוצם כמו
#19ב1120 יתכן שיהיו אצל שום אדם ממונות מבלתי שישגיח בקבוצם כמו
△19ב1120 אפשר לשום אדם שימצאו אתו עושר ונכסים מבלתי היותו פוקח עין על אסיפתם כמו
‡19ב1120 Xאין מקבילX

%20ב1120 שלא יהיה הענין בשאר הדברים האחרים רצוני שלא יהיה אצל אחד דבר בלעדי שירצה בו אמר ולא יתן הנדיב כמו שאמרנו למי שאינו ראוי שיתן ולא כמו שאין
ƃ20ב1120 שלא יהיה הענין בשאר הדברים האחרים רצוני שלא יהיה אצל שום אדם מזולת שישגיח בו אמר ולא יתן הנדיב כמו שאמרנו למי שאינו ראוי שיתן ולא כמו שאין
#20ב1120 שלא יהיה הענין בשאר הדברים האחרים רצוני שלא יהיה אצל שום אדם דבר מזולת שישגיח בו אמר ולא יתן הנדיב כמו שאמרנו למי שאינו ראוי שיתן ולא כמו שאין
△20ב1120 שכבר יקרה זה הענין ביתר הדברים רצוני שלא ימצא אצל שום אדם דבר אם לא ישגיח בו ויפקח עליו עינו אמר וכבר אמרנו שהנדיב איננו נותן מתנותיו אל האנשים שאינם הגונים להתנדב עמהם ולא יתן גם כן באופן בלתי
‡20ב1120 אמר הנדיב לא יתן כמו שאמרנו למי שאינו ראוי שיתן ולא כמו שאין

% 16 -אמנם- (ב ח) / 18 דבר אינו (ד) / היקש (ח) / ובהזדמן (ב ג ד ח) / 19 הממונות (ד) / 20 הדברים] העניינים (ג ד) / -האחרים- (ג ח) / ידבר (ח) / אמר Xבאותיות גדולותX (א ב ג ח) /

ƃ 20 אדם מזולת XכךX (א) /

ב17 ישלחו Xה"י" נוספת בין השורותX (ב) / 20 -דבר- (ב) / שאין ראוי] שראוי Xשתי נקודות מעל ל"ר" ובגליון "אין"X (ב) /

△ 16 רצוני בעבור עצם (א.ב) /

----

‡ 16 הממון (ל) / 17 -הנדיבים- (כ) /

1120ב21% ראוי וזולת זה מהתארים אשר לא יחויב להם לפי שהוא אם עשה זה לא תהיה פעולתו כפי מה
1120ב21ƃ ראוי וזולת זה מהענינים שהם בלתי ראויים לפי שהוא אם פעל כן לא תהיה פעולתו כפי מה
1120ב21# ראוי וזולת זה מהענינים שהם בלתי ראוים לפי שהוא אם פעל כן לא תהיה פעולתו כפי מה
1120ב21△ ראוי וזולת זה מן הענינים שאינם ראויים לפי שהוא אם יעשה כן לא תהיה פעולתו כפי מה
1120ב21ǂ ראוי וזולת זה מהתארים אשר לא יחוייב לפי שהוא אם עשה זה לא תהיה פעולתו כפי מה

1120ב22% שתחיבהו המעלה ואם הוציא ממונו באלו הדברים לא תהיה הוצאתו
1120ב22ƃ שתחייבהו המעלה ואם הוא הוציא ממונו באלו הדברים לא תהיה הוצאתו
1120ב22# שתחייבהו המעלה ואם הוא הוציא ממונו באלה הדברים לא תהיה הוצאתו
1120ב22△ שתחייב אותה המעלה ואם יוציא ממונו בדברים האלה לא יוציאהו
1120ב22ǂ שתחייבהו המעלה ואם הוציא ממונו באלו הדברים לא תהיה הוצאתו

1120ב23% במה שיחויב שיוציאהו כי הענין כפי מה שאמרנו בשהנדיב הוא אשר
1120ב23ƃ במה שראוי שיוציאהו כי הענין כמו שאמרנו בשהנדיב הוא
1120ב23# במה שראוי שיוציאהו כי הענין כמו שאמרנו בשהנדיב הוא
1120ב23△ בדברים הראויים להוציאו וזה שענין הנדיב ותארו הנה הוא כמו שאמרנו בשהוא
1120ב23ǂ במה שיחוייב שיוציאהו כי העניין כפי מה שאמרנו שהנדיב הוא אשר

1120ב24% יוציא בשעור קנינו ויוציא בדברים אשר יחויב שיוציא בם ואשר יוסיף על זה
1120ב24ƃ העושה הוצאה כפי שיעור רכושו ויוציא בדברים אשר ראוי שיוציא בם ואשר יוסיף על זה
1120ב24# העושה הוצאה כפי שעור רכושו ויוציא בדברים אשר ראוי שיוציא בם ואשר יוסיף על זה
1120ב24△ מדקדק שתהיה הוצאתו כפי שיעור רכושו וכסף מקנתו ושהוא מוציא ממונו בדברים שהם ראויים להוציאו בהם והאיש שהוא עובר הגבול בזה הענין
1120ב24ǂ יוציא בשעור קניינו ויוציא בדברים אשר יחוייב שיוציא בם ואשר יוסיף על זה

1120ב25% הוא המפזר ולכן לא יקראו המנצחים מפזרים לפי
1120ב25ƃ הוא המפזר ולכן לא יקראו המושלים ואנשי הזרוע מפזרים לפי
1120ב25# הוא המפזר ולכן לא יקראו המושלים ואנשי הזרוע מפזרים לפי
1120ב25△ הוא האיש הנקרא מפזר ולכן לא יקראו השרים והמושלים מפזרים לפי
1120ב25ǂ הוא המפזר ולכן לא יקראו המלכים מפזרים לפי

% 21 -להם- (ב ג ד ח) / 22 שתחייבהו Xסמן למטהX (ח) / 23 במה] כמו (ג) / כפי מה] כמו (ב ח) / כשהנדיב (ב) שהנדיב (ג ח) בהנדיב (ד) / 24 אשר (ד) וא.. (ח) / יוסיף] נוסף (ג) /

ƃ ב22 באלו] ואלו (א) /

----

22 ממונו] ממונ. (ב) /

△ 22 אותה (א.ב) / 25 הוא <Xרוחה של שתי אותיות מחוקותX> (א) /

ǂ 21 יחוייבו (כ ס) / 22 -לא- (מ) / 23 כפי מה] כמו (כ ל) / כשהנדיב (ס) / 24 יחוייבו (כ) / על זה] עליה (כ) / 25 נקראו (כ) קראו (מ ס) /

1120ב26% שהוצאתם אינה נוספת בסמיכות אל רבוי כמוניהם
1120ב26ƃ שהוצאתם איננה יתרה בצירוף אל רבוי מכוניהם
1120ב26# שהוצאתם איננה יתרה בצרוף אל רבוי ממוניהם
1120ב26△ שהוצאותם איננה יתירה בהקש אל רוב חילם
1120ב26ǂ שהוצאתם אינה נוספת בסמיכות אל רבוי ממוניהם

1120ב27% וכאשר היה הנדיבות ממוצע
1120ב27ƃ וכאשר היה הנדיבות ממוצע
1120ב27# ואחר שהנדיבות הוא מצוע
1120ב27△ ואחר שהנדיבות הוא מצוע
1120ב27ǂ אמר כאשר היתה הנדיבות מצוע כמו שק"ם

1120ב28% בנתינה והלקיחה בממונות הנה הנדיב אם כן
1120ב28ƃ בנתינה והלקיחה בממונות הנה הנדיב א"כ
1120ב28# בנתינה והלקיחה בעניך הממון הנה הנדיב אם כן
1120ב28△ בעניין נתינת הממון ולקיחתו הנה הנדיב אם כן
1120ב28ǂ בנתינה ובלקיחה בממונות הנה הנדיב אם כן

1120ב29% יתן ויוציא במה שראוי ובשעור מה שראוי ויפעל על זה
1120ב29ƃ יתן ויוציא במה שראוי ובשיעור ראוי ויפעל זה
1120ב29# יתן ויוציא במה שראוי ובשעור ראוי ויפעל זה
1120ב29△ יתן את הונו ויוציאהו בדברים הראוים ובשיעור הראוי ובזה הדרך בעינו יעשה ויפעל
1120ב29ǂ יתן ויוציא במה שראוי ובשעור הראוי ויפעל זה

1120ב30% ברוב והמעט על משל אחד ובתענוג ויקח מצד
1120ב30ƃ ברוב והמעט על משל אחד ועם הענוג ויקח מצד
1120ב30# ברוב והמעט על משל אחד ועם הענוג ויקח מצד
1120ב30△ אם מעט ואם הרבה יתן ויוציא ויעשה מעשיר אלה עם תענוג וח־וה ויקח ממקום
1120ב30ǂ ברב ובמעט על משל אחד ובתענוג ויקח כצד

% 26 אל] אבל (ד) / רבוי] דברי (א) / 28 א"כ (ב) / 29 מה שראוי] הראוי (ג) / 30 ברב (ב ג ד ח) / -ובתענוג- (ג) /
----
29 ראוי] הראוי (ב) /

△ 26 איננה (א.ב) אינה (א) /

ǂ 26 שהוצאותם אינם נוספות (כ) / -אל רבוי ממוניהם- (כ מ ס) / 27 -היתה- (כ) / 28 ולקיחה (מ) / 29 יפעל (כ מ) / 30 ומעט (ל) / -אחד- (כ מ) /

%31ב1120 אשר יחויב ובשעור אשר יחויב וזה כי המעלה בעבור שהיתה מצוע בין שני הענינים יחד
ƃ31ב1120 ראוי ובשיעור ראוי וזה כי המעלה למה שהיא מצוע במה שבין שני הענינים יחד
#31ב1120 ראוי ובשעור ראוי וזה שהמעלה למה שהיא מצוע במה שבין שני הענינים יחד
Δ31ב1120 ראוי ובשיעור ראוי וזה שהמעלה לפי שהיא מצוע במה שבין הנתינה והלקיחה יחד
‡31ב1120 שיחוייב ובצד שיחוייב וזה כי המעלה בעבור שהייתה מצוע במה שבין שני העניינים יחד

%32ב1120 היה הנדיב יפעל שניהם יחד כפי מה שראוי רצוני יקח כמו שראוי ויתן כמו שראוי וזה כי הנתינה המעולה תדבק בה
ƃ32ב1120 הנה הנדיב יפעל שניהם יחד כפי מה שראוי ויתן כמו שראוי וזה כי הנתינה המעולה תדבק לה
#32ב1120 הנה הנדיב יפעל שניהם יחד כפי מה שראוי רצוני שיקח כמו שראוי ויתן כמו שראוי וזה כי הנתינה המעולה תדבק לה
Δ32ב1120 יפעל הנדיב שניהם גם יחד כפי מה שראוי רצוני שיקח כמו שראוי ויתן כמו שראוי וזה שכמו זאת הלקיחה דבקה היא ונמשכת אל הנתינה המעולה
‡32ב1120 היה הנדיב יפעל שניהם יחד כפי מה שראוי רצוני יקח כמו שראוי ויתן כמו שראוי וזה כי הנתינה המעולה תדבק לה

%33ב1120 כמו זאת הלקיחה וכשלא היתה כמו זאת הלקיחה היה הפך המעלה לפי
ƃ33ב1120 כמו זאת הלקיחה וכאשר לא תהיה הלקיחה כזאת תהיה הפך המעלה לפי
#33ב1120 כמו זאת הלקיחה וכאשר לא תהיה הלקיחה כזאת תהיה הפך המעלה לפי
Δ33ב1120 ואם לא תהיה הלקיחה בזה התאר תהיה הפך המעלה לפי
‡33ב1120 כמו זאת הלקיחה וכשלא הייתה כמו זאת הלקיחה היה הפך המעלה לפי

%34ב1120 שהלקיחה והנתינה אשר תחיב כל אחת משתיהן חברתה יהיו בתכונה אחת בעינה רצוני כי מי שיתן כמו שראוי יקח כפי מה שראוי וכבר יתן על זולת מה שראוי מי שיקח על זולת מה שראוי ואולם שימצאו שני הפכיים האלו בתכונה אחת
ƃ34ב1120 שהלקיחה והנתינה אשר תחייב כל אחת משתיהן חברתה תהיינה בתכונה אחת בעינה רצוני שמי שיתן כפי מה שראוי יקח כפי מה שראוי וכבר יתן על זולת מה שראוי מי שיקח על זולת מה שראוי ואולם שימצאו שני ההפכים מאלו בתכונה אחת
#34ב1120 שהלקיחה והנתינה אשר תחייב כל אחת משתיהן חברתה תהיינה בתכונה אחת בעינה רצוני שמי שיתן כפי מה שראוי יקח כפי מה שראוי וכבר יתן על זולת מה שראוי מי שיקח על זולת מה שראוי ואולם שימצאו שני ההפכים מאלו בתכונה אחת
Δ34ב1120 שהלקיחה והנתינה שהן באופן שכל אחת מהן היא נמשכת ודביקה אל חבירתה הלא הן נמצאות בתכונה אחת בעינה רצוני שהאיש שהוא נותן כפי מה שראוי יקח כפי מה שראוי והאיש שהוא לוקח על זולת מה שראוי כבר יתן על זולת מה שראוי ואכן לא ימצאו השני הפכים מאלה בתכונה אחת
‡34ב1120 שהלקיחה והנתינה אשר תחייב כל אחת משתיהן חברתה יהיו בתכונה אחת בעינה רצוני כי מי שיתן כמו שראוי יקח כמו שראוי ואמנם יתן על זולת מה שראוי מי שיקח על זולה מה שראוי אמר אולם שימצאו שני ההפכים מאלו בתכונה אחת באדם אחד

% 31 -אשר- (ב ג ד ח) / שהיתה] שהיה (ג) / מצוע] ממוצע (ד) / בין] במה שבין (ב ג ד ח) / 32 היה] הנה (ב ח) / רצו√ (ג) / -רצוני יקח כמו שראוי- (ח) / בה] לה (ב ג ד ח) / 33 -וכשלא עד הלקיחה- Xבגליון‍X (ב) / 34 תחייב (ג ד ח) / משתיהן] מהן (ג) / בעיניה (ד) / כמו] כפי מה (ב ג ד ח) / על] אל (ג) / -מי עד שראוי- (ב ד ח) Xבגליון בכ"י רהוטX (ב) / ואולם] ואולי (ח) / ההפכים (ב ג ד ח) / האלו] מאלו (ב ד ח) האילו (ג) /

ƃ 31 ובשיעור Xה"ש" נוספת בין השורותX (א) / 32 שראוי ויתן XכךX (א) /

----

34 -יקח כפי מה שראוי- (ב) /

Δ 34 נמצאות Xה"ר" נוספת בין השורותX (א.א) / מאלה Xה"מ" נוספת בין השורותX (א.ב) /

----

‡ 31 יחוייב (ל) / -ובצד שיחוייב- (ל) / שתהיה (ל) / -במה ש- (כ) / -שני- (כ) / העניינים] הפכים (מ) / 32 יהיה (מ) / -שראוי- (כ) / -ויתן כמו שראוי- (כ) / 34 משתיהן] מהן (כ) / יהיו] תהיה (מ) / -כי- (כ מ ס) / -ואמנם- (מ) / ויתן (מ) / על] אל (מ) / -מי עד שראוי- (מ) / אולם <מה> (מ) /

1121א1% הנה לא ולכן כשקרה לנדיב שיוציא ממונו בהפך מה שיחויב ועל בלתי הנכונה
1121א1б הנה לא ולכן כשקרה לנדיב שיוציא ממונו בהפך מה שראוי ועל זולת היושר
1121א1# הנה לא ולכן כשקרה לנדיב שירציא ממונו בהפך מה שראוי על זולת היושר
1121א1△ ולכן ידאג הנדיב ויצטער כאשר יקרה אליו שיוציא ממונו בהלוף מה שראוי ועל זולת יושר
1121א1ǂ הנה לא יתכן ולכן כשקרה לנדיב שיוציא ממונו בהפך מה שיחוייב ועל בלתי הנכונה

1121א2% ידאג ויצטער ואם יוציאהו בשעור וכפי מה שראוי ישמח ויתענג בזה
1121א2б ידאג ויצטער ואם יוציאהו בשיעור כפי מה שראוי ישמח ויתענג
1121א2# ידאג ויצטער ואם יוציאהו בשעור וכפי מה שראוי ישמח ויתענג בזה
1121א2△ ואם יוציאהו בשיעור וכפי מה שראוי אז יתענג וירבה גילת ורנן
1121א2ǂ יאנח ויצטער ואם יוציאהו בשעור וכפי מה שראוי ישמח ויתענג

1121א3% כי מן המעלה שיתענג האדם במה שיחיב זה וידאג ויצטער במה שיחיב זה גם כן
1121א3б כי מתאר המעלה הוא שיתענג האדם במה שיחייב הדבר האחד ויצטער וידאג במה שיחייב הדבר האחר גם כן
1121א3# כי מתאר המעלה הוא שיתענג האדם במה שיחייב הדבר האחד ויצטער וידאג במה שיחייב הדבר האחר גם כן
1121א3△ וזה שמחק המעלה ומתאריה הוא שיתענג האדם במה שיחייב הדבר האחד משני הדברים האלה וידאג במה שיחייבהו הדבר האחר
1121א3ǂ Xאין מקבילX

1121א4% אמר והנדיב טוב השתוף בממון
1121א4б אמר והנדיב הוא טוב השתוף בממון
1121א4# אמר והנדיב הוא טוב השתוף בממון
1121א4△ אמר וטוב לו לאדם שישתתף בממונו עם הנדיב
1121א4ǂ אמר הנדיב טוב השתוף עמו בממונות

1121א5%% אין לו יכולת שיחמוס
1121א5% לפי שהוא לא ישער שיחמוס אחר שיהיה לא יכבד הממון
1121א5б לפי שהוא אין לו יכולת שיחמוס אחר שהוא אינו מכבד הממון
1121א5# לפי שהוא אין לו יכולת שיחמוס אחר שהוא אינו מכבד הממון
1121א5△ לפי שהנדיב מרחיק הוא מאהלו עושק ונלוז והבט אל עמל לא יוכל אחר שהוא איננו מכבד ומיקר את הממון
1121א5ǂ לפי שהוא אין יכולת לו שיחמוס אחר שהיה לא יכבד הממון רק להוציאו

% 1א21 הנה Xבין השורותX (א) / שירוציא] שימצא (ג) / 2 ישמח] ש.. (ד) / בזה] כזה (ב) / 3 שיחייב (ב ח) שיתחייב Xנקודה על ה"ת"X (ג) שיתחייב (ד) / ויצטער וידאג (ב ג ד ח) / שיחייב (ב ג ח) שיתחייב (ד) / 4 אמר Xבאותיות גדולותX (א ב ג ח) / 5 לא ישער] אין לו יכולת (ב ג ד ח) / שיחמס (ד) / שיהיה] שהיה (ב ג ח) /

б 2א21 ויתענג כי Xכך X (א) /

1א21 על Xכך X (א) /

△ 4א21 עם הנדיב (א.ב) /

ǂ 1א21 ולכן] ועל כן (כ) / ועל] על (כ מ) / 2 יוציא (מ) /

%6א1121 ותחזק דאגתו כשלא יוציא בדבר יחויב שיוציא בו
ƃ6א1121 ותחזק דאגתו בשלא יוציא בדבר שהוא מן הראוי שיוציא בו
⧻6א1121 ותחזק דאגתו בשלא יוציא בדבר שהוא מן הראוי שיוציא בו
△6א1121 ואבל תגבר דאגתו ויגדל עצבונו אם לא יוציא אותו בדברים הראוים להוציאו
ǂ6א1121 ותחזק אנחתו כשלא יוציאנו בדבר יחוייב שיוציא בו

%7א1121 Xאין מקבילX
ƃ7א1121 Xאין מקבילX
⧻7א1121 Xאין מקבילX
△7א1121 Xאין מקבילX
ǂ7א1121 Xאין מקבילX

%8א1121 ואולם המפזר הנה כבר יטעה באלו הדברים לפי שהוא לא יתענג
ƃ8א1121 ואולם המפזר הנה כבר יטעה באלו הדברים לפי שהוא לא יתענג
⧻8א1121 ואולם המפזר הנה כבר יטעה באלו הדברים לפי שהוא לא יתענג
△8א1121 ואולם המפזר הנה הוא טועה בדברים האלה כי הוא איננו מתענג
ǂ8א1121 Xאין מקבילX

%9א1121 בדברים אשר יחויב שיתענג בם ולא כמו שראוי ולא יצטער גם כך במה שיחויב   אמר   וכשנוסיף בדבור יראה זה הענין יותר
ƃ9א1121 בדברים אשר הוא מן הראוי שיתענג בהם ולא כמו שראוי ולא יצטער ג"כ במה שראוי   אמר   וכאשר נאריך הדבור יראה זה
הענין יותר
⧻9א1121 בדברים אשר הוא מן הראוי שיתענג בהם ולא כמו שראוי ולא יצטער גם כך במה שראוי   אמר   וכאשר נאריך הדבור יראה זה
הענין יותר
△9א1121 בדברים שהוא מן הראוי להתענג בהם ואם באולי יתענג לא יהיה כמו שראוי ולא ידאג גם כך במה שראוי לדאג עליו   אמר
וכבר יראה זה הענין יותר אם נוסיף לדבר בו עוד מעט
ǂ9א1121 Xאין מקבילX

%10א1121 וכבר אמרנו שהפזור והכילות תוספת וחסרון
ƃ10א1121 וכבר אמרנו שהפזור והכילות תוספת וחסרון
⧻10א1121 וכבר אמרנו שהפזור והכילות תוספת וחסרון
△10א1121 ונאמר בשכבר אמרנו שהפזור והכילות הם תוספת וחסרון
ǂ10א1121 אמר   כבר אמרנו שהפיזור והכילות תוספת וחסרון

% 6 דאגתו] כונתו (ג) .א.תו (ד) / בשלא (ג) / יוצא (ב) / בדבר] הדבר (ח) / 8 הנה Xבין השורות בכ"י רהוטX (ב) / 9
-בדברים עד בם- (ג) / יהוייב (ב ד ח) / כן <בם> (ג) / אמר Xבאותיות גדולותX (א ב ג ח) / 10 אמרנו] אמר (ח) /

△ 9 עוד (א.ב) /

ǂ 6 כשלא <יוציא> (ל) /

%11א1121 והם בשני דברים בלקיחה והנתינה
ϭ11א1121 והם בשני דברים בלקיחה והנתינה
#11א1121 והם בשני דברים בלקיחה והנתינה
△11א1121 והם נמצאים בלקיחה והנתינה
ǂ11א1121 והם בשני דברים רצוני בנתינה ובלקיחה

%12א1121 הנה
ϭ12א1121 הנה
#12א1121 הנה
△12א1121 כי
ǂ12א1121 הנה

%13א1121 הפזור יוסיף בנתינה על המצוע בה
ϭ13א1121 הפזור יוסיף בנתינה על המצוע בה
#13א1121 הפזור יוסיף בנתינה על המצוע בה
△13א1121 הפזור יוסיף על המצוע בענין הנתינה
ǂ13א1121 המפזר יוסיף בנתינה על המצוע בה

%14א1121 ויחסר בלקיחה מהמצוע בה והכילות יחסר מהמצוע בנתינה
ϭ14א1121 ויחסר בלקיחה מהמצוע בה והכילות יחסר מהמצוע בנתינה
#14א1121 ויחסר בלקיחה מהמצוע בה והכילות יחסר מהמצוע בנתינה
△14א1121 ויחסר ממנו בענין הלקיחה והכילות יחסר מן המצוע בענין הנתינה
ǂ14א1121 ויחסר בלקיחה מהמצוע בה והכילי יחסר מהמצוע בנתינה

%15א1121 ויוסיף עליו בלקיחה זולת בדברי√ מעטים
ϭ15א1121 ויוסיף עליו בלקיחה רק בדברים מעטים
#15א1121 ויוסיף עליו בלקיחה רק בדברים מעטים
△15א1121 ויוסיף עליו בענין הלקיחה זולתי בדברים מעטים
ǂ15א1121 ויוסיף עליו בלקיחה זולת בדברים מעטים

% 11 דברים] הדברי√ (ג) / הלקיחה (ג) / והנתינה] Xה"ה" בין השורותX (ב) / 13 על] אל (ח) / בה] בר (ב ח) / 14 בלקיחה] מהלקיחה Xה"ה" האחרונה נוספת בין השורותX (א) בלקיחה Xאות מחוקה לפני ה"ב" וה"ב" מתוקנת מ"ה"X (ח) / מהמצוע] על המצוע (ג) / 15 בדברים (ב ח) /

11א21 בשני] בב√ (ב) /

ǂ 11 ולקיחה (מ) / 14 וחסר (ל) /

%16א1121 הנה ענין הפזור לא יוכל להתקבץ ולהתמיד לפי שלא יתכן האדם ואינו ממה שיקל עליו
ɓ16א1121 הנה עניניו בפזור כמעט שלא יוכל להתקבץ ולהתמיד לפי שאי אפשר לאדם ואינו ממה שיקל עליו
#16א1121 וכמעט שאי אפשר שיחוברו פעלי הפזור באופן שיעשה מהם תאר ואם באולי יעשה לא יתמיד מציאותו לפי שאי אפשר לאדם ואינו ממה שיקל עליו
△16א1121 וכמעט שאי אפשר על פעלי הפזור שיתחברו ויהיו לאחדים באופן שיחודש מהם התאר והקנין ואם באולי יחודש לא יתמיד מציאותו וזה שאיננו אפשרי אל האדם ולא דבר נקל בחקו
ǂ16א1121 אמר עניין הפזור לא יוכל להתמיד לפי שלא יתכן באדם ואינו ממה שיקל עליו

%17א1121 שיתן לכל אחד ולא יקח מאחד דבר לפי
ɓ17א1121 שיתן לכל מי שיבא ולא יקח מאחד דבר לפי
#17א1121 שיתן לכל יבא ולא יקח משום אדם דבר לפי
△17א1121 שיתן לכל יבא ולא יקח משום אדם דבר לפי
ǂ17א1121 שיתן לכל אחד ואחד ולא יקח מזולתו דבר לפי

%18א1121 שמי שלא יקמץ כבר יכלה ממונו בלי ספק ואשר לא יקמצו כבר יחשב בם שהם מפזרים
ɓ18א1121 שמי שלא יקמץ כבר יכלה ממונו קל מהרה ואשר לא יקמצו הם אשר יחשב בם שהם מפזרים
#18א1121 שמי שלא יקמץ כבר יכלה ממונו קל מהרה ואשר לא יקמצו הם אשר יחשב בם שהם מפזרים
△18א1121 שהאיש שאיננו מקמץ וקופץ את ידו מלתת איש יכלה הונו וקל מהרה יאבד והאנשים שאינם מקמצים הם אשר יחשב בהם שהם מפזרים
ǂ18א1121 שמי שלא יקמץ יכלה ממונו בלא ספק

%19א1121 והמפזר כבר יחשב בו שהוא יותר טוב מן הכילי הרבה
ɓ19א1121 והמפזר כבר יחשב בו שהוא יותר מעולה מהכילי הרבה
#19א1121 והמפזר כבר יחשב בו שהוא יותר מעולה מהכילי הרבה
△19א1121 וכבר יחשב באיש המפזר שהוא יותר מעולה מן הכילי הרבה
ǂ19א1121 אמר המפזר כבר יחשב בו שהוא טוב מהכילי הרבה

%20א1121 וזה שהוא כבר יקל הפסד ענין המפזר ותקונו מפני השנים
ɓ20א1121 וזה שהישרת ענין המפזר ותקונו הנה הוא דבר נקל מפני השנים
#20א1121 וזה שהישרת ענין המפזר ותקונו הנה הוא דבר נקל מפני השנים
△20א1121 וזה מפני שהוא דבר נקל במפזר שיתוקן ענינו וישוב אל היושר אם מפני שיבה וארך ימים
ǂ20א1121 וזה שהוא כבר יקל הפסד עניין המפזר ותקונו מפני השנים

% 16 הפיזור (ד) / יוכל <להתמיד> (ג) / האדם] לאדם (ב ח) באדם (ג ד) / שיקל] שקבל (ב ח) / 18 -כבר עד והמפזר- X19X (ב)
Xבגליון<X כבר יכלה ממונו בלא ספק ואשר יקמצו ... ..שב בם שהם מפזרים והמפזר> Xובגליון למעלה: ואשר לא יקמצו היה כתוב בספר הישן אמנם תיבת לא היה מחוק לכן כתבתי ואשר יקמצוX (ב) / בלי] בלא (ג ד ח) / -לא- (ח) / יקמצו] יקמצהו (ח) / כבר] הם אשר (ג ד) הם אשר לא (ח) / 19 טוב יותר (ג ד) / מן הכילי] מהכילי (ב ג ד ח) / 20 הפסד] הנפסד (א) Xעם נקודה מעל ומתחת ל"נ"X /

\# 16 פעלי] בעלי (ב) / 19 -יותר- (ב) /

ǂ 16 -שלא עד באדם- (ל) / ואינו] שאינו (ל) / 18 יקמוץ (ל) / -בלא ספק- (כ) / 19 -הרבה- (כ) / 20 -וזה- (כ מ ס) / כבר <נקל> (ל) / -הפסד- (כ) רפואת (ל) /

%21א1121 והחסרון ואפשר לו שיקרב מהמצוע
ƃ21א1121 ומפני החסרון ואפשר לו שיקרב מהמצוע
#21א1121 ומפני החסרון ואפשר לו שיקרב מהמצוע
△21א1121א ואם מפני תום הכסף מכיסו Xאל △22א1121X △21א1121ב אפשר הוא אם כן אליו שיקרב אל המצוע Xאל △23א1121X
ǂ21א1121 ומפני החסרון ואפשר לו שיקרב מהמצוע

%22א1121 אחר שהיה ימצא לו מה שנמצא לנדיב והוא אשר יתן ולא יקח
ƃ22א1121 אחר שימצא לו מה שימצא לנדיב והוא שהוא יתן ולא יקח
#22א1121 אחר שימצא לו מה שימצא לנדיב והוא שהוא יתן ולא יקח
△22א1121 ואחרי המצא אתו מה שהוא נמצא לנדיב והוא שיתן ולא יקח Xאל △21א1121בX
ǂ22א1121 אחר שהיה ימצא לו מה שנמצא לנדיב וזה שהוא יתן ולא יקח

%%23א1121 00
%23א1121 אלא כי ההבדל בינו ובין הנדיב שהוא לא יפעל אחד משני אלו כפי מה שראוי ואם יתעורר או
ƃ23א1121 אלא שההבדל בינו ובין הנדיב הוא שהוא לא יפעל אחד משני אלה כפי מה שראוי ואם הוא יתעורר
#23א1121 אלא שההבדל בינו ובין הנדיב הוא שהוא לא יפעל אחד משני אלה כפי מה שראוי ואם הוא יתעורר
△23א1121 אלא שיש הבדל בינו ובין הנדיב בשהוא אינינו עושה שום אחד משני אלו הענינים ר"ל עניני הנתינה והלקיחה כפי מה שראוי ואם יזכה ויתעורר
ǂ23א1121 אלא כי ההבדל בינו ובין הנדיב שהוא לא יפעל אחד משני אלו כפי מה שראוי ואם יתעורר

%%24א1121 ויתאוה
%24א1121 יתאוה אל שיעתק מזה היה נדיב וזה כשישער זה הפועל ממנו ויתן למי שיחויב
ƃ24א1121 ויכנע אל שיעתק מזה יהיה נדיב וזה בשישוער זה הפעל ממנו ויתן למי שראוי
#24א1121 ויכנע אל שיעתק מזה יהיה נדיב וזה בשישוער זה הפעל ממנו ויתן למי שראוי
△24א1121 להכניע יצרו אל שיעתק מזה התאר אז ישוב נדיב וזה יהיה בצאת הפעל מאתו בפלס ובמדה עד שיתן אל מי שראוי
ǂ24א1121 שישער פעולותיו יהיה נדיב ויתן למי שיחוייב

%25א1121 ולא יקח מאשר לא יחויב ולכן יחשב בו שהוא אינו רע
ƃ25א1121 ולא יקח מצד בלתי ראוי ולכן יחשב בו שהוא אינו רע
#25א1121 ולא יקח מצד בלתי ראוי ולכן יחשב בו שהוא אינו רע
△25א1121 ולא יקח ממקום בלתי ראוי ולכן יחשב מענינו שאיננו רע
ǂ25א1121 ולא יקח מאשר לא יחוייב ולכן יחשב בו שהוא אינו רע

% 21 והחסרון] ומפני החסרון (ב ג ד ח) / 22 שהיה] היה (ד) / שנמצא] שימצא (ב ג ח) / אשר] שהוא (ב ג ח) / 23 אלו] אלה (ב ח) אילו (ג) / שראוי <לו> Xמחוקx (ב) / ואם <הוא> (ב ג ד ח) / או יתאוה] ויתאוה (ב ג ד ח) / 24 אל <ש√> (ח) / וזה <כש> (ב) ולא (ח) / בשישער] כשישוער (ב ג ח) בשישוער (ד) / 25 -בו- (א) X"בו" נוספת בין השורותX (א) /

△ 23 איננו (א.ב) אינו (א) /

ǂ 21 ממצוע (כ מ ס) / 22 שנמצא] שמצאו (כ) / 23 ובין] לבין (ל) / 25 שהוא אינו] שאינו (ל ס) /

%26א1121 המדות לפי שאין מדרך הפחות והרע שיפליג
ƃ26א1121 המדות לפי שאין מדרך הרע והפחות שיפליג
#26א1121 המדות לפי שאין מדרך הרע והפחות שיפליג
△26א1121 בטבעו ויצירתו לפי שאיננו מדרך האיש שהוא רע ובליעל שיפליג
ǂ26א1121 המדות לפי שאין מדרך הרע והפחות שיפליג

%27א1121 בנתינה ולא יקח ואמנם זה מדרך העשיר אמר ואשר הוא
ƃ27א1121 בנתינה ולא יקח אבל אמנם יהיה זה מדרך העשיר אמר ואשר הוא
#27א1121 בנתינה ולא יקח אבל אמנם יהיה זה מדרך העשיר אמר והאיש שהוא
△27א1121 בענין הנתינה ולא יפשוט ימינו לקבל ואבל אמנם יהיה זה מדרך האיש העשיר והמסתפק אמר ואנחנו נדע מענין האיש
ǂ27א1121 בנתינה ולא יקח אבל אמנם זה מדרך העשיר אמר הנה

%28א1121 מפזר על זה הצד הנה אנחנו נדע שהוא יותר טוב הרבה מהכילי
ƃ28א1121 מפזר על זה הצד הנה אנחנו נדע שהוא יותר מעולה הרבה מהכילי
#28א1121 מפזר כפי זה הצד הנה אנחנו נדע שהוא יותר מעולה הרבה מהכילי
△28א1121 המפזר כפי הצד הנזכר שהוא יותר מעולה הרבה מהכילי
ǂ28א1121 המפזר טוב הרבה מהכילי

%29א1121 לסבות אשר זכרנו ולפי שהמפזר יועיל להרבה בני אדם והכילי לא יועיל לאחד
ƃ29א1121 לסבות אשר זכרנום ולפי שהמפזר יועיל להרבה מבני אדם והכילי לא יועיל לשום אדם
#29א1121 לסבות אשר זכרנום ולפי שהמפזר יועיל להרבה מבני אדם והכילי לא יועיל לשום אדם
△29א1121 לסבות אשר זכרנו אותן ועוד אחרת יש שהמפזר מועיל הוא לאנשים רבים ואכן הכילי איננו מועיל לאחרים
ǂ29א1121 לסבות אשר זכרנום ולפי שהמפזר יועיל להרבה מבני אדם והכילי לא יועיל לאחד

%30א1121 ולא יועיל לעצמו אבל הרבה מהמפזרים כמו
ƃ30א1121 ולא יועיל לעצמו ואמנם הרבה מן המפזרים כמו
#30א1121 וגם לא לעצמו ואמנם הרבה מן המפזרים כמו
△30א1121 ולא אפילו לעצמו ואמנם כבר ימצא בהרבה מן המפזרים
ǂ30א1121 ולא יועיל לעצמו אמר הרבה מהמפזרים כמו

% 26 הרע והפחות (ב ג ח) / 27 ואמנם] אבל אמנם (ב ג ד ח) / אמר] Xבאותיות גדולותX (א ב ג ח) / 29 זכרנום (ב ג ד ח) /
שהמפזר Xה"מ" מתוקנת מ"ל"X (ד) / הרבה (ח) / לא יועיל] שיועיל Xה"ש" מחוקה ובגליון בכ"י רהוט "לא"X (ח) / 30
-הרבה- (ג) / מן המפזרים (ב ג ד ח) /

ƃ 29א21 יועיל Xה"ר" נוספת בין השורותX (א) /

----

26 והפחות] והפ.ות Xהאות הרביעית מחוקה ובין השורות "ח"X (ב) /

△ 29 הוא (א.ב) /

ǂ 29 -ולפי- (מ) לפי (כ) / 30 -יועיל- (ל ס) /

%31א1121 שאמרנו יקחו דבר מאשר לא יחויב הנה הם בזה הצד
б31א1121 שאמרנו יקחו דבר מצד שאינו ראוי והם בזה הצד
#31א1121 שאמרנו יקחו דבר מצד שאינו ראוי והם בזה הצד
△31א1121 שיקחו ממקום בלתי ראוי ומזה הצד
ǂ31א1121 שאמרנו יקחו דבר מאשר לא יחוייב הנה הם בזה הצד

%32א1121 בעלי כילות ואמנם יקחו לפי שהם ירצו שיוציאו
б32א1121 בעלי כילות ואמנם יקחו לפי שהם ירצו להוציא
#32א1121 בעלי כילות ואמנם יקחו לפי שהם ירצו להוציא
△32א1121 יהיו מתוארים בתואר הכילות וסבת לקיחתם זאת הלא היא שהם רוצים לבזור רכוש ולהוציא ממון
ǂ32א1121 בעלי כילות ואמנם יקחו לפי שהם ירצו שיוציאו הרבה

%33א1121 וירצו שתקל עליהם ההוצאה וזה כי
б33א1121 וירצו שתקל עליהם ההוצאה וזה כי
#33א1121 וירצו שתקל עליהם ההוצאה וזה כי
△33א1121 ועוד יוסיפו לרצות שתעשה הוצאתם בהרוחה ובאופן שיקל להם לעשותה וביען כי
ǂ33א1121 וירצו שתקל עליהם ההוצאה וזה כי

%34א1121 ממונם יכלה במהירות ויכריחם הענין אל שיקנו ממקומות אחרים
б34א1121 ממונם יכלה במהירות ויכריחם הענין אל שיקנו ממקומות אחרים
#34א1121 ממונם יכלה במהירות ויכריחם הענין אל שיקנו ממקומות אחרים
△34א1121 רכושם איננו עומד קיים ואכן יכלה קל מהרה לכן יביאם ההכרח לצוד ציד חייתם ולהביא ריוח לביתם ממקום אחר
ǂ34א1121 ממונם יכלה במהירות ויכריחם העניין אל שיקחו ממקומות אחרים

% 31 יחוייב (ב ג ד ח) / 33 .הוצאה (ג) /

△ 32 לקיחתם Xה"ם" נוספת בין השורותX (א.א) / 33 יוסיפו (א.ב) יוציאוהו Xעם סימני השמטהX (א) /

ǂ 31 יקח (כ מ ס) / 32 הכילות (מ) / אמנם (מ) / 34 למהירות (ל) / -אל- (מ) /

%1ב1121 ולפי שהם עם זה לא יהיו נשברים בענין הנאה
ƀ1ב1121 ולפי שהם עם זה בלתי מתעלים בענין הנאה
#1ב1121 ולפי שהם עם זה בלתי מתעלים בענין הנאה
Δ1ב1121 ולפי שהם אינם מנשאים הענין היפה והנאה ולא מתעלים בו
ǂ1ב1121 וכאשר לא ישיגו הפצם

%2ב1121 כבר יצר לבם ויקחו מכל מקום יתנדב להם וזה לפי שהם יתאוו שיתנו
ƀ2ב1121 כבר יצר לבם ויקחו מכל מקום שיבא להם וזה שהם יתאוו שיתנו
#2ב1121 כבר יצר לבם ויקחו מכל מקום שיבא להם וזה שהם יתאוו שיתנו
Δ2ב1121 יצר לבם ויקחו מכל מקום שיבא להם וזה להיותם מתאוים לתת
ǂ2ב1121 יצר לבם ויקחו מכל מקום שיוכלו וזה כי הם יפליגו שיתנו

%3ב1121 ולא ישימו לב מאין או איך יקחו ולכן
ƀ3ב1121 ולא ישימו לב מאין או איך יקחו ולכן
#3ב1121 ולא ישימו לב מאין או איך יקחו ולכן
Δ3ב1121 ולא ישיתו לב מאין או איך יקחו ולכן
ǂ3ב1121 ולא ישימו לב מאין או איך יקחו ולכן

%4ב1121 היו נתינותיהם לא ייוחסו אל הנדיבות ולא הם נאות ולא יפעלום לנאה
ƀ4ב1121 יהיו מתנותיהם בלתי מיוחסות אל הנדיבות ואינם נאות ולא יפעלם לנאה
#4ב1121 יהיו מתנותיהם בלתי מיוחסות אל הנדיבות ואינם נאות ולא יפעלום לנאה
Δ4ב1121 לא תהיינה מתנותיהם מיוחסות אל הנדיבות ואינם גם כן מתנות יפות ונאות ולא יעשו אותן בעבור הדבר היפה
ǂ4ב1121 היו נתינותיהם לא ייוחסו אל הנדיבות ולא יפעלו לנאה

%5ב1121 ולא כמו שיחויב אבל הם ידאגו פעמים ממי שיכשר לו העוני
ƀ5ב1121 ולא כמו שראוי ואבל הם פעמים יעשירו את מי שיאות לו העוני
#5ב1121 ולא כמו שראוי ואבל הם פעמים יעשירו את מי שיאות לו העוני
Δ5ב1121 ולא כמו שראוי ואכן לפעמים יעשירו את האיש שיאות אליו העוני
ǂ5ב1121 ולא כמו שיחוייב ולכן פעמים

% ב1 ולפי] לפי (ב ח) / -עם- (ג) / הנאה] קנאה (ח) / 2 -לפי- (ב ג ד ח) / 3 איך] אין (ב ח) / 4 יפעלום] יפעלו (ג ד)
/ 5 פעמים ידאגו (ב ג ד ח) / ממי] מי (ג) /

ƀ ב4 יפעלם Xכך (א) /

ב1 מתעלים Xשתי נקודות מעליה ובגליון "לא יהיו משובחי√"X (ב) /

ǂ ב2 לבם] להם (כ מ) / כי <גם> (כ ס) / 4 נתינתם (מ) /

1121ב6% ולא יתנו לבעלי המדות הרצויות דבר
1121ב6ϭ ולא יתנו לבעלי המדות הרצויות דבר
1121ב6# ולא יתנו לבעלי המדות הרצויות דבר
1121ב6△ ואל אנשי המדות הנבחרות לא יתנו דבר
1121ב6‡ לא יתנו דבר לבעלי המדות הרצויות

1121ב7% ופעמים יתנו הממון הרב למי שישאל מהם בחניפות או בדבר אחר ממה שיתענגו בו ולכן
1121ב7ϭ ופעמים יתנו הממון הרב למי שישאל להם בחנפות או לדבר אחר ממה שיתענגו בו ולכן
1121ב7# ופעמים נתנו הממון הרב למי שישאל להם בחנפות או לדבר אחר ממה שיתענגו בו ולכן
1121ב7△ ולפעמים יתנו ממון רב לאיש חנף אשר ישאל מאתם בשפתי חלקות או יתנו בסבת דבר מהדברים שהם מתענגים בו ולכן
1121ב7‡ ופעמים יתנו ממון רב למי שישאל מהם בחניפות או בדבר אחר ממה שיתענגו בו ולכן

1121ב8% היו רובם שטופים בתענוגיהם וזה כי ההוצאה למה שהיתה קלה עליהם
1121ב8ϭ יהיו רובם שטופים בתענוגיהם וזה שההוצאה למה שהיא נקלה עליהם
1121ב8# יהיו רובם שטופים בתענוגיהם וזה שההוצאה למה שהיא נקלה עליהם
1121ב8△ יהיו רובם שטופים בתענוגיהם וזה שמפני שהוציא הממון הוא בעיניהם דבר נקל
1121ב8‡ היו רובם שטופים בתענוגים וזה כי הוצאת הממון לפי שהיא קלה עליהם

1121ב9% היו מוציאים בתאורותיהם ולפי
1121ב9ϭ הם מוציאים בתאורותיהם ולפי
1121ב9# הם מוציאים בתאורותיהם ולפי
1121ב9△ לכן יוציאו אותו בתאורותיהם ולפי
1121ב9‡ הם משתמשים בה בתאורותיהם ולפי

1121ב10% שהנהגתם איננה נאה היו נוטים אל התענוגים הנה המפזר
1121ב10ϭ שהנהגתם איננה נאה הנם נוטים אל התענוגים הנה המפזר
1121ב10# שהנהגתם איננה נאה הנם נוטים אל התענוגים הנה המפזר
1121ב10△ שהנהגתם איננה יפה ונאה יטו ויסירו אל התענוגים ויגיע ממה שקדם שהמפזר
1121ב10‡ שהנהגתם איננה נאה הם נוטים אל התענוגים הנה המפזר

% 7 יתנו] נתנו (ג) / הממון] לממון Xנקודה מעל ל"ל"X (ג) / למי] לפי Xנקודה מעל ומתחת ל"פ" ובגליון "מ"X (ב) / שישאל] שישם (ה) / מהם] להם (ב ח) / בחניפות] בחנפות (ב ח) בחופות (ג) / 8 בתענוגיה√ (ג) / כי ההוצאה] שההוצאה (ב ח) / 9 בתאותיהם (ג) / 10 איננו (ב) /
----
6 הרצוניות (ב) / 7 בחנפות] בחופות (א) ב....ת (ב) /
----
‡ 6 הרצוניות (כ ס) / 7 מהם] מה (ל) / בחניפים (כ) / 8 היה (ס) / רובם] רבי√ (כ) / הממון] החממון (ל) / שהיא] שהיית Xכךx (כ) / 10 -נאה- (ס) / התענוג (כ) / התענוגים <ואולם> (ל) /

1121ב11% אם כן לא היה מעורר אל המוסר נעתק אל אלו הדברים וכאשר
1121ב11ƃ כאשר לא יהיה נכנע למוסר יהיה נעתק אל אלו הדברים וכאשר
1121ב11# כאשר לא יהיה נכנע למוסר יהית נעתק אל אלו הדברים וכאשר
1121ב11△ בעוד אשר לא יהיה נכנע למוסר יטבע במצולות הדברים האלה ואכן כאשר
1121ב11‡ כאשר

1121ב12% השגיח בעצמו וראה עניינו יעתק אל המצוע והיה אל העניין המחויב אמר ואולם
1121ב12ƃ השגיח בעצמו ובקש בענינו יעתק אל המצוע וישוב אל העניין המחוייב אמר ואולם
1121ב12# השגיח בעצמו ובקר בעניניו יעתק אל המצוע וישוב אל העניין המחויב אמר ואולם
1121ב12△ ישגיח בעניניו ויפשפש במעשיו אז יעתק אל המצוע וישוב אל העניין הראוי והמחוייב אמר ואולם
1121ב12‡ השגיח בעצמו וראה עניינו יעתק אל המצוע והיה אל העניין המחוייב ושב ורפא לו אמר ואולם

1121ב13% הכילות הוא חולי אין לו רפואה והסבה בזה שהנה יחשב בזקנה ובכל
1121ב13ƃ הכילות הנה אין לו רפואה והסבה בזה היא מפני שכבר יחשב בזקנה ובכל
1121ב13# הכילות הנה הוא חולי שאין לו רפואה והסבה בזה היא מפני שכבר יחשב בזקנה ובכל
1121ב13△ הכילות הנה הוא חולי שאין לו רפואה והסבה בזה היא מפני שכבר יחשב בזקנה ובכל
1121ב13‡ הכילות הוא חולי אין רפואה לו והסבה בזה שהנה יחשב בזקנה

1121ב14% חלשה שהיא תשים בעליה כילי והאנשים יותר חזקי חבור לו בטבע
1121ב14ƃ חולשה שהיא תשים בעליה כילי והאנשים יותר חזקי חבור לו בטבע
1121ב14# חולשה שהיא תשים בעליה כילי ועוד שהאנשים הנה הם נקשרים בטבעם יותר אליו
1121ב14△ מין ממיני החלישות שהם מקנים אל בעליהם תואר הכילות ועוד שהאנשים מצד טבעם הם נוטים אליו ונקשרים עמו יותר
1121ב14‡ שהיא תשים בעליה כילי וכן האנשים יותר חזקי חבור לכילות בטבע

1121ב15% מהפזור לפי שרוב האנשים יאהבו קבוץ הממון יותר
1121ב15ƃ מהפזור לפי שרוב האנשים יאהבו קבוץ הממון יותר
1121ב15# מהקשרם עם הפזור לפי שרוב האנשים יאהבו קבוץ הממון יותר
1121ב15△ מנטותם אל הפזור והקשרם עמו כי רובם יאהבון אסיפת הממון יותר
1121ב15‡ מהפזור לפי שרוב האנשים יאהבו קמיצת הממון יותר

% 11 אל המוסר] למוסר (ב ג ד ח) / 12 ענייני (ב ג) / נעתק (ב ג ח) / המחוייב (ג ד) / 13 חלי (ג) / שהנה] הנה (ב ד ח)
שהוא (ג) / יחשוב (ג) / 14 חולשה (ב ד ח) / 15 מהפיזור (ד) / קבוץ] קצת (ב ג ד ח) /

ƃ 13 הנה אין XךכX (א) /

----

12 ובקר XךכX (א) /

△ בו11 בעוד (א.ב) ..רד (א) /

----

‡ 13 -הוא עד הכילות X16X- (כ) / 14 בעלה (מ) / וכן] וכי (מ) / אנשים (ל) / -יותר- (כ ל) / 15 יאבהו XךכX (ל) / קמיצת]
קמיצות (ל) קביצת (ס) /

1121ב16% מאהבתם לפזורו והכילות יאמר על דברים רבים והוא רב המינים
1121ב16ƃ מאהבתם לפזורו והכילות יאמר על דברים רבים והוא רב המינים
1121ב16# מאהבתם לפזורו והכילות יאמר על דברים רבים והוא רב המינים
1121ב16△ מאהבתם אל פזורו והכילות כבר יאמר על דברים רבים ומינים רבים נמצאים תחתיו
1121ב16‡ מאהבתם לפזורו אמר הכילות יהיה על מינים רבים

1121ב17% ויחשב שתאריו רבים
1121ב17ƃ ויחשב שתאריו רבים
1121ב17# ויחשב שתאריו רבים
1121ב17△ ולכן יחשב בתאריו שהם רבים
1121ב17‡ Xאין מקבילX

1121ב18% וזה שלמה שהיה ימצא בשני דברים בחסרון הנתינה ותוספת
1121ב18ƃ וזה שלמה שהוא נמצא בשני דברים בחסרון הנתינה ותוספת
1121ב18# וזה שלמה שהוא נמצא בשני דברים בחסרון הנתינה ותוספת
1121ב18△ וזה שלפי שהוא נמצא בשני דברים שהם חסרון בנתינה ותוספת
1121ב18‡ וזה שלמה שהיה נמצא בשני דברים רצוני בחסרון הנתינה ותוספת

1121ב19% הלקיחה היה לא יתקבצו שני מיניו בכללות לכל אחד אבל פעמים יתפרדו
1121ב19ƃ הלקיחה לא יתקבצו מיניו בכללות לכל אחד אבל פעמים יתפרדו
1121ב19# הלקיחה לא יתקבצו מיניו בכללות לכל אחד אבל פעמים יתפרדו
1121ב19△ בלקיחה לכן לא יתקבצו מיניו בכללות בכל אחד מן האנשים ואכן לפעמים יתפרדו זה מזה
1121ב19‡ הלקיחה היה לא יתקבצו שני מיניו בכללות לכל אחד אבל פעמים יתפרדו

1121ב20% עד שיהיו קצת האנשי√ יוסיפו בלקיחה וקצתם
1121ב20ƃ עד שקצת האנשים יוסיפו בלקיחה וקצתם
1121ב20# עד שקצת האנשים יוסיפו בלקיחה וקצתם
1121ב20△ עד שכבר ימצאו קצת אנשים שהם מוסיפים בענין הלקיחה וקצת אחר
1121ב20‡ עד שיהיו קצת אנשים יוסיפו בלקיחה וקצתם

% 16 לפזורו] לפזרו (ג ח) לפיזורו (ד) / והכילות] והכילי (ג) והכליות (ח) / רוב (ג ד) / 17 ויחשוב (ג) / 19 -היה- (ד) / יתפרדו Xנקודה מעל ל"ד"X (ג) יתפררו (א ב) / 20 האנשים (ב ד ח) / הלקיחה (ח) /

ƃ ב19 פעמים] פעמי Xסוף שורהX (א) /

----

17 ויחשב <שת..ו> Xמחוקא (ב) /

△ 18 שלפי Xה"ש" נוספת בין השורותX (א.א) /

----

‡ 16 מאהבתו (ל) / 19 היה] הנה (מ) / מינים (מ) / 20 שיהיה (כ) /

%21ב1121 יחסרו בנתינה וזה שאשר יקרא
ƃ21ב1121 יחסרו בנתינה וזה שאשר יקרא
#21ב1121 יחסרו בנתינה וזה שאשר יקרא
Δ21ב1121 שהם ממעטים בענין הנתינה וכמו זו׃
‡21ב1121 יחסרו בנתינה וזה שאשר יקרא

%22ב1121 צר עין ונקלה ופחות הוא אשר יחסר בנתינה
ƃ22ב1121 צר עין ונקלה ונבל הוא אשר יחסר בנתינה
#22ב1121 צר עין ונקלה ונבל הוא אשר יחסר בנתינה
Δ22ב1121 האיש הממעט בענין הנתינה יקרא צר עין ונקלה
‡22ב1121 צר עין ונקלה ופחות הוא אשר יחסר בנתינה

%23ב1121 ולא יתאוה ממון זולתו ולא ירצה לקחת מאחד דבר
ƃ23ב1121 ולא יתאוה ממון זולתו ולא ירצה לקחת מאחר דבר
#23ב1121 ולא יתאוה ממון זולתו ולא ירצה לקחת מאחר דבר
Δ23ב1121 ומדרכו שלא יתאוה אל ממון זולתו ולא ירצה ליהנות כלל משום אדם
‡23ב1121 ולא יתאוה ממון זולתו ולא ירצה לקחת מאחר דבר

%24ב1121 הנה אנשים מהם יפעלו זה לטירול והרחקת העינינים המגונים
ƃ24ב1121 הנה אנשים מהם יפעלו זה להבדל ולהשמר מהעינינים המגונים
#24ב1121 ואנשים מהם יפעלו זה להבדל ולהשמר מהעינינים המגונים
Δ24ב1121 וכת מיוחדת מהם יעשו כן למען התקדש והטהר מן העינינים המגונים
‡24ב1121 Xאין מקבילX

%25ב1121 הנה הם יאמרו שהם ישמרו ממוניהם מפחד
ƃ25ב1121 כי הם יאמרו שהם אמנם ישמרו ממוניהם מפחד
#25ב1121 כי הם יאמרו שהם אמנם ישמרו ממוניהם מיראתם
Δ25ב1121 יאמרו שהם ישגיחו על רכושם וישמרוהו מיראתם
‡25ב1121 Xאין מקבילX

% 22 נתינה (ב ח) / 23 יתאוה] יתאה (ג) / מאחר (ג ח) / מאחד <מהן> Xשתי נקודות מעל ל"ה"X (א) / 24 והר.חקת (ג) /
העינינים] הדברי√ (ג) / 25 יאמר (ב ח) / שהם <אמנם> (ב ג ד ח) / ממונם (ד) /

----

21 יקרא] יקרה (א) /

Δ 25 על (א.ב) אל (א) /

----

‡ 21 שאשר] כאשר (מ) /

1121ב26% שישובו אל פועל ענין מגונה ומאלה אשר
1121ב26б שישובו אל פעל ענין מגונה ומאלה יש אשר
1121ב26# פן ישובו לפעול דבר מגונה ומאלה יש אשר
1121ב26△ פן יבאו לפעול ענין מגונה ומזאת הכת ימצאון אנשים מה אשר
1121ב26ǂ ואלה אשר

1121ב27% יקראוהו ההמון שונא החופות ומה שדומה לזה ואמנם יקראוהו בכמו אלו הדברים
1121ב27б יקראוהו ההמון שונא החנפות ומה שדומה לזה ואמנם יקראו בכמו אלה הדברים
1121ב27# יקראוהו ההמון שונא מעדני הדופות ומה שדומה לזה הכנוי ואמנם יקראו בכמו אלה הכנויים
1121ב27△ יקראום ההמון שונאי מעדני החופות ויין משתיהם ויכנו אותם בכנויים אחרים שהם דומים לזה ואמנם יכנו אותם בכמו אלו הכנויים
1121ב27ǂ יקראו שונאי החופות ואמנם יקראו כן

1121ב28% להפליגם בהמנע משיתנו לאחר דבר ואנשים מהם
1121ב28б להפלגתם בהמנע משיתנו לאחד דבר ואנשים מהם
1121ב28# להפלגתם בהמנע משיתנו דבר אל שום אדם ואנשים מהם
1121ב28△ בסבת בואם אל קצה ההמנע מתת דבר אל שום אדם וכת אחרת מהם
1121ב28ǂ להפליגם בהמנע משיתנו לאחר דבר ואנשים מהם

1121ב29% ימנעו משיקחו מזולתם דבר לגמרי לפי שהם יראו שלא יקל שיהיה האדם יקח ממון זולתו
1121ב29б ימנעו משיקחו מזולתם דבר לגמרי לפי שהם יראו שלא יקל שיהיה האדם לוקח ממון זולתו
1121ב29# ימנעו משיקחו מזולתם דבר לגמרי לפי שהם יראו כי הוא דבר קשה שיהיה האדם לוקח ממון זולתו
1121ב29△ ימנעו לגמרי מקחת מזולתם דבר לפי שדעתם מסכמת בשהוא דבר קשה שיקח האדם ממון זולתו
1121ב29ǂ ימנעו משיקחו מזולתם דבר לגמרי לפי שהם אשר יראו שאינו דבר קל שיהיה האדם לוקח ממון מזולתו

1121ב30% ולא יקח זולתו ממונו הנה הם בזה מספיקים
1121ב30б ולא יקח זולתו ממונו והם בזה מספיקים
1121ב30# ולא יקח זולתו ממונו והם בזה מתגמלים
1121ב30△ ולא יקנה זולתו ממנו ולזה הטעם ישובו מתגמלים
1121ב30ǂ וזולתו לא יקח ממנו הנה הם מזה מספיקים

% 27 שונא החופות] מעדר אל ערס Xשתי נקודות מעל ל"מעדר" ו"אל" ובגליון "שונא החופות"X (א) שונא החרפות (ב ח) / ומה] וזה (ב ח) / יקראו (ב ג ד ח) / 28 משיתנו] משישתנו (ד) / לאחד (ב ח) / 30 זולת (ד) /

----

26 ומאלה Xמתוקנת כמדומה מ"ממאלה"X (ב) / 29 ימנעו] ימנע (ב) /

△ 27 החופות Xה"ו" הראשונה נוספת בין השורותX (א) / 28 מהם (א.ב) / 30 יקנה Xה"ה" נוספת בין השורותX (א) /

ǂ 27 החופות] החברות (כ) / 28 בהמנעם (מ) / לאחד (מ) / 29 -אשר- (ל) / 30 ממנו] ממון (מ) /

%31ב1121 בשלא יקחו ולא יתנו ואנשים יפליגו בלקיחה
б31ב1121 בשלא יקחו ולא יתנו ואנשים יפליגו בלקיחה
#31ב1121 בשלא יקחו ולא יתנו ואנשים יפליגו בלקיחה
∆31ב1121 בשלא יקחו ושלא יתנו וכת אחרת יש שיפליגו בלקיחה
‡31ב1121 בשלא יקחו ויתנו ואנשים מהם יפליגו בלקיחה

%32ב1121 עד שיקחו מכל צד ויקחו כל דבר יוכלו עליו כמו מה
б32ב1121 עד שיקחו מכל צד ויקחו בכל דבר שיוכלו לקחתו כמו מה
#32ב1121 עד שיקחו מכל צד ויקחו כל דבר שיוכלו לקחתו כמו מה
∆32ב1121 עד אשר יקחו מכל אשר ימצאו ויקחו כל דבר שיוכלו לקחתו כמו מה
‡32ב1121 עד שיקחו מכל צד ויקחו כל דבר יוכלו עליו כמו מה

%%33ב1121 והנשים
%33ב1121 שיפעלו הקופים והאנשים
б33ב1121 שיפעלו הקופים והנשים
#33ב1121 שיפעלו העוקבים והקדשים
∆33ב1121 שיעשו הערגבים
‡33ב1121 שיפעלו הקופים והנשים

%34ב1121 ודומיהם אשר יקחו המעט על הרב
б34ב1121 ודומיהם אשר יקחו המעט על הרב
#34ב1121 ודומיהם אשר יקחו המעט על הרב
∆34ב1121 ודומיהם הלוקחים דבר מועט בעד הפעל הרב
‡34ב1121 ודומיהם Xאל 1122א6ב‡X

% 31 -ולא- (ב ג ח) / ויתנו (ב ג ח) / 32 -מה- (ד) / 33 והאנשים] והנשים (ב ג ח) / 34 ודומיהן (ב ח) / -יקחו עד הזהב- X1122ב16X (ח) /

----

33 העוקבים] הער.בים (ב) /

∆ 31 ושלא (א.ב) Xחמש אותיות מחוקותX (א) / 33 הערגבים <והקדשים פי√ המפקירים עצמם למשכב המגונה> (א.א) /

----

‡ 31 -ויתנו- (כ מ ס) / -יפליגו- (מ) / 32 -יוכלו- (ל) / -כמו- (מ) /

%1א1122 כי אלו יקחו מצד לא יחויב ובשעור אשר לא יחויב
ϭ1א1122 כי אלה כלם יקחו מצד שאין ראוי ובשעור בלתי ראוי
#1א1122 כי אלה כלם יקחו מצד שאין ראוי ובשעור בלתי ראוי
Δ1א1122 וזה שאלה האנשים כלם יקחו ממקום בלתי ראוי ובשיעור בלתי ראוי
ǂ1א1122 Xאין מקבילX

%2א1122 והענין הכולל להם הריוח המגונה הנה הם כלם
ϭ2א1122 והענין הכולל להם הלא הריוח המגונה הנה הם כלם
#2א1122 והענין הכולל אליהם הוא הריוח המגונה הנה הם כלם
Δ2א1122 והענין אשר יכללם הוא לכתם אחרי הריוח המגונה כי כלם
ǂ2א1122 Xאין מקבילX

%3א1122 יסבלו החרפה והכלמה בסבת הריוח המועט וזה כי אשר
ϭ3א1122 יסבלו החרפה והכלימה בסבת הריוח המועט וזה שאשר
#3א1122 יסבלו החרפה והכלמה בסבת הריוח המועט וזה שאשר
Δ3א1122 ישאו חרפה וכלימה בעד הריוח המועט ואולם האנשים
ǂ3א1122 Xאין מקבילX

%4א1122 יקחו הרוחים מצד לא יחויב לא
ϭ4א1122 יקחו הבצע מצד שאין ראוי לא
#4א1122 יקחו הבצע מצד שאין ראוי לא
Δ4א1122 ההולכים אחרי בצעם וחמדת תאותם באופן שבעבורו יקחו ממקום בלתי ראוי
ǂ4א1122 Xאין מקבילX

%5א1122 נקראם בעלי כילות כמו הלוחמים כאשר שדדו המדינות
ϭ5א1122 נקראם בעלי כילות כמו שהוא הענין באנשי הזרוע כאשר שדדו המדינות
#5א1122 נקראם בעלי כילות כמו שהוא הענין באנשי הזרוע כאשר שדדו המדינות
Δ5א1122ב כמו שהוא נמצא באנשי הזרוע השודדים המדינות Xאל Δ6א1122XΔ 5א1122Δ הנה כמו אלה לא יקראו אנשי כילות ולא יתוארו
בו Xאל Δב6א1122X
ǂ5א1122 משיקראו בעלי כילות וזהו עניין הלוחמים כאשר הם שודדים המדינות Xאל ǂ6א1122אX

% 1א22 -כי- (ג) / אלה (ב ג ד) / אלו <כלם> (ב ג ד) / יחוייב (ב ג ד) / -ובשעור עד יחויב - (ג ד) / 3 חרפה (ב) / והכלימה (ב) / 4 יחוייב (ב) / 5 שדדו] Xה"ש" מתוקנת ונקודה למעלהX (ב) / במדינות (ג) /

ϭ 2א22 הלא Xכך(X (א) /

%6א1122 ושדדו ההיכלות אבל היותר ראוי שנקראם רעים וחטאים
ƀ6א1122 ושללו ההיכלות ואמנם יותר ראוי שנקראם רעים וחטאים
#6א1122 ושדדו ההיכלות ואמנם יותר ראוי שנקראם רעים וחטאים
Δ6א1122 והבאים אל ההיכלות לשלול שלל ולבוז בז Xאל X∆5א1122 Δ6א1122ב ואבל הוא מן הראוי יותר שיקראו רעים וחטאים
‡6א1122ב ואלו יותר ראויים שיקראו רעים וחטאים Xאל X‡7א1122 ‡6א1122 ושוללים ההיכלות Xאל X‡7א1122ב

%7א1122 וחומסים ואולם הצוחקים ממונם והלסטים
ƀ7א1122 וחומסים ואולם המשחקים בקוביא והליסטים
#7א1122 וחומסים ואולם המשחקים בקוביא והליסטים
Δ7א1122 או עושקים וחומסים ואולם הלסטים המשחקים בקוביא
‡7א1122 וחומסים Xאל X‡5א1122 ‡7א1122ב אמר הנה הצוחקים ממונם והליסטים

%8א1122 הנה הם מבעלי הכילות לפי שהם יבקשו הריוח המגונה
ƀ8א1122 הנה הם מבעלי הכילות לפי שהם יבקשו הריוח המגונה
#8א1122 הנה הם מבעלי הכילות לפי שהם יבקשו הריוח המגונה
Δ8א1122 כבר יתוארו בכילות מפני שהם תרים ומבקשים הריוח המגונה
‡8א1122 הנה הם מבעלי הכילות מצד שהם יבקשו הריוח המגונה

%9א1122 ויפעלו מה שיפעלוהו בסבת הריוח ויסבלו החרפה
ƀ9א1122 ויפעלו מה שיפעלוהו בסבת הריוח ויסבלו החרפה
#9א1122 ויפעלו מה שיפעלוהו בסבת הריוח ויסבלו החרפה
Δ9א1122 ויעשו מה שיעשוהו בסבת הריוח עד אשר ישאו בעבורו בושת וקלון
‡9א1122 ויפעלו מה שיפעלו בסבת הריוח ויסבלו בזה חרפות

%10א1122 הנה הלסטים יסבלו הרעות הגדולות בסבת הלקיחה וצוחקי הקוביא
ƀ10א1122 וזה שהליסטים יסבלו הרעות הגדולות בסבת הלקיחה והמשחקים הקוביא
#10א1122 הנה הלסטים יסבלו הרעות הגדולות בסבת הלקיחה והמשחקים בקוביא
Δ10א1122 והנה הלסטים ישאו רעות עצומות בסבת הלקיחה והמשחקים בקוביא
‡10א1122 הנה הליסטים יסבלו רעות גדולות בסבת הלקיחה והנה הצוחקים

% 6 ושדדו] ושללו (ב ג ד) / וחומסי√ וחטאים (ג) / 7 והלסטין (ג) והליסטים (ד) / 10 לסטים (ב) /

ƀ 10א22 הקוביא Xכךא (א) /

7א22 המשחקי√ (ב) / 10 הליסטים (ב) / והמשחקי√ (ב) /
----
‡ 22א6ב וחוטאים (כ ל) / 7א וחומסים] והמגוסי√ (ל) / 10 -יסבלו- (כ) / בסבות (ל) / צוחקים (ל) /

1122א11% ירויחו מאוהביהם אשר היה ראוי להם שיתנו להם ושתי הכתות כלן
1122א11б ירויחו מאוהביהם את אשר היה ראוי שיתנו להם ושתי הכתות
1122א11# ירויחו מאוהביהם אשר היה ראוי להם שיתנדבו עמהם ושתי הכתות
1122א11Δ ירויחו מאוהביהם אשר היה ראוי להם שיתנדבו עמהם ושתי הכתות האלה
1122א11‡ ירויחו מאוהביהם אשר היה ראוי להם שיתנו להם ושתי הכתות האלה רצוני הצוחקים והלסטים

1122א12% יבקשו הריוח מצד לא יחויב והם לזה בעלי הריוח המגונה ברצונם אמר ואלו המינים כלם
1122א12б יבקשו הריוח מצד שאין ראוי והם לזה בעלי הריוח המגונה ברצונם אמר ואלו המינים כלם
1122א12# יבקשו הריוח מצד שאין ראוי והם לזה בעלי הריוח המגונה ברצונם אמר ואלה המינים כלם
1122א12Δ יתורו הריוח וידרשוהו ממקום בלתי ראוי ולכן יהיו בעלי הריוח המגונה ברצונם אמר ואלה המינים כלם
1122א12‡ הם יבקשו הריוח מצד בלתי ראוי והם לזה בעלי הריוח המגונה ברצונם אמר ואלו המינים כלם

1122א13% ממיני הלקיחה מדרך בעלי הכילות ובראוי
1122א13б ממיני הלקיחה הם מדרך בעלי הכילות ובראוי
1122א13# ממיני הלקיחה הם מדרך בעלי הכילות ובצדק ובמשפט
1122א13Δ ממין הלקיחה הנה הם מדרך אנשי הכילות ובצדק ובמשפט
1122א13‡ ממיני הלקיחה מדרך בעלי הכילות ובראוי

1122א14% שיאמר שהכילי מתהפך לנדיב וזה שהכילות יותר גדול רוע
1122א14б יאמר שהכילי הוא הפכי לנדיב וזה שהכילות יותר גדול הרוע
1122א14# יאמר בכילי שהוא הפכי לנדיב וזה שהכילות הוא יותר גדול הרוע
1122א14Δ יאמר בכילי שהוא הפכי אל הנדיב וזה מפני שהכילות הוא יותר גדול הרוע
1122א14‡ יאמר שהכילי מתהפך לנדיב וזה שהכילות יותר גדול רוע

1122א15% מהפזור וטעות האנשים בו יותר רב מטעותם
1122א15б מהפיזור וטעות האנשים בו היא יותר רב מטעותם
1122א15# מהפזור וטעות האנשים בו הוא יותר רע מטעותם
1122א15Δ מן הפזור וטעות האנשים בו הוא יותר רב מטעותם
1122א15‡ מהפזור כמו שקדם וטעות האנשים בו יותר רב מטעותם

% 11 כולן (ב) כלם (ג) / 13 וכראוי (ב ג) / 14 שיאמר Xה"י" נוספת בין השורותX (א) / שיאמר <להם> Xעם שתי נקודות למעלה סימן להשמטהX (א) / 15 רב Xבין השורותX (א) /

---

11 ירווחו (ב) / 12 בעלי] בעל (ב) / 15 יותר] היותר Xנקודה מעל ל"ה"X (א) / רע Xכך X (א) /

---

‡ 11 היה <יותר> (מ) / -להם X2X- (כ ס) / 14 לרוע (מ) / 15 הטעות (כ) / באנשים (מ) / רב] רע (מ) / מטעותם] מתנועתם (כ) /

%16א1122 בפזור
ƃ16א1122 בפזור
#16א1122 בפזור
△16א1122 בפזור
ǂ16א1122 בפזור

%17א1122 אמר הנה זה שעור מה שהיה ראוי שנאמר בנדיבות והפחיתיות המתהפכות לו
ƃ17א1122 אמר הנה זה שיעור מה שנאמר אותו בנדיבות והפחיתיות ההפכיות אליו
#17א1122 אמר הנה זה שעור מה שהוא ראוי שנאמר אותו בנדיבות והפחיתיות ההפכיים אליו
△17א1122 אמר הנה זה שיעור מה שהיה ראוי לאמרו בענין הנדיבות והפחיתיות ההפכים אליו
ǂ17א1122 הנה זה שעור מה שהיה ראוי שנאמר בנדיבות והפחיתיות המתהפכות לו

%18א1122 וראוי שנמשיך זה בתואר הותרנות
ƃ18א1122 וראוי שנמשיך לזה תאר הותרנות
#18א1122 וראוי שנמשיך לזה תאר הותרנות
△18א1122 וראוי שנמשיך הדבור אחר זה בתאר הותרנות
ǂ18א1122 הדבור בותרנות אמר הנה הותרנות והנדיבות אחדים בסוג לא במין

%19א1122 כי הנה יחשב שהוא מעלה בממון
ƃ19א1122 בשכבר יחשב שהיא מעלה בממון
#19א1122 בשכבר יחשב מענינו שהוא מעלה נמצאת בממון
△19א1122 בשכבר יחשב מענין התאר הזה שהוא מעלה נמצאת בממון
ǂ19א1122 וזה כי הותרנות הוא ג"כ מעלה בממון

%20א1122 ולא תכלול על כל הפעולות אשר יהיו בממון כמו הנדיבות
ƃ20א1122 ולא תכלול על כל הפעולות אשר תהיינה בממון כמו הנדיבות
#20א1122 ולא יכלול על כל הפעולות הנמצאות בענין הממון כמו הנדיבות
△20א1122 ואמנם איננו מקיף בכל הפעלים הנופלים בענין הממון כמו שהוא הענין בתאר הנדיבות
ǂ20א1122 אבל לא תכלול על כל הפעולות אשר יהיו בממון כמו הנדיבות

% 17 שהיה ראוי] שראוי (ג) / בנדיבויות (ב) / והפחיתויות (ב) והפחיתות (ג ד) / המתהפכות Xה"ר" נוספת בין השורותX (ג) / 18 שנמשך (ב) <אחר> (ב) / זה] המאמ√ (ג) / בתאר (ב ג ד) / 20 תכלול Xמתוקנת מ"הכלול"X (א) /

ƃ 17 מה שנאמר XכךX (א) / והפחיתיות Xה"י" השניה נוספת בין השורותX (א) / 18 הותרנות Xבאותיות גדולותX (א) /
----
17 שהוא XכךX (א) /

△ 17א22 שהיה Xה"ש" נוספת בין השורותX (א.ב) Xאות מחוקהX (א) /

ǂ 17 שיהיה (ל) / והפחיתות (כ מ) / המתהפכת (כ מ) / 19 -כי- (מ) / -הוא- (מ) /

%21א1122 אבל היא אמנם תהיה בהוצאה לבד
ƃ21א1122 ואבל היא אמנם תהיה בהוצאה לבד
*21א1122 ואבל הוא אמנם יהיה בהוצאה לבד
△21א1122 ואכן ימצא בענין ההוצאה לבד
‡21א1122 וזה כי הותרנות היא בהוצאה לבד

%22א1122 והיא תעדיף הנדיבות בהוצאה ברבוי מה שיוציא וגדלו כמו
ƃ22א1122 והיא תעדיף הנדיבות בענין ההוצאה ר'ל ברבוי מה שיוציא וגדלו כמו
*22א1122 והיא תעדיף הנדיבות בענין ההוצאה ברבוי מה שיוציא וגדלו כמו
△22א1122 והוא עודף בענין ההוצאה על תאר הנדיבות ברבויה וגדלה כמו
‡22א1122 והיא תעדיף הנדיבות בהוצאה ברבוי מה שיוציא וגדלו כמו

%23א1122 שיורה שמו בלשון היונים כי הוא יורה על הוצאה מחויבת בענין גדול
ƃ23א1122 שיורה שמו בלשון היונים כי הוא יורה על הוצאה ראויה בענין גדול
*23א1122 שיורה שמו בלשון היונים כי הוא יורה על הוצאה ראויה בענין גדול
△23א1122 שיורה שמו על זה בלשון יוני וזה שהוא מורה בלשון ההוא על הוצאה ראויה ומחוייבת הנעשית על ענין גדול נורא ונשגב
‡23א1122 שיורה שמו בלשון היונים כי הוא יורה על הוצאה מחוייבת בעניין גדול והעניין בזה שיעשה הוצאות גדולות על עניין גדול
כפי מה שיחוייב

%%24א1122 בסמיכות אל ההוצאה
%24א1122 והגדול יאמר בסמיכות אל דבר ולכן היתה ההוצאה על הספינות הרבות גדולה בסמיכות ההוצאה
ƃ24א1122 והגדול אמנם יאמר בצירוף אל דבר ולכן היתה ההוצאה על הספינות הרבות גדולה בצירוף אל ההוצאה
*24א1122 והגדול אמנם יאמר בצרוף אל דבר מה ולכן תהיה ההוצאה על הספינות הרבות גדולה בצרוף אל ההוצאה
△24א1122 והגדול והיתר אמנם יאמר בצירוף אל דבר מה ולכן תהיה ההוצאה הנעשית על הספינות הגדולות הוצאה יתירה וגדולה בצירוף
אל ההוצאה הנעשית
‡24א1122 Xאין מקבילX

%25א1122 על האחת והמחויב ההוצאה יהיה כפי המוציא
ƃ25א1122 על האחת והראוי בהוצאה יהיה כפי האיש המוציא
*25א1122 על הספינה האחת והראוי בהוצאה יהיה כפי האיש המוציא
△25א1122 על הספינה האחת ועניין החיוב הנאמר בהוצאה היא היותה מחוייבת כפי חק האיש המוציא ההוצאה
‡25א1122 Xאין מקבילX

% 22 ברבוי] ברבות (ג) / ויגדלר Xנקודה למעלה ומתחת ל"י"X (ב) / 23 על הוצאה] בהוצאה (ג) / 24 והגדול <אמנם> (ב ג ד) /
אל (ג ד) / בסמיכות <אל> (ב ג) / -ההוצאה על- (ג) / 25 בהוצאה (ב ג ד) / המוציא] Xה"י" נוספת בין השורותX (א)
המוצא (ג ד) /

----

* 22 והיא] והוא (ב) / 23 הוא] זה (ב) /

△ 22 ברבויה (א.ב) בריבויה (א) / 25 האיש <כפי/ שיהיה האיש ההוא ראוי והגון אל שתעשה ההוצאה ההיא על ידו והיא אשר כן
מחוייבת אליו כפי חק מעלתו> (א.א) /

----

‡ 23 היוני (כ ל) / הוא] הם (כ ס) / יורר (כ ס) / ההוצאה (כ ס) / -והעניין- (מ) / הוצאה גדולה (ל) / על עניין] בענין (ס) /

1122א26% והדבר אשר יוציא בו ואשר יוציא בענינים הקטנים כפי מה שיחויב מההוצאה בם
1122א26б והדבר אשר יוצא בו ואשר יוציא בענינים הקטנים והמסתפק על מה שראוי מן ההוצאה בם
1122א26# והדבר אשר יוצא בו ואשר יוציא בענינים הקטנים והמסתפק על מה שראוי מן ההוצאה בם
1122א26△ וכפי חק הדבר שהיא נעשית עליו והאיש המוציא הוצאות על הענינים השפלים והקטנים או שהוא מקצר מהוציא על הענינים
אשר ראוי להוציא בהם
1122א26ǂ כי אשר יוציא בעניינים הקטנים כפי מה שיחוייב מההוצאה בם

1122א27% הנה לא יאמר לו ותרן
1122א27б הנה לא יאמר לו ותרן
1122א27# הנה לא יאמר לו ותרן
1122א27△ איננו נקרא ותרן
1122א27ǂ הנה לא יאמר לו ותרן

1122א28% אבל אמנם יאמר לו ותרן למי שיוציא על הענינים הגדולים וזה כי הותרן נדיב
1122א28б אבל אמנם יאמר ותרן למי שיוציא על הענינים הגדולים וזה שהותרן הוא נדיב
1122א28# ואבל אמנם יאמר ותרן למי שיוציא על הענינים הגדולים וזה שהותרן הוא נדיב
1122א28△ ואבל אמנם יאמר שוע וותרן אל האיש המוציא הוצאות על ענינים גדולים יקרים ונשגבים וזה שכל ותרן הוא נדיב
1122א28ǂ אבל אמנם יאמר ותרן למי שיוציא ממון רב על העניינים הגדולים וזה שכל ותרן נדיב

1122א29% והנדיב אינו ותרן על כל פנים
1122א29б והנדיב אינו ותרן על כל פנים
1122א29# והנדיב אינו ותרן על כל פנים
1122א29△ ואכן איננו מוכרח בנדיב שיהיה ותרן
1122א29ǂ ולא יתהפך עד שנאמר שכל נדיב ותרן

1122א30% והחסרון בזה הענין אשר הוא הותרן יקרא פחיתות
1122א30б והחסרון בזה הענין אשר הוא הותרן יקרא נבלה
1122א30# והחסרון בזה הענין אשר הוא הותרן יקרא נבלה
1122א30△ והחסרון הנופל בזה התאר ר"ל תאר הותרנות יקרא נבלה
1122א30ǂ אמר הנה הותרנות הוא מצוע בענין שתארנו והחסרון בזה יקרא פחיתות

% 26 יוציא Xה"י" נוספת בין השורותX (א) יוצא (ב ג ד) / יוציא Xה"י" השנייה נוספת בין השורותX (א) יוצא (ג) / 27 לו] בם
(ב) / 28 -אמנם- (ג) / יאמר <לא> Xעם שתי נקודות למעלהX (א) / כי הותרן] שהותרן (ב ג ד) / 29 אינו] איננו
(ג) איננו (ד) / 30 והחסרון <אשר> (ג) / -הוא- (ג) /

△ 26 הדבר <שיהיה הדבר ראוי והגון להוצאה ההיא> (א.א) /

ǂ 30 -הוא- (מ) /

%31א1122 והתוספת בו יקרא המיה
ƃ31א1122 והתוספת בו יקרא המייה
#31א1122 והתוספת בו יקרא המייה
Δ31א1122 והתוספת הנופל בו יקרא המיה
ǂ31א1122 והתוספת בו יקרא המייה

%%32א1122 במה 000
%32א1122 ולא תוסיף ההמיה על הותרבות בגודל מה שיפעלהו בדברים אשר יחויב אבל בגודל מה שיפעלהו בדברים אשר
ƃ32א1122 ולא תוסיף ההמייה על הותרבות בגודל מה שיפעלהו בדברים ראויים ואבל בגודל מה שיפעלהו במה
#32א1122 ולא תוסיף ההמייה על הותרבות בגודל מה שיפעלהו בדברים ראוים ואבל בגודל מה שיפעלהו במה
Δ32א1122 ואין ההומה יתר על הותרן בגודל מה שיפעלהו בדברים הראוים ואבל בגודל מה שיפעלהו בדברים
ǂ32א1122 והנה לא תוסיף ההמיה על הותרבות בגדל מה שיפעלהו בדברים אשר יחוייב אבל בגודל מה שיפעלהו בדברים אשר

%%33א1122 שלא
%33א1122 לא יחויב ולא יעמוד ממה שלא יחויב והנה נתאר ענינו בסוף
ƃ33א1122 שאינו ראוי ולא יחדל ממה שאינו ראוי ואנחנו נתאר ענינו בסוף
#33א1122 שאינו ראוי ולא יחדל ממה שאינו ראוי ואנחנו נתאר ענינו בסוף
Δ33א1122 בלתי ראוים ולא יסוג אחור בפגעו בם ואנחנו נתאר למטה ענינו
ǂ33א1122 לא יחוייב

%34א1122 ואולם הותרן הנה ידמה היודע
ƃ34א1122 ואולם הותרן הנה ידמה ליודע
#34א1122 ואולם הותרן הנה הוא דומה ליודע
Δ34א1122 ואולם הותרן הנה הוא דומה אל האיש החכם והיודע
ǂ34א1122 אמר הותרן

%%35א1122 ישער
%35א1122 לפי שהוא יוכל על ידיעת מה שיחויב ויוציא ההוצאות הגדולות בהשגחה וזה כי הענין כפי מה
ƃ35א1122 לפי שהוא ישער על ידיעת הראוי ויוציא ההוצאות היקרות בהשגחה וזה שהענין הוא כפי מה
#35א1122 לפי שהוא ישער על ידיעת הראוי ויוציא ההוצאות היקרות והנשגבות בהשגחה וזה שהענין הוא כפי מה
Δ35א1122 בשכבר ימצא אתו כח יפה ורוח נכון לדעת מה שהוא ראוי ומחוייב לעשותו באופן שיוציא הוצאות יקרות ונשגבות בעיון והשגחה וזה שמה
ǂ35א1122 ישער העניין המחוייב ויוציא ההוצאות הגדולות בעניינים המחוייבים בהשגחה ועיון

% 31 והתוספת Xה"ת" הראשונה נוספת בין השורותX (א) / המייה (ב) / 32 בגדל (ב) / בגדל (ב ג) / בדברים] במה (ב ג ד) / אשר לא] שלא (ב ג ד) / 33 והנה] הנה (ב ג ד) / 34 ואולם <הנה> הנה (ד) / היודע] הנדיב (ג) / 35 יוכל] ישער (ב) ישוער (ג) / מה שיחויב] המחוייב (ב ג ד) / -וזה- (ג) / כי הענין] שהענין (ב ד) שהעניין (ג) /

Δ 32 ההומה (א.ב) Xארוח של חמש אותיותX (א) / 35 שמה Xה"ש" נוספת בין השורותX (א.א) /

ǂ 31 -בו- (מ) / 32 תוסיף] יעדיף (ס) / -אבל עד יחוייב- (מ) / 35 הוצאות גדולות (כ ס) /

%1ב1122 שאמרנוהו תחלה שהענין ירשלם ויורגבל בפעולו√
ƀ1ב1122 שאמרנוהו תחלה בשהתאר ירשלם ויורגבל עם הפעולות
#1ב1122 שאמרנוהו תחלה בשהתאר ירשלם ויורגבל עם הפעולות
△1ב1122 שאמרנוהו לפנים מעניך התאר בשהוא מגיע מהפעלים ונשלם ונגדר בהם הוא מאמר אמתי וצודק
‡1ב1122 Xאין מקבילX

%2ב1122 אחר שהיה הוא אשר יפעל הפעולות הנה הוצאות הותרך הוצאות נשגבות
ƀ2ב1122 אחר שהוא הוא אשר יפעל הפעולות הנה הוצאות הותרך הוצאות נשגבות
#2ב1122 אחר שהוא הוא אשר יפעל הפעולות הנה הוצאות הותרך הוצאות נשגבות
△2ב1122 אחר שהפעלים מושפעים מאתו ויוצאים ממנו והנה אם כך הוצאות הותרך הן הוצאות יקרות ונשגבות
‡2ב1122 ולכן הוצאותיו מחוייבות

%3ב1122 מחויבות וכן מעשיו גם כן וזה
ƀ3ב1122 ראויות וכן מעשיו ג"כ וזה
#3ב1122 ראויות וכן מעשיו גם כן וזה
△3ב1122 ומחוייבות ומעשיו גם כן הם בזה התאר וזה
‡3ב1122 ונשגבות וכן המעשים אשר יעשם ובם יעשה הוצאותיו

%4ב1122 שהוצאתו תגיע מגדולה וחיובה מפני המעשה מה שיהיה המעשה בה
ƀ4ב1122 שהוצאתו כבר תגיע מגדלה וחיובה מפני המעשה מה שיהיה המעשה בה
#4ב1122 שהוצאתו כבר תגיע מגדלה וחיובה מפני המעשה מה שיהיה המעשה בה
△4ב1122 שכבר יגיע מגודל הוצאתו ומחיוב העשותה בעבור המעשה שיהיה המעשה
‡4ב1122 כי גודל ההוצאה וחיובה אשר יעשה הותרך יהיה כפי גודל המעשה וחיובו עד

%5ב1122 ישוה ההוצאה וההוצאה תשוה המעשה או יהיה המעשה למעלה מההוצאה
ƀ5ב1122 שוה להוצאה וההוצאה שוה למעשה או יהיה המעשה למעלה מההוצאה
#5ב1122 שוה להוצאה וההוצאה שוה למעשה או יהיה שבח המעשה יתר על ההוצאה
△5ב1122 שוה להוצאה וההוצאה שוה אליו או יהיה שבח המעשה יתר על ההוצאה
‡5ב1122 שהוצאותיו ומעשיו יהיו שוים יחד

% 1ב בפעולות (ב ד) בפעלות (ג) / 2 הוצאות] הוצאת (א ב) / 4 שהוצאתו Xמתוקנת מ"שהוצאותיו"X (א) / תגיע] הגיעה (ג) /
מגדולה] מגדלה (ב ג ד) / 5 ישוה] ישוב (ב) /

1ב הפעולות (ב) / 4 תגיע] הגיע (ב) /

----
‡ 3ב הוצאותיו <ומעשיו> (מ) / 4 וחיובו (מ) / המעשה] ההוצאה (ל) /

1122ב6% וכשהיר פעולות הותרן ירוצו זה המריץ הנה אמנם יפעלם מפני הנאה
1122ב6ƃ וכאשר היה שפעולות הותרן ירוצו זה המריץ הנה אמנם יפעלם מפני הנאה
1122ב6# ולפי שפעולות הותרן הולכות זה המהלך הנה הוא יפעל אותן מפני דנאה
1122ב6Δ ולפי שפעולות הותרן הולכות זה המהלך הנה הוא יפעל אותם בעבור היפה לבד
1122ב6ǂ אמר הותרן אחר שהוא בתאר אשר בארנו הנה יפעל פעולותיו מפני הנאה

1122ב7% לפי שזה ענין כולל למעלות ויפעלם גם כן בתענוג
1122ב7ƃ לפי שזה ענין כולל למעלות ויפעלם ג"כ בתענוג
1122ב7# לפי שזה ענין כולל למעלות ויפעל אותן גם כן בשמחה
1122ב7Δ כי זהו ענין כולל בכל המעלות ויפעל אותן גם כן בשמחה
1122ב7ǂ לפי שזה ענין כולל למעלות ויפעל פעולותיו ג"כ בתענוג

1122ב8%% ושמחה והדקדוק הרב
1122ב8% וקלות ודקדוק רב בהוצאות הוא פחיתות
1122ב8ƃ ובשמחה לפי שהחפוש והפשפוש המופלג בענין הערמימות וההריצות ובדקות העיון הוא נבלה
1122ב8# ובטוב לבב מבלי דקדוק וצמצום וזה שההגעה עד קצה הערמימות והפקחות והדקדוק בהשגחה הוא נבלה והדיטות
1122ב8Δ ובטוב לבב מבלי דקדוק וצמצום וזה שההגעה עד קצה הערמימות והפקחות והדקדוק בהשגחה הוא נבלה והדיוטות
1122ב8ǂ ובשמחה ויעשה הוצאותיו בהרחבה ובסבר פנים יפות ולא יעשה דקדוקים וצמצומים בהוצאותיו ובחשבונותיו כי החקירה ביותר
והדקדוק הרב בהוצאות הוא פחיתות

1122ב9% ועיונו בשיהיה מה שיעשהו בתכלית הטוב והרע יותר רב מעיונו
1122ב9ƃ ועיונו הוא בשיהיה מה שיעשהו בתכלית הטוב והסדר בהוצאה הוא יותר רב מעיונו
1122ב9# ועיונו והשגחתו הוא בשיהיה מה שיעשהו בתכלית הטוב וההרוחה ועיונו בזה הוא יותר רב מעיונו
1122ב9Δ ואולם הנה הוא משגיח יפה ופוקח עין בשיהיה מעשהו בתכלית היתרון והרוחה יותר מהשגיחו
1122ב9ǂ Xאין מקבילא

1122ב10% בשיהיה הותרן נדיב
1122ב10ƃ בשיהיה שעור מה שיוציא עליו מועט וכאשר היה הענין כן הנה יחוייב שיהיה הותרן נדיב
1122ב10# בשיהיה שעור מה שיוציא עליו מועט וכאשר היה הענין כן הנה הוא מחויב בותרן שיהיה נדיב
1122ב10Δ בשיהיה שיעור מה שיוציא עליו מועט וכאשר היה הענין כן הנה הוא מחוייב באיש הותרן שיהיה נדיב
1122ב10ǂ Xאין מקבילא

% 6 המירוץ (ב ד) / 8 וקלות] ובשמחה <לפי שהחקירה ביותר> (ב) ושמחה <לפי שהחקירה ביותר> (ג ד) / והדקדוק (ב ג) / הרב (ב ג ד) / הוא] או (ב) / 9 יותר רב] ויותר רע (ב) ויותר רע רב (ג) ויותר ר. (ד) / 10 בשיהיה] הנה יהיה (ב ג) /
----
8 בהשגחה] השגחה (ב) / 9 שיעשהו] שעשהו (ב) /

ǂ 6 התאר (כ) / אשר בארנו] שביארנו (ל מ) / הנאה] הענין (מ) / 7 -ענין- (כ) / למעלותיו (מ) / 8 ושמחה (ל) / והשבנותיו (ל מ) /

1122ב11% לפי שהנדיב יוצא מה שיחויב שיוציאהו וכמו
1122ב11б לפי שהנדיב יוציא מה שראוי שיוציאהו וכמו
1122ב11# לפי שהנדיב יוציא מה שראוי להוציאו וכמו
1122ב11Δ כי הנדיב יוציא מה שראוי להוציאו וכמו
1122ב11ǂ Xאין מקבילX

1122ב12% שראוי ולגודל מחשבת הותרן יפעל
1122ב12б שראוי ולגדל מזמת הותרן יפעל
1122ב12# שראוי ותגדל עוד מזמת הותרן ורום ידהו בשהוא יפעל
1122ב12Δ שראוי ותגדל עוד מזמת הותרן ורום ידיהו בשהוא יפעל
1122ב12ǂ Xאין מקבילX

1122ב13% מה שיפעלהו הנדיב ויוציא כמו ההוצאה אשר יוציאה
1122ב13б מה שיפעלהו הנדיב ויוציא כמו ההוצאה אשר יוציאה
1122ב13# מה שיפעלהו הנדיב ויוציא כמו ההוצאה אשר יוציאה
1122ב13Δ מה שיפעלהו הנדיב ויוציא את אשר יוציא
1122ב13ǂ Xאין מקבילX

1122ב14% על יותר גדול מה שיהיה מהמעשה וזה שאין
1122ב14б על המעשה היותר יקר שאפשר וזה שאין
1122ב14# על המעשה היותר יקר שאפשר וזה שאין
1122ב14Δ על המעשה היותר יקר שאפשר וזה
1122ב14ǂ Xאין מקבילX

1122ב15% מעלת הקנין רצוני העושר ומעלת המעשה אחת לפי שמעלת הקנין שיהיה חלקו מהממון יותר רב
1122ב15б מעלת הקנין רצוני העושר ומעלת המעשה אחת לפי שמעלת הקנין היא שיהיה חלקו מהממון יותר רב
1122ב15# מעלת הקנין רצוני העושר ומעלת המעשה אחת לפי שמעלת הקנין היא שיהיה חלקו מהממון רב
1122ב15Δ שמעלת הקנינים רצוני מעלת העושר ומעלת המעשים אינם מעלה אחת לפי שמעלת הקנינים היא כשיהיה לאדם חלק רב ומנה יפה
מן הממון
1122ב15ǂ Xאין מקבילX

% 12 ולגדל (ב) / 13 שיפעלהו <.פעלהו> (ד) / 14 ועל (ג) / 15 רצו√ (ג) /

б ב12 ולגדל XכךX (א) /

Δ ב12 ותגדל (א.ב) והגדל (א) /

%16ב1122 ושיהיה הממון טוב כמו הזהב ומעלת המעשה שיהיה גדול
б16ב1122 ושיהיה הממון טוב כמו הזהב ומעלת המעשה היא שיהיה גדול
#16ב1122 ושיהיה הממון ההוא טוב כמו הזהב ומעלת המעשה היא שיהיה המעשה ההוא יקר ונשגב
△16ב1122 עם שיהיה הממון ההוא טוב ומעולה כמו הזהב ומה שהוא כערכו ואכן מעלת המעשים היא בשיהיה המעשה יקר ונשגב
‡16ב1122 Xאין מקבילX

%17ב1122 ומי שיעיין אל כמו זה המעשה יפלא ממנו ולכן היה הותרן דבר יפלא ממנו
б17ב1122 ומי שיעיין אל כמו זה המעשה יפלא ממנו ולכן היה הותרן דבר יפלא ממנו
#17ב1122 ומי שיעיין אל כמו זה המעשה יפלא ממנו ולכן היה הותרן דבר יפלא ממנו
△17ב1122 באופן שיהיה האיש המביט אליו מתפלא ממנו ומפני כן יהיה ענין הותרן דבר שיפלא ממנו
‡17ב1122 Xאין מקבילX

%18ב1122 והותרנות מעלה פעולתה בגודל ההוצאות
б18ב1122 והותרנות הוא מעלה פעולתה בגודל ההוצאות
#18ב1122 והותרנות הוא מעלה שפעולתה בהוצאות הגדולות
△18ב1122 והנה הותרנות אם כן הוא מעלה שהפעולות המיוחסות אליה הן ההוצאות הגדולות
‡18ב1122 אמר הותרנות מעלה פעולתה בגודל ההוצאה כמו שקדם בעניינים הגדולים

%19ב1122 והם מההוצאות אשר יאמר שהם חשובות ונכבדות כמו
б19ב1122 והם מההוצאות אשר יאמר שהם חשובות ונכבדות כמו
#19ב1122 והן ההוצאות אשר יאמר שהן חשובות ונכבדות כמו
△19ב1122 והן ההוצאות אשר יאמר עליהן שהן חשובות ונכבדות כמו
‡19ב1122 והם ההוצאות אשר יאמר עליהם שהם חשובות ונכבדות כמו

%20ב1122 ההוצאות בעניני האל רצוני הקרבנות והנדרים ומעשה המזבחות
б20ב1122 ההוצאות בעניני האל רצוני הקרבנות והנדרים ומעשה המזבחות
#20ב1122 ההוצאות בעניני האל רצוני הקרבנות והצדקות ועשות הכלים אשר ישרתו בם בקדש
△20ב1122 ההוצאות הנעשות בעניני האל ית√ שהם הקרבנות והצדקות ועשות הכלים אשר ישרתו בם בקדש
‡20ב1122 ההוצאות בענייני האל רצוני הקורבנות והנדרים ומעשה המזבחות

% 16 וכשיהיה Xה"כ" נמחקתX (ב) / ומעלת Xכ"י ח מתחיל כאן אחרי השמטה מ X34ב1121 / 17 -ומי שיעיין אל כמו- Xבגליון
"שיעיין על כמו"X (ג) / שייעיין (ד) / 19 והם] ההם (ג) / 20 ומעש√ (ב ד) /

----

18 <אמר> Xבאותיות גדולות לפני "והותרנות"X (ב) /

----

‡ 18 ההוצאה] ההוצאות (ל) / -כמו שקדם- (כ) / 20 בעניניהם (מ) / -האל- (מ) / -רצוני- (כ) / ומעשה] ומעשי (ל) ואמנם (מ) /

1122ב21% וכל מה שיתגדלו בו האלהיים ומה שיעשה להמון
1122ב21ƃ וכל מה שיתגדלו בו האלהים ומה שהוא מופקר להמון
1122ב21# ובנות לו ית√ בית זבול ומכון לשבת בו יראיו והושבי שמו ועשות צרכי רבים ופקח עין על עסקיהם
1122ב21△ ובנות לו ית√ בית זבול ומכון לשבת בו יריאיו והושבי שמו ועשות צרכי רבים ופקוח על עסקיהם
1122ב21ǂ וכל מה שיתגדלו בו האלהיים ומה שיעשה להמון

1122ב22% כמו
1122ב22ƃ כמו
1122ב22# אם
1122ב22△ אם
1122ב22ǂ כמו

1122ב23% האכסניא ותפלות ותקון המאכלים לאנשי המדינה ואלו הדברים
1122ב23ƃ האכסניא והתשורות ותקון המאכלים לאנשי המדינה ואלו הדברים
1122ב23# בהכין להם מיני מטעמים ותת להם תשורות ומנות ואם בפתוח הבית לרווחה ללון בו גר ותושב והדברים האלה
1122ב23△ בהכין להם מיני מטעמים ותת להם תשורות ומנות ואם לפתוח הבית לרווחה ללון בו גר ותושב והדברים האלה
1122ב23ǂ האכסניא ותקון המאכלים לאנשי המדינה ובכלל שיוציא הרצאות גדולות בעניינים גדולים וזה יצטרך לו שיהיה לו ממון רב

1122ב24% כמו שאמרנו אמנם ייוחסו אל פועליהם ר"ל יתואר בם פועליהם כשידע מי
1122ב24ƃ כמו שאמרנו אמנם ייוחסו אל פועליהם ר"ל שכבר יתואר בם פועליהם בשידע מי
1122ב24# הנזכרים אמנם ייוחסו אל פועליהם ר"ל שכבר יתאר בהם האיש הפועל אותם כאשר ידע מי
1122ב24△ הנזכרים אמנם ייוחסו אל פועליהם ר"ל שכבר יהיה האיש הפועל אותם מתואר בהם כאשר ישגיח בעצמו מי
1122ב24ǂ אאין מקבילX

1122ב25% הוא ומאי זה ממון יוציא כי הממונות אין אמנם ראוי
1122ב25ƃ הוא ומאי זה ממון יוציא כי אין אמנם ראוי בממונות
1122ב25# הוא ומאי זה ממון יוציא ההוצאה שהוא חפץ לעשות וזה שאין די
1122ב25△ ומאי זה ממון יוציא וההוצאה שהוא רוצה לעשות וזה שאין די
1122ב25ǂ אאין מקבילX

% 21 שיתגדלו בו] שיגדלום Xמחוק ובגליון "שיגדלו בו"X (ב) שיגדל בו (ג) שיגדלו בו (ח) / האלהיים] האלהים (ב ג ד ח) / 23
האכסנייא (ד) / ותפלות] והתפלות (ב ד ח) Xבכ"י ג יש שתי נקודותX / 24 ר"ל] רצו√ לומ√ (ג) /

ƃ 21 מופקר Xכך (א) Xמופקד ?X /

----

24 הנזכרים] הנז√ (ב) / ייוחסו] יוחסו (ב) /

△ 24 מי ומאי Xכך (א) /

ǂ 21 שיתגדל (מ) / האלהים (מ ס) / 23 -לו- (ס) / שהיה (מ) /

%26ב1122 שיהיר ממה שיאות במעשה לבד אבל גם באשר יעשה המעשה ולכן
ƃ26ב1122 שיהיר ממה שיאות למעשה לבד ואבל גם לאשר יעשה המעשה ולכן
#26ב1122 בשיהיה הממון מסכים ונאות אל המעשה ואבל צריך גם כן שיהיה מסכים עם האיש העושה המעשה ההוא ולכן
△26ב1122 בשיהיה הממון מסכים ונאות אל המעשה ואבל גם כן צריך שיהיה נאות וראוי אל האיש העושה המעשה ההוא ולכן
‡26ב1122 ולכן

%27ב1122 לא יהיה הדל ותרן לפי שהוא אין לו ממונות
ƃ27ב1122 לא יהיה הדל ותרן לפי שהוא אין לו ממונות
#27ב1122 לא יהיה הדל ותרן לפי שאין לו ממון
△27ב1122 לא יהיה האיש המסכן ותרן לפי שאין לו ממון
‡27ב1122 לא יהיה מי שאינו עשיר גדול נפש וכל שכן מי שהוא דל ותרן לפי שהוא אין לו ממונות

%28ב1122 יוציא מהם הוצאות רבות כפי שיחויב ומי שחתר זה מהדלים הנה הוא סכל
ƃ28ב1122 יוציא מהם הוצאות רבות כפי מה שראוי ומי שיבקש זה מהדלים הוא סכל
#28ב1122 שיוציא ממנו הוצאות רבות כפי מה שראוי ומי שיבקש זה מהדלים הוא סכל
△28ב1122 שיוציא ממנו הוצאות רבות כפי מה שראוי וסכל הוא האיש המבקש דבר כזה מן הדלים
‡28ב1122 יוציא מהם הוצאות גדולות ומי שחתר זה מהדלים הנה הוא סכל

%29ב1122 לפי שהוא חתר מה שהוא עובר ליכלתו ולמחויב לפי שהדבר אמנם יהיה כפי מה שתחיבהו המעלה כשיהיה ירוץ על הנכונה
ƃ29ב1122 לפי שהוא יבקש מה שהוא עובר ליכלתו ולראוי לפי שהדבר אמנם יהיה כפי מה שתחיבהו המעלה כאשר ירוץ על הנכונה
#29ב1122 לפי שהוא יבקש מה שהוא נגד יכולת הדל ויד השגתו ונגד השלם המעשה הראוי והמחויב לפי שהדבר אמנם יהיה כפי מה שתחייבהו המעלה כאשר ילך מהלך היושר והנכונה
△29ב1122 ביען כי הוא דורש ומבקש דבר שהוא נגד יכולת הדל ויד השגתו ונגד השלם המעשה הראוי והמחוייב לפי שהדבר אמנם יהיה כפי מה שתחייבהו המעלה בלכתו מהלך היושר והנכוחה
‡29ב1122 לפי שהוא חותר מה שהוא עובר ליכלתו

%30ב1122 והותרנות אמנם יאות במי שיש לו באלו הדברים קדימה אם בנפשו ואם
ƃ30ב1122 והותרנות אמנם יאות במי שיש לו באלו הדברים קדימה אם בנפשו ואם
#30ב1122 והותרנות אמנם יאות אל האיש אשר תמצא אתו קדימה באלה הדברים אם בו בעצמו ואם
△30ב1122 והותרנות אמנם יאות אל האיש אשר תמצא אתו קדימה באלה הדברים אם בו בעצמו ואם
‡30ב1122 אמר הותרנות אמנם יאות במי שיש לו באלו הדברים קדימה אם בנפשו ואם

% 26 מה (ד) / כאשר (ג ח) / 27 היה (ג ד) / 28 כפי <מה> (ב ג ד ח) / ומי] ומה (ב ח) ומן (ד) / שהתר (ח) / הנה הוא] היה (ג) / 29 ליכולתו (ב ח) / שתחייבם (ג) / כשהיה (ב ג ד ח) / 30 והוותרנות (ד) /

----

29 יכולת] היכלת (ב) /

△ 26 ולכן <פי Xפירושא שב אל התנאי השני שהוא (א.א) Xחמש אותיות מחוקותX מאיזה (א.ב) ממון יוציא (א.א)> / 30 והותרנות <פי Xפירושא שב לבאר התנאי הראשון שהוא מי הוא האיש אשר ייוחס אליו הותרנות> (א.א) /

----

‡ 27 -נפש- (ל מ ס) / -וכל שכן- (כ) / דל] ר"ל (כ) / 28 -ומי עד מהדלים- (מ) / 29 חותר] מותר יותר (מ) / ליכלתו] לזולתו (מ) / 30 אמר <אמנם> (כ) / ואם] או (ל) אם (מ ס) /

1122ב31% בקודמיו אר מי שיש לו נשיאות
1122ב31ƃ באבותיו אר מי שיש לו נשיאות
1122ב31# באבותיו אר לאיש אשר לו יחס
1122ב31△ באבתיו אר לאיש אשר לו יחס
1122ב31ǂ בקדמיו אר מי שיש לו נשיאות

1122ב32% ויחס ומה שדומה לזה כי כמו אלה הדברים להם גודל
1122ב32ƃ ויחס ומה שדומה לזה כי כמו אלו הדברים יש להם גדל
1122ב32# ונשיאות ומה שדומה לזה כי כמו אלה הדברים יש אתם גודל
1122ב32△ ונשיאות ומה שדומה לזה לפי שכמו אלה הדברים יש אתם גודל
1122ב32ǂ ויחס ומה שדומה לזה כי כמו אלו הדברים יש להם גודל

1122ב33% ויכולת והותרן יותר ראוי שיהיה אשר הוא בזה התואר
1122ב33ƃ ויכלת והותרן יותר ראוי שיהיה אשר הוא בזה התאר
1122ב33# ויכולת והנה אל כמו זה האיש המתואר בתארים הנזכרים השם נדבת ותרנותו
1122ב33△ ויכולת והנה אל כמו זה האיש המתואר בתארים הנזכרים השם נדבת ותרנותו
1122ב33ǂ ויכולת והותרן יותר ראוי שיהיה מי שהוא בזה התאר

1122ב34% ושיהיה הותרנות בכמו אלו ההוצאות כמו
1122ב34ƃ ושיהיה הותרנות אשר בכמו אלו ההוצאות כמו
1122ב34# בכמו אלו ההוצאות המתוארות יאות ראשונה לקרוא שוע וותרן
1122ב34△ בכמו אלה ההוצאות המתוארות יאות ראשונה להקרא בשם שוע וותרן
1122ב34ǂ Xאין מקבילX

1122ב35% שתארנו לפי שהם היותר גדולות שבהוצאות והיותר נכבדות שבהם ואולם ההוצאות המיוחדות בותרנות הנה הם כל מה
1122ב35ƃ שתארנו לפי שהם היותר גדולות שבהוצאות והיותר נכבדות שבהם ואולם ההוצאות המיוחדות בותרנות הנה הם כל מה
1122ב35# לפי שהן היותר גדולות שבהוצאות והיותר נכבדות שבהן ואולם ההוצאות המיוחדות בכלל האנשים הותרנים הן כל ההוצאות
1122ב35△ לפי שההוצאות האלה הם היותר גדולות שבהוצאות והיותר נכבדות שבהן ואולם ההוצאות המיוחדות בכלל האנשים הותרנים הן כל ההוצאות
1122ב35ǂ לפי שהוצאותיו הם היותר גדולות שבהוצאות והיותר נכבדות   אמר   אולם ההוצאות המיוחדות בותרנות הנה הם כל מה

% 32 ויחש (ד) / אלה⌊ אלו (ב ד ח) אילו (ג) / הדברים <יש> (ב ג ד ח) / גדל (ג ד) / 33 התאר (ג ד ח) / 35 נכבדת (ב ח) נכבדו√ (ג) / בותרנות⌊ בזה רבות (ג) כותרנות (ח) /

----

33 ויכולת⌊ ויכלת (ב) / הנזכרים] הנז√ (ב) / נדבת] נדבות Xעם שתי נקודות מעל ל"ר"X (ב) / ותרנותו] ותריותו (ב) /

△ 31 באבתיו Xכך X (א) / 32 גודל ויכולת X33X <פי Xפירושא שמבלעדי צרכם שיהיה העושה אותם רב כח בעושר והון צריך שיהיה גם כן שר וגדול> (א.א) /

ǂ 31 בקודמר (מ) / 32 -כי- (ל) / 33 שיהיה <בזה> (מ) / 35 יותר (מ ס) / ויותר (מ) / והיותר <גדולות> (כ) / ונכבדות (כ) / הם] זה (מ) /

%1א1123 שירצא בפעם אחת כמו הוצאות החופות ומה שדומה להם או
б1א1123 שירצא בפעם אחת כמו ההוצאה בחופות ומה שדומה להם או
#1א1123 הנעשות בפעם אחת כמו ההוצאה בחופות החתנים ובמה שדומה להם או
△1א1123 הנעשות בפעם אחת כמו ההוצאות הנעשות בחופות החתנים ובמה שדומה להן או הנעשות
‡1א1123 שיוציא בפעם אחת כמו הוצאות החופות ומה שדומה להם או

%2א1123 בדבר יכלול בו בעלי המדינה בכללם או בעלי היכולת מהם או
б2א1123 בדבר שיכלול בו אנשי המדינה כלם או בעלי היכלת מהם או
#2א1123 בדבר שיכלול בו אנשי המדינה כלם או היחידים סגולות שבה או
△2א1123 בדבר שהוא כולל כל אנשי המדינה או היחידים סגולות שבה או
‡2א1123 בדבר יכלול בו בעלי המדינה בכללם או בעלי היכולת מהם או

%3א1123 באכסנית הנכרים או בשליחות או התשורות
б3א1123 באכסנית הנכרים או במלאת השליחות או התשורות והמנחות
#3א1123 ההוצאות הנעשות בנטוע אשל להתאכסן בו כל עובר ושב או הנעשות בעלות אל בית האלהים ושלם לו נדבות ומנחות Xאל
5ב5א1123#X
△3א1123 ההוצאות הנעשות בנטוע אשל להתאכסן בו כל עובר ושב או הנעשות בעלות אל בית האלהים ושלם לו שם נדבות ומנחות Xאל
X△ב5א1123
‡3א1123 באכסניות הנכרים או שליחות מנות ותשורות

%4א1123 וזה כי הורתך אינו מוציא בעניני נפשו אבל
б4א1123 וזה כי הותרך אינו מוציא בעניני נפשו רק
#4א1123 וזה שהאיש הותרך אינו מוציא הוצאות בעניני נפשו רק Xאל 5א1123א#X
△4א1123 וזה שהאיש הותרך איננו מוציא הוצאות בעניני עצמו רק Xאל 5א1123א△X
‡4א1123 וזה כי הותרך אינו מוציא בענייני נפשו אבל

%5א1123 בעניני√ ההמוניים והתשורות והקרבנות יש ביניהם ההדמות מה
б5א1123 בענינים ההמוניים הכוללים והתשורות והקרבנות יש ביניהם הדמות מה
#5ב1123א אשר יש ביניהן ובין הקרבנות הדמות מה Xאל 4א1123א#X 5א1123א# בענינים ההמוניים הכוללים
△5ב1123א אשר יש ביניהן ובין הקרבנות הדמות מה Xאל 4א1123א△X 5א1123א△ בענינים הכוללים
‡5א1123 בענייני ההמוניים רצוני כוללים להמ״ן עד שיבנה בתי התפילות ובתי מדרשות והקדשות

% 1א23 שירצא] שיוציא (ב ג ד ח) / 2 היכולת Xה"ר" נוספת בין השורותX (ח) / 3 או <בעלי> Xעם שתי נקודות למעלהX (א) /
באכסנית Xה"ב" נוספת בין השורותX (א) באכסניות (ב ח) באכסניית (ג ד) / השליחות (ב ג ד ח) / התשורות <והנה> (א) /
4 וזה Xבין השורותX (א) / הותרך (ב ג ד ח) / -מוציא- (ב ח) / 5 ובקרבנות (ג) / הדמות (ב ג ד ח) /

3א23 האלהים] האלים Xעם שתי נקודות מעל ל"י"X (ב) /

△ 1א23 בפעם עד הנעשות XבגליוןX (א.א) / ובמה XבגליוןX (א.ב) וכמ׳ (א) / 3 נדבות (א.א) ככרות (א) /

----

‡ 1א23 הוצאת (ס) / 2 יכלול] יהיו יבטל (ל) / 3 שלוח (מ) / 5 תפלות (ל) / המדרשות (מ) /

%6א1123 והורתך כבר יבנה ישוב יאות בו
ƀ6א1123 והותרך כבר יבנה משכן נאות אליו
#6א1123 ומדרך הותרך הוא לבנות בית חדש ומשכן מתיחס
Δ6א1123 ומדרך הותרך הוא לקנות בית חדש ומשכן מתיחס
ǂ6א1123 Xאין מקבילX

%7א1123 בהשגחה כי יש לו בזה הסברת פנים
ƀ7א1123 לעושרו כי יש לו בזה נוי ויופי
#7א1123 אל כבוד עשרו כי כליל הוא אליו והוד והדר
Δ7א1123 אל כבוד עשרו כי כליל הוא אליו והוד והדר
ǂ7א1123 Xאין מקבילX

%8א1123 ויותר מה שיוציא בדברים אשר ישארו זמן ארוך כשהיו יותר טוב מה שיהיו
ƀ8א1123 ויותר מה שיוציא הוא בדברים אשר ישארו זמן ארוך כשיהיו היותר טובים שאפשר
#8א1123 ורוב הוצאותיו הן בדברים הנשארים זמן ארוך עם שיהיו היותר טובים שאפשר
Δ8א1123 ורוב הוצאותיו הם בדברים הנשארים והמתקיימים זמן ארוך עם שיהיו הדברים ההם היותר טובים שאפשר
ǂ8א1123 ויותר מה שיוציא בדברים אשר ישארו זמן ארוך כשהיו יותר טוב מה שיהיו

%9א1123 ויוציאו בכל אחד ממעשיו מה שיאות בו וזה כי אין
ƀ9א1123 ויוציא בכל אחד ממעשיו מה שיאות בו וזה כי אין
#9א1123 ויוציא בכל אחד ממעשיו מה שהוא ראוי להוציא בו וזה
Δ9א1123 ויוציא על המעשים אשר יעשה מה שראוי ונאות להוציא בכל אחד ואחד מהם כפי מה שהוא וזה
ǂ9א1123 אמר הותרך יוציא בכל אחד ממעשיו מה שיאות לו לפי הפעל ההוא וזה כי אין

%10א1123 העניניים אשר יכשרו לאלה והעניינים אשר יכשרו לבני אדם דברים אחדים בעינם ולא מה שיכשר למתפלל יכשר לעשיר וכבר יהיו
ƀ10א1123 העניניים אשר יכשרו לאל העניניים אשר יכשרו לבני אדם עניינים אחדים בעינם ולא מה שיכשר למתפלל יכשר אל מי שאינו מתפלל וכבר יהיו
#10א1123 שהעניינים אשר יכשרו לאל והעניינים אשר יכשרו לבני אדם אינם עניינים אחדים בעינם ולא מה שיכשר למתפלל יכשר אל מי שאינו מתפלל וכבר יהיו
Δ10א1123 שהעניינים שהם טובים וכשרים לעשותם לאל ית√ והעניינים הנאותים אל בני האדם אינם עניינים אחדים בעינם ולא הדברים שהם נאותים והגונים אל האיש המתפלל נאותים אל האיש שאינו מתפלל וכבר ימצאו
ǂ10א1123 העניינים אשר יכשרו לאל והעניינים אשר יכשרו לבני האדם עניינים אחדים בעינם ולא מה שיכשר למתפלל יכשר לעשיר Xאל
X‡16א1123

% 6 והותרך (ב ג ד ח) / יבנהו (ח) / וישוב (ב) / 8 כשיהיו (ג) / טובים (ג) / 9 ויוציאו Xנקודה למעלה מן ה"ו" האחרונה ולמטה ממנהX (א) / בו ‹בהשגחה› (ד) / 10 מהעניניים (ח) / לאלה] לאל (ב ג ד) לא (ח) / דברים] עניינים (ב ד ח) עניינים (ג) /

ƀ 10א23 העניניים X2X XכךְX (א) /

Δ 7 כליל Xקמץ מתחת ל"כ"X (א) /

ǂ 8 -אשר- (ס) / כשיהיה (מ) / -יותר- (מ) / שיהיה (מ) שהיו (כ) / 9 לו] בו (ל) / -אין- (כ מ) / 10 אדם (מ) /

1123א%11 בסוגי ההוצאות הוצאות אחדות בסוגם
1123אб11 בסוגי ההוצאות הוצאות אחדות בסוגם
1123א#11 בסוגי ההוצאות הוצאות אחדות בסוגם
1123א△11 בהוצאות הנבדלות במינן מינים מהוצאות שהן אחדות בסוגן
1123א‡11 Xאין מקבילX

1123א%12 והיותר נכבדת שבהוצאות היא ההוצאה הגדולה בעניינים הגדולים
1123אб12 והיותר נכבדת שבהוצאות היא ההוצאה הגדולה בעניינים הגדולים
1123א#12 והיותר נכבדת שבהוצאות היא ההוצאה הגדולה הנעשית על עניין יקר וגדול והבדל
1123א△12 והיותר נכבדת שבהוצאות היא ההוצאה הגדולה הנעשת על עניין יקר וגדול והבדל
1123א‡12 הוצאות גדולות בענייניים גדולים

1123א%13 ויש הבדל בין הגודל במעשה והגודל
1123אб13 ויש הבדל בין הגודל במעשה והגודל
1123א#13 והפרש יש בין הגודל הנאמר על עניין המעשה והגודל
1123א△13 והפרש יש בין הגדול הנאמר על עניין המעשה והגדול
1123א‡13 והנה יש הבדל גדול בין הגדול בעניין ובין הגדול

1123א%14 בהוצאה כי הבעל חיים הנקראת אלברה ואלזראפה ואלדואמתין המדבריים
1123אб14 בהוצאה וזה שהב"ח הנקראים אל בארה ואל זראפה ואלדומאתין המדבריים
1123א#14 הנאמר על עניין ההוצאה וזה שהבעל חי הנקרא בלשון ערבי זראפה ובלשוננו זמר
1123א△14 הנאמר על עניין ההוצאה וזה שהבעל חי הנקרא בלשון ערב זרפה ובלשוננו זמר
1123א‡14 בהוצאה כי הבעל חיים הנקרא אלברה ואלזרפא ראלדומסיין המדברים

1123א%15 מהיותר גדול מה שיירא הנער ממנו ומחירם מעט
1123אб15 הם מהיותם נשגבים שיירא הנער מהם ומחירם מועט
1123א#15 כבר הגיע מרוב גדלו שיפיל יראה ורעד בלב הנער הקטון עם שמחירו וערכו הוא מעט מזער
1123א△15 כבר הגיע מרוב גדלו שיפיל יראה ורעד בלב הנער הקטון עד שמחירו וערכו הוא מעט מזער
1123א‡15 הם היותר גדולים מה שיירא הנער ממנו דמחירם מעט Xאל 1123א17ב‡X

% 11 הוצאות <רבות> (ד) / 12 ההוצאה] ההוצא Xסוף שורהX (א) / 14 הבעל חיים] הב"ח (ב ג ד ה) / הנקראת] הנקראים Xה"ה"
נוספת בין השורות בכ"י רהוטX (ב) הנקV (ג) הנקראים (ד ה) / אלברה Xשלוש נקודות למעלהX (ב ה) Xשתי נקודות למעלהX
(ג ד) / ואלזראפה Xשלש נקודות למעלהX (ב) ואלזהרתא Xשתי נקודות למעלהX (ד) ואלזרעפה Xשלש נקודות למעלהX (ה) /
ואלדואמתין Xשלש נקודות למעלהX (ב ה) ואלדומתין Xשתי נקודות למעלהX (ג ד) / המדבריים Xה"י" השנייה נוספת בין
השורות ועל המלה שתי נקודות ובגליון כתוב "נא Xנוסח אחרX כי הב"ח המדבריים כמו אל זראפה Xשלש נקודות למעלהX
והחיות המדבריות"X (ב) <הם> (ב ג ד ה) / -המדבריים- (ג) ומדבריים (ה) / 15 מהיותר] מהיותם (ג) / שיירא Xה"י"
השנייה נוספת בין השורותX (א ב) שיראה (ג) / ומחירם Xשתי נקודות במקום המלהX (ג) / מועט (ב ג ד ה) /

б 14א23 אלבארה Xשלוש נקודות למעלהX (א) / ואלזראפה Xשלוש נקודות למעלהX (א) / ואלדומאתין Xשלוש נקודות למעלהX (א) / 15
מהיותם XכךX (א) /

----

14 שהבעל חי] שהב"ח (ב) /

△ 12 הנעשת XכךX (א) / 14 זרפה Xעם שתי נקודות למעלהX (א) / 15 מזער (א.ב) מצער (א) /

----

‡ 14 -הנקרא- (מ) / אלצרה (ס) / ואלארפא (מ) ראלזראפא (ס) / ואלדאסיין (מ) ואלדומתיין (ל) / 15 יותר (ל מ) / מועט (ל מ ס) /

%16א1123 ולכן היה הותרן באי זה סוג עשה
ƃ16א1123 ולכן יהיה מעשה הותרן באי זה סוג שיעשה
#16א1123 ולכן יהיה מעשה הותרן באי זה סוג שיעשה
△16א1123 ולכן יהיה מעשה הותרן מאי זה סוג שיהיה
‡16א1123 אמר הותרן באי זה סוג שיעשה

%%17א1123 . שהוציא
%17א1123 הנה מעשהו יהיה בגודל מחשבה וזה כי כמו זה הפועל לא יחסר שעורו משעור מה שהוסיף עליו
ƃ17א1123 בגודל מזמה וזה כי כמו זה הפעל לא יחסר שעורו משעור מה שהוציא עליו
#17א1123 בגודל מזמה ושאר רוח לפי ששעור כמו זה הפעל ויוקר ענינו איננו קטון משעור הכסף המוצא עליו
△17א1123 עם גודל מזמה ושאר רוח לפי ששיעור כמו זה המעשה ויוקר ענינו איננו קטן משיעור הכסף המוצא עליו
‡17א1123א הנה מעשהו יהיה בגודל המחשבה ויעשה כמו שאמרנו Xאל X‡12א1123 ‡17א1123ב ולכן הותרן ישער הוצאותיו לפי העניין
שיוציא בו ממונו

%18א1123 הנה זה תואר
ƃ18א1123 הנה זה הוא תואר
#18א1123 הנה זה הוא תאר
△18א1123 הנה זה הוא תואר
‡18א1123 הנה תארנו תואר

%19א1123 הורתרן ואולם המוסיף על זה והוא ההומה
ƃ19א1123 הותרן ואולם המוסיף על זה והוא ההומה
#19א1123 הותרן ואולם המוסיף על זה והוא ההומה
△19א1123 הותרן ואולם האיש המוסיף על זה והוא הנקרא הומה
‡19א1123 הותרן אמר אולם הקצה המוסיף על זה והוא ההומה או ההמרני

%20א1123 הנה אמנם יוסיף עליו כשהוא יעבור בהוצאה המחויב כמו שאמרנו
ƃ20א1123 הנה אמנם יוסיף עליו כשהוא יעבור בהוצאה הראויה כמו שאמרנו
#20א1123 הנה אמנם יוסיף עליו כשהוא יעבור הגבול בהוצאה הראויה והמחוייבת כמו שאמרנו
△20א1123 הנה הוא אמנם מוסיף עליו כאשר יעבור הגבול בהוצאה הראויה והמחוייבת כמו שאמרנו
‡20א1123 הנה אמנם יוסיף עליו בשהוא יעבר בהוצאה המחוייב כמו שאמרנו

% 16 עשה] שיעשה (ב ג ד ה) / 17 -זה- (ד) / שיעורו (ב ד ה) / משיעור (ב ד ה) / שהוסיף] שהוציא (ב ג ד ה) / 18 והנה (ג)
/ 20 כשהוא] כשהיה (ג) בשהוא (ד) / יעבר (ד) /

ƃ 19 ואולם Xבאותיות גדולותX (א) /

△ 17 ושאר Xעם סגול מתחת ל"א" X(א) / 19 ואולם Xבאותיות גדולותX (א) /

----

‡ 17ב שהעניין (כ) / 19 -אולם- (ל) / 20 בהוצאת (כ) /

%21א1123 לפי שהוא יכלה במה שיצטרך אל המעט מההוצאות דבר רב
б21א1123 לפי שהוא יכלה במה שיצטרך אל המעט מההוצאות דבר רב
#21א1123 לפי שהוא יכלה דבר רב במה שאיננו צריך אלא להוצאה מועטת
Δ21א1123 לפי שהוא יכלה דבר רב במה שאיננו צריך אלא להוצאה מועטת
ǂ21א1123 שהוא יכלה ממון רב במה שיצטרך אל המעט

%22א1123 ויתגדל בדברים רבים כמו שיכין מאכלי החופות לאנשי השם
б22א1123 ויתגדל בדברים רבים כמו שיכין מאכלי החופות לאנשי השם
#22א1123 ויתגדל ויתנשא בדברים רבים כמו הכינ׳ מאכלי החופות לאנשי השם
Δ22א1123 ויתגדל ויתנשא בדברים רבים כמו הכינו מאכלי החפות לאנשי השם
ǂ22א1123 ויתגדל בדברים רבים כמו שיעשה סעודות ליושבי קרנות

%23א1123 ויתן לעשירים כאשר יהיו שכניו ויתלה מכסאות המשי על דלתי ביתו החוצה
б23א1123 ויתן מתנות לעשירים כשיהיו שכניו ויתלה מכסאות המשי על דלתי ביתו החוצה
#23א1123 ותתו מתנות לעשירים בהיותם שכניו ומיודעיו ויתלה יריעות שש ומשי על דלתי ביתו החיצונים
Δ23א1123 ותתו מתנות לעשירים בהיותם שכניו ומיודעיו וישים יריעות משי וארגמן על דלתי ביתו החצוניים
ǂ23א1123 ויתן מתנות רבות לעשירים ויתלה מכסאות משי על דלתות ביתו החוצה Xאל X‡25א1123

%24א1123 כמו שיעשו בעלי ההפלגה והגוזמה ולא יעשה מה שיעשהו
б24א1123 כמו שיעשו המתיהרים והמתנשאים ולא יעשה מה שיעשהו
#24א1123 כמו שיעשו המתיהרים המגזמים ולא יעשה מה שיעשהו
Δ24א1123 כמו שיעשו המתייהרים המגזמים ולא יעשה מעשיו אלה
ǂ24א1123 וכן כל הדומה לזה כמו שיעשו תמיד בעלי ההפלגה והגוזמא Xאל X‡26א1123

%25א1123 לאהבת הנאה אבל כדי שיראו בני אדם עשרו
б25א1123 לאהבת הנאה ואבל כדי שיראו בני אדם עשרו
#25א1123 לאהבת היפה והנאה למען הראות לאנשים את כבוד עשרו
Δ25א1123 בעבור היפה והנאה ואכן למען הראות לאנשים את כבוד עשרו
ǂ25א1123 כדי שיראו בני אדם כבוד עשרו Xאל X‡24א1123

% 21 יכלה] יעלה Xעם נקודה למעלה ולמטה ובגליון "כ"א (ב) / 22 כמו] כמי (ג) / שיכין] שיכוין (ג) / מאכל (ג) / 23 ויתן <מתנות> (ב ג ד ח) / כאשר יהיו] כשיהיו (ב ג ד ח) / שכיניו (ד ח) / ההוצה (ח) / 24 והגוזמה] והגוזמ. (ב) והגזמא (ג) והגוזמא (ד ח) / שיעשוהו (ד) /

----

25 והנאה <"> (א) /

Δ 22 החפות Xכך (א) / 24 אלה (א.ב) Xארוח של שתי אותיותX (א) /

ǂ 22 הקרנות (מ ס) / 23 דלתי (ל) / 24 דומה (ל) / 25 כדי] כמו (כ מ) / שמראים (מ) / האדם (מ) / -כבוד- (מ) / עשרם (מ) /

%26א1123 ולחשבו שבני אדם יפלאו בזה מפעולתו ובאשר ראוי לו שיוציא הרבה
ƃ26א1123 ולחשבו שבני אדם יתמהו בזה מגודל רוממותו וכאשר ראוי לו שיוציא הרבה
⋕26א1123 ולהיותו חושב כי בעבור זה יתמהו האנשים מגודל רוממותו וכאשר יהיה ראוי אליו שיוציא הרבה
△26א1123 ולהיותו חושב כי בעבור זה יתמהו הרואים מגודל מעלתו וכאשר יהיה ראוי אליו שיוציא הרבה
ǂ26א1123 לחשבם שבני האדם בזה יסברו להם פנים ויפלאו ממעשיהם ובכלל הנה אלו כן עניינם כי כאשר ראוי שיוציאו מעט

%27א1123 יוציא מעט ובאשר ראוי שיוציא מעט יוציא הרבה
ƃ27א1123 יוציא מעט וכאשר ראוי שיוציא מעט יוציא הרבה
⋕27א1123 יוציא מעט וכאשר ראוי שיוציא מעט יוציא הרבה
△27א1123 יוציא מעט וכאשר יהיה ראוי לו שיוציא מעט יוציא הרבה
ǂ27א1123 הנה הם יוציאו הרבה וכאשר ראוי שיוציאו הרבה הנה הם יוציאו מעט

%28א1123 ואולם הפחות הנה כבר יחסר מהוותרך בכל דבר ויאבד הדברים הגדולים
ƃ28א1123 ואולם הנבל הנה כבר יחסר מהותרך בכל דבר ויאבד הדברים הגדולים
⋕28א1123 ואולם עניין הנבל הנה הוא חסר מעניין הותרך בכל דבר ויאבד הדברים הגדולים
△28א1123 ואולם עניין הנבל הנה הוא חסר מעניין הותרך בכל דבר ויאבד הדברים הגדולים
ǂ28א1123 אמר   אולם הקצה המחסר מן הותרך הנה הוא הנקרא פחות

%29א1123 במה שיקטן מהעניינים ויפסיד הנאה וישחיתהו ואמנם כונתו בכל מה שירצה שיפעלהו
ƃ29א1123 במה שיקטן מהעניינים ויפסיד הנאה וישחיתהו ואמנם כונתו בכל מה שירצה שיפעלהו
⋕29א1123 בעבור עניין קטן ויפסיד הדבר הנאה וישחיתהו וכונתו היא בכל מה שהוא רוצה לפעול
△29א1123 בעבור עניין קטן ויפסיד הדבר הנאה וישחיתהו וכונתו היא בכל מה שהוא רוצה לפעול אתו
ǂ29א1123 וזה ישחית הנאה ויפסידהו ואמנם כונתו בכל מה שירצה שיפעלהו

%30א1123 שתהיה הוצאתו מעוטה
ƃ30א1123 היא שתהיה הוצאתו מעוטה
⋕30א1123 שתהיה הוצאתו מועטת
△30א1123 שתהיה הוצאתו מועטת
ǂ30א1123 שתהיה הוצאתו מעוטה

% 26 וכאשר (ב ג ד ה) / הרבה] הנה (ג) / 27 וכאשר (ג ה) / ראוי <לו> (ג) / 28 כבר] כולם Xבגליון "כבר"X (ב) / מהותרך
(ב ג ד ה) / דברים (ב ג ד ה) / גדולים (ב ג ד ה) / 29 שיק.. (ג) / 30 שתהיה עד שיפעלהו XבגליוןX (א) / מעטה
(ג) /

ƃ 28 ואולם Xבאותיות גדולותX (א) /

△ 28 ואולם Xבאותיות גדולותX (א) / 29 שהוא רוצה (א.ב) שרוצה (א) /

ǂ 26 אדם (ס) / להם] לה (כ) / מעשיהם (מ) / באשר (ס) / 27 -הנה- (ס) / ובאשר (כ) / -הם- (מ) / 28 -אולם- (מ) / נקרא (מ)
/ 29 בכל] על (כ) / 30 שתהיה] שתגמר XכךX (מ) / הוצאותו (כ) ההוצאתו (מ) /

%31א1123 וכן נתינתו וכל מה שיפעלהו יראה שהוא למעלה מהמחויב הנה אלו העניינים
ƃ31א1123 וכן מתנתו וכל מה שיפעלהו יראה שהוא למעלה מהראוי הנה אלו התארים
#31א1123 וכמו כן מתנתו ובכל מה שהוא עושה יגזור ויאמר שהוא למעלה מהראוי והמחוייב הנה אלו התארים
△31א1123 וכמו כן מתנתו ועל כל מעשה ממעשיו יגזור ויאמר שהוא למעלה מן הראוי והמחוייב ואלה התארים הנזכרים הנה
‡31א1123 וכן נתינתו כאשר יתן דבר לזולתו וכל מה שיפעלהו יראה בעיניו שהוא למעלה מהמחוייב ואלה כמו שקדם

%32א1123 הם פחיתיות אלא שהם לא יקנו לבעליהם חרפה אלא שהם לא
ƃ32א1123 הם פחיתיות אלא שהם לא יקנו לבעליהן חרפה לפי שהם לא
#32א1123 הם פחיתיות אלא שהם לא יקנו לבעליהם חרפה לפי שהם לא
△32א1123 הם פחיתויות אלא שאינם מקנים אל בעליהם חרפה ובוז לפי שאינם
‡32א1123 יקראו צרי עין ונקלים ופחותים והם חשובים מתים

%33א1123 יזיקו במי שיקרב מבעליהן ולא הם מגונות מאד
ƃ33א1123 יזיקו אל מי שיקרב אל בעליהם ולא הם מגונים מאד
#33א1123 יזיקו אל מי שיקרב אל בעליהם ולא הם מגונים מאד
△33א1123 מזיקים אל האיש המתקרב אליהם ר"ל אל בעליהם ואינם גם כן מגונים מאד
‡33א1123 Xאין מקבילX

%34א1123 המאמר בגודל הנפש אמר ואולם גודל הנפש הנה ידמה שיהיה בעניינים הגדולים כמו שיורה עליו שמו
ƃ34א1123 הדבור בגודל הנפש אמר אולם גדל הנפש הנה ידמה שיהיה בעניינים גדולים כמו שיורה עליו שמו
#34א1123 המאמר בגודל הנפש אמר ואולם כבר ידמה מעניין גודל הנפש שהוא נמצא בעניינים גדולים כמו שיורה עליו שמו
△34א1123 המאמר בגדל הנפש אמר ואולם כבר ידמה מעניין גדל הנפש שהוא נמצא בעניינים גדולים כמו שיורה עליו שמו
‡34א1123 הדבור בגודל הנפש אמר אולם גדל הנפש הנה ידמה שיהיה מהעייינים הגדולים כמו שיורה עליו שמו

%35א1123 ונתאר תחלה העניינים אשר ימצא בם
ƃ35א1123 ונתאר תחלה העניינים אשר ימצא בם
#35א1123 ונתאר תחלה העניינים שהוא נמצא בהן
△35א1123 ונתאר ראשונה העניינים שהוא נמצא בהם
‡35א1123 ולכן ראוי שנדבר בזה כי זאת המעלה גדולה ונכבדת מאד אמר גדול הנפש וגדול הגוף אינם דברים אחדים בעינם

% 31 וכל] אבל (ג) / מהמחויב] מן המחוייב (ח) / 32 פחיתויות (ב ג ח) / יקנו] יהיו (ג) / 33 מבעליהם (ב ג ד ח) / ולא הם] ואינם (ג) / 34 המאמר בגודל הנפש] Xכל כ"י באותיות גדולותX / Xבגליון‌X מנייפיצינציאה* (א) / ואולם] אולם (ב ג ד ח) / העניינים (ד) / הגדולים] Xה"ה" נוספת בין השורותX (א) גדולים (ב ג ד ח) /

ƃ 34 הדבור בגודל הנפש] Xבאותיות גדולותX (א) /
----
34 המאמר בגודל הנפש Xבאותיות גדולותX (אב) /

△ 33 מגונים (א.ב) מגוניהם (א) / 34 המאמר בגדל הנפש Xבאותיות גדולותX (א) /
----
‡ 32 -והם עד מתים- (מ) / כמתים (ל ס) / 35 לכן (ל מ) / וגדול] וגודל (מ) /

1123ב1% ואין הבדל בשיהיה עיוננו בגדול הנפש או בגודל הנפש וכבר יחשב
1123ב1б ואין הבדל בשיהיה עיוננו בגודל הנפש או בגדול הנפש וכבר יחשב
1123ב1# ואין הבדל בשיהיה עיוננו בגודל הנפש או בגדול הנפש וכבר יחשב
1123ב1△ ואין הפרש בזה בשיהיה עיוננו בגדל הנפש או בגדול הנפש וכבר יחשב
1123ב1ǂ Xאין מקבילX

1123ב2% שהגדול הנפש הוא אשר יכין נפשו לענינים הגדולים והוא לזה מוכן
1123ב2б שהגדול הנפש הוא אשר יכין נפשו לענינים הגדולים והוא מוכן להם
1123ב2# בגדול הנפש שהוא האיש אשר יכין עצמו אל הענינים הגדולים עם היותו מוכן להם
1123ב2△ בגדל הנפש שהוא האיש אשר יכין עצמו אל הענינים הגדולים עם היותו מוכן להם
1123ב2ǂ ואולם גדול הנפש הנה הוא אשר יכין נפשו אל העניינים הגדולים וימצא עצמו מוכן לזה ויפעל זה על צד הראוי

1123ב3% כי מי שפעל זה על בלתי ראוי הנה הוא סכל ואין אחד מאנשי המעלה
1123ב3б כי מי שפעל זה מבלתי האותות וראיות הוא סכל ופתי ואין אחד מאנשי המעלה
1123ב3# לפי שמי שיעשה דבר כזה מבלתי היותו מוכן וראוי אליו הנה הוא סכל ופתי ואין איש מאנשי המעלה
1123ב3△ לפי שמי שיעשה דבר כזה מבלתי היותו מוכן וראוי אליו הנה הוא פתי ובער ואין איש מאנשי המעלה
1123ב3ǂ כי מי שיפעל זה על בלתי ראוי הנה הוא סכל ואין אחד מבני המעלה

1123ב4% סכל ולא משוגע ואשר בזה התואר הוא הגדול הנפש
1123ב4б פתי ולא סכל ואשר בזה התאר הוא הגדול הנפש
1123ב4# פתי ולא סכל והנה האיש שהוא בזה התאר הוא הגדול הנפש
1123ב4△ בער וסכל והנה האיש שהוא בזה התאר הוא גדול הנפש
1123ב4ǂ סכל ולא משוגע

1123ב5% ואולם מי שהוא מוכן לענינים מועטים והוא יכין נפשו לזה הנה הוא בריא הדעת
1123ב5б ואולם מי שהוא מוכן לענינים מועטים והוא מכין נפשו לזה הנה הוא בריא הדעת
1123ב5# ואולם האיש המוכן אל הענינים הקטנים והוא מכין עצמו להם הנה הוא בריא הדעת
1123ב5△ ואולם האיש המוכן אל הענינים הקטנים והוא מכין את עצמו להם הנה הוא בריא הדעת
1123ב5ǂ אמר אולם מי שהוא מוכן לעניינים הקטנים לבד והוא יכין עצמו להם הנה זה אינו גדול הנפש אבל נקרא זה בריא הנפש או בריא הדעת

% ב1 בגדול] Xנוספת בגליוןX (א) בגודל (ב ג ד ח) / בגדול <ר"ל בתואר או במתואר> Xעם שתי נקודות למעלה מ"בתואר"X (א) /
בגודל] בגדול (ב ג ד ח) / 2 והוא] .... Xבגליון בכ"י רהוטX והוא (ח) / 3 שפעל <על> (ג) / סכל] הבל (ג) /
מאנשי] מבני (ג ד) / 4 התאר (ד) / 5 מעטים (ג ד ח) /

б ב1 בגדול XבגליוןX (א) /

ב4 -התאר- (ב) /

△ ב2 בגדל XכךX (א) /

ǂ ב2 עצמו] נפשו (מ) / -לזה- (ל) / הצד (ל מ) / 4 ולא] או (מ) /

%6ב1123 ואינו גדול הנפש לפי שגודל הנפש יהיה בענינים הגדולים כמו
ƃ6ב1123 ואינו גדול הנפש לפי שגודל הנפש יהיה בענינים הגדולים כמו
#6ב1123 ואכן איננו גדול הנפש לפי שגודל הנפש יהיה בענינים הגדולים כמו
∆6ב1123 ואכן איננו גדול הנפש לפי שגדל הנפש יהיה בענינים הגדולים כמו
‡6ב1123 Xאין מקבילX

%%7ב1123 00000
%7ב1123 שהסברת הפנים תהיה בגופות הגדולים והנוי והמלחות בגופות הקטנים
ƃ7ב1123 שהיופי יהיה בגופות הגדולים ונשיאות חן בגופות הקטנים
#7ב1123 שהיופי יהיה בגופים הגדולים והנעימות בגופים הקטנים
∆7ב1123 שהיופי יהיה בגופים הגדולים והנעימות בגופים הקטנים
‡7ב1123 Xאין מקבילX

%8ב1123 ואולם אשר יכין נפשו לענינים הגדולים ואינו מוכן להם
ƃ8ב1123 ואולם אשר יכין נפשו לענינים הגדולים ואינו מוכן להם
#8ב1123 ואולם האיש המכין עצמו לענינים הגדולים ואיננו ראוי והגון להם
∆8ב1123 והאיש המכין עצמו אל הענינים הגדולים מבלתי היותו ראוי והגון להם
‡8ב1123 אמר אולם מי שהוא מוכן לענינים הקטנים לבד ויחשוב להתגדל ויכין עצמו לענינים הגדולים

%9ב1123 הנה הוא הגאה ואין כל מי שהכין נפשו ליותר ממה שראוי הוא גאה ואולם מי שהכין נפשו למטה
ƃ9ב1123 הנה הוא הגאה ואין כל מי שהכין נפשו ליותר ממה שראוי הוא גאה ואולם מי שהכין נפשו
#9ב1123 הנה הוא אמנם נקרא יהיר לא כל מי שמכין עצמו אל יותר ממה שראוי נקרא יהיר ואולם האיש המכין עצמו אל פחות
∆9ב1123 הנה הוא בלבד נקרא יהיר לא כל מי שיכין עצמו אל יותר ממה שראוי ואולם האיש המכין עצמו אל פחות
‡9ב1123 הנה זה איננו גדול הנפש אבל נקרא זה גאה וגס רוח אמר אולם כי שהוא ראוי לעניינים הגדולים ויכין עצמו לעניינים
הקטנים

%10ב1123 ממה שראוי הנה הוא הקטן הנפש בין שהיה בנפשו ראוי לענינים גדולים או ממוצעים
ƃ10ב1123 לענינים הגדולים או ממוצעים
#10ב1123 ממה שראוי בין שיהיה מצד עצמו ראוי לענינים הגדולים או ממוצעים
∆10ב1123 ממה שהוא ראוי בין שיהיה ראוי מצד עצמו אל הענינים הגדוליב או אל הממוצעים
‡10ב1123 הוא יקרא קטן הנפש ובכלל מי שהוא ראוי לעניינים מה אם גדולים אם ממוצעים

% 6 ואיננו אה"ב" השניה עם נקודה אחת למעלה ונקודה אחת למטהX (ג) ואיננו (ד) / שגדול (ד) / 7 פנים (ב) / -והנוי- (ב ד ח)
/ -והנוי עד הגדולים- X8X (ג) / והמלחות Xשתי נקודות למעלהX (א) / 10 שראוי] שהוא ראוי (ב ד ח) / קטן (ג) /
ראוי XבגליוןX (ב) / הגדולים (ב ח) /

ƃ 9 נפשו לענינים XכךX (א) /
----
9 לא XכךX (א) /

∆ 8 ראוי <להם> Xעם סימני השמטהX (א) / להם (א.ב) / 9 שראוי ואולם XכךX (א) /
----
‡ 8 -אמר עד רוח- (כ) / ויחשוב] ויחסה (ל) / 9 -ראוי- (כ) מוכן (מ) / לענינים] אל הענינים (מ) / הקטנים <הנה> (מ) / 10
נקרא (מ ס) /

%11ב1123 אר קטנים כשהכין נפשו מהם למה שהוא יותר קטן מיכלתו
ƃ11ב1123 אר קטנים כאשר הכין נפשו מהם למה שהוא יותר קטן מיכולתו
#11ב1123 אר קטנים כל שהוא מכין עצמו לענינים שפלים ממה שהוא בכחו נקרא קטן הנפש
△11ב1123 אר אל הקטנים כל שהוא מכין עצמו אל ענינים שהם שפלים ממה שהוא בכחו נקרא קטן הנפש
ǂ11ב1123 אם קטנים והוא יכין עצמו ויסתפק בנפשו לעשות למטה ממה שראוי לו

%12ב1123 כי זה הוא אשר יחשב בו שהוא קטן הנפש בפרט ואולם מי שהיה מהם ראוי לענינים הגדולים והכין נפשו לענינים הקטנים הנה הוא יותר ראוי בזה לפי שכאשר היה ראוי לענינים הגדולים והכין נפשו למה שהוא למטה מהם הנה לא תראהו אלו
ƃ12ב1123 כי זה הוא אשר נחשב בו שהוא קטן הנפש בפרט ואולם מי שהיה מהם ראוי לענינים הגדולים והכין עצמו לענינים הקטנים הנה הוא יותר ראוי בזה לפי שכאשר יהיה ראוי לענינים הגדולים והכין נפשו למה שלמטה מהם מה ומה שנראהו כן אלו
#12ב1123 וכמו זה האיש ביחוד הוא אשר יחשב בו שהוא קטן הנפש ואבל אין הדבר כן שהרי האיש שהוא ראוי אל הענינים הגדולים ויכין עצמו לענינים הקטנים יותר ראוי בזה התאר לפי שאם אף בהיותו ראוי לענינים הגדולים יכין עצמו אל מה שהוא למטה מהם מה ומה שנראהו כן אלו
△12ב1123 וכמו זה האיש ביחוד הוא אשר יחשב בו שהוא קטן הנפש ואמנם אין הדבר כן שהרי האיש שהוא ראוי והגון אל הענינים הגדולים והוא מכין עצמו אל הענינים הקטנים יותר ראוי בזה התאר לפי שאם אף בהיותו ראוי בענינים הגדולים יכין עצמו אל מה שהוא למטה מהם מה ומה שנראהו כן אלו
ǂ12ב1123 הנה זה בקרא קטן הנפש

%13ב1123 לא היה ראוי להם רצוני שהוא היה היותר ראוי שיכין נפשו לענינים הקטנים הנה הגדול הנפש תכלית בעוצם הדברים אשר יעשם
ƃ13ב1123 לא היה ראוי להם רצוני שהוא יותר ראוי שיכין נפשו לענינים הקטנים הנה הגדול הנפש יגיע בגובה הדברים אשר יעשם עד תכליתם
#13ב1123 לא היה ראוי לענינים ההם הגדולים רצוני שאז יהיה יותר ראוי שיכין עצמו לענינים הקטנים והגדול הנפש הנה הוא בא עד קצה ותכלית בענין יוקר הדברים אשר יעשם וגדלם
△13ב1123 לא היה ראוי לענינים ההם הגדולים רצוני שאז יהיה יותר ראוי שיכין עצמו לענינים הקטנים והגדול הנפש הנה הוא בם עד קצה ותכלית בענין יוקר הדברים שהוא עושה וגדלם
ǂ13ב1123 Xאין מקבילX

%14ב1123 וממוצע בעשותו אותן לפי שהוא יכין נפשו למה שראוי שיכין ועל מה שראוי
ƃ14ב1123 והוא ממוצע בעשיתו אותם לפי שהוא יכין נפשו למה שראוי שיכין ועד מה שראוי
#14ב1123 בענין עשייתם הוא ממוצע לפי שהוא מכין את עצמו אל מה שהוא ראוי להכינו ועל מה שראוי
△14ב1123 ואכן בענין עשייתם הוא ממוצע לפי שהוא מכין עצמו אל מה שהוא ראוי להכינו ועל מה שראוי
ǂ14ב1123 אמר הנה הממוצע בזאת המעלה הוא גדול הנפש והקצה המוסיף הוא הגאה והוא הנקרא רחב הנפש ולכן אמר רחב הנפש יגרה מדון

% 11 מהם] להם (ג) / מהם <יותר> (ח) / 12 זה הוא] זהו (ב ח) / -מהם- (ד) / -לענינים- X2X (ג) / הקטנים] לקטנים (ד) / ראוי יותר (ג) / -לענינים עד היותר ראוי- Xשורה X13 (ג) / שהוא למטה] שלמטה (ב ד ח) / לא <מה> Xבין השורותX (א) / 13 -היותר- (ב ח) יותר (ד) / 14 הממוצע (ב ח) / בעשותם (ג ד) / אותם (ג ד ח) /

ƃ 13 בגובה] בגו.. (א) / 14 ועד Xכךx (א) /

△ 12 בענינים Xכךx (א) /

ǂ 11 נפשו (מ) / -לו- (ס) / 14 הגאה] הנאה (מ) / -והוא- (ס) / -והוא עד מדון- (ל) / אמר X2X Xעיין למטה X‡17א1125 /

%15ב1123 והקטן השעור יחסר ממנו בזה וכשהיה הגדול הנפש
б15ב1123 והקטן השעור יחסר ממנו בזה וכאשר יהיה הגדול הנפש
⋕15ב1123 והקטן השעור יחסר ממנו בזה וכאשר היה הדבר כן בגדול הנפש שהוא
Δ15ב1123 והקטן השיעור יחסר ממנו בזה העניין וכאשר היה הדבר כן בגדול הנפש שהוא
ǂ15א1123 והקצה המחסר הוא קטן הנפש Xאל X‡24ב1123 ‡15ב1123 אמר אחר שהיה גדול הנפש

%16ב1123 יכין נפשו לענינים הגדולים והוא ראוי לזה ובפרט לענינים אשר בתכלית מן הגודל
б16ב1123 מכין נפשו לענינים הגדולים והוא ראוי לזה ובפרט בענינים אשר הם בתכלית מן הגדול
⋕16ב1123 מכין עצמו אל הענינים הגדולים וביחוד אל הענינים שהם בתכלית מן הגודל עם שהוא ראוי והגון להם
Δ16ב1123 מכין עצמו אל הענינים הגדולים וביחוד אל הענינים שהם בתכלית מן הגודל עם היותר ראוי והגון להם
ǂ16ב1123 יכין עצמו לעניינים הגדולים והוא ראוי לזה והנה ידוע כי גדול הוא שם יאמר בהצטרף הנה מחוייב שיגיע העניין אל הדברים אשר בתכלית הגודל

%17ב1123 הנה אין ספק שזה יהיה בדבר אחד אחר שהיה התכלית אמנם הוא בדבר אחד והראוי אמנם הוא כפי הטובות אשר מחוץ
б17ב1123 הנה אין ספק שזה יהיה בדבר אחד אחר שהיה הקצה והתכלית אמנם הוא בדבר אחד והראיות אמנם הוא כפי הטובות אשר מחוץ
⋕17ב1123 לא יסופק אם כן שזה יהיה בדבר אחד לפי שהקצה והתכלית אמנם הוא בדבר אחד לבד וההוגן והראיות אמנם הוא כפי הטובות אשר מחוץ
Δ17ב1123 לא יסופק אם כן שזה יהיה בדבר אחד וההוגן והראיות אמנם הוא כפי הטובות אשר מחוץ
ǂ17ב1123 ואשר בתכלית הוא דבר אחד בהכרח והעניין הראוי והנאה באלו המעלות הוא כפי הטובות אשר מחוץ

%18ב1123 ואמנם יהיה זה הדבר האחד אשר מחוץ יותר גדול מה שיהיה כשהיה ממה שיעבוד בו האל יתעלה ומה
б18ב1123 ואמנם היה זה הדבר האחד אשר מחוץ היותר גדול שאפשר בהיותו ממה שאפשר שיהיה בו עבדה לאל ית√ ומה
⋕18ב1123 ואמנם יהיה זה הדבר האחד אשר מחוץ יקר וגדול בתכלית הקצויי בהיותו מן הדברים שיש בהם עבודה לאל ית√ ומן הדברים
Δ18ב1123 ואמנם יהיה זה הדבר האחד אשר מחוץ יקר וגדול בתכלית הקצויי בהיותו מן הדברים שיש בהם עבודה לאל ית√ ומן הדברים
ǂ18ב1123 ואמנם יהיה הדבר אשר מחוץ בתכלית הגודל כשיהיה ממה שיעבד בו האל ומה

%19ב1123 שיתאוה לו בעל היכולת הגבוה ובעלי השקידה בממונות אשר בתכלית היופי
б19ב1123 שיתאוו אליו בעלי היכלת הרמים והנשאים ובעלי החריצות בענינים אשר בתכלית היופי
⋕19ב1123 הנכספים אל אנשי המשרה הרמים והנשאים ואל האנשים השמים מגמת פניהם בענינים שהם יפים בתכלית
Δ19ב1123 הנכספים אל אנשי המשרה הרמים והנשאים והנכספים אל האנשים השמים מגמת פניהם לענינים שהם בתכלית היופי
ǂ19ב1123 שיכסוף אליו בעל היכולת הגבוה הנשא ובעל הממון עד שזה רצוני גדול הנפש יתנשא ויתגדל על בני אדם ויבקש הכבוד מהם אבל בדרך ראוי כמו שנבאר עוד Xאל X‡27ב1123

% 15 השיעור (ד) / 16 גדולי√ (ג) / בעניבים (ב ח) / 17 שזה יהיה] שיהיה (ב ח) / -בדבר עד הוא- (ח) / 18 ממה (ד) / שיהיה] שהיה (ג) / כשהיה] כשיהיה (ד) / שיעבד (ב ח) / יתעלה] ית√ (ב ג ח) יתברך (ד) / 19 היכולת Xשתי נקודות מלמעלהX (א) / הגבוה] הגבורה (א) / ובעלי] ובעל (ב ג ד ח) /

б 15 והקטן Xה"ה" נוספת בין השורותX (א) / 18 היה XכךX (א) / 19 שיתאוו XכךX (א) /

⋕ 19 השמים] השמי√ (ב) /

Δ 17 בדבר (א.ב) בענין (א) / אחד וההוגן XכךX (א) /

ǂ 15ב -הנפש- (כ) / 16 -שם- (כ) / נאמר (מ ס) / בהצטרף <כמו> (ס) / 18 יהיה] הוא (ל) / כשהיה (ס) / 19 כבוד (מ) / שיבאר (ל) /

%20ב1123 ואשר ירוץ זה המרוץ הוא הכבוד כי הוא היותר גדול שבטובות אשר מחוץ
ƃ20ב1123 ואשר ירוץ זה המרוץ הוא הכבוד כי הוא היותר יקר שבטובות אשר מחוץ
#20ב1123 והדבר ההולך זה המהלך הוא הכבוד לפי שהוא היותר יקר שבטובות אשר מחוץ
△20ב1123 והדבר ההולך זה המהלך הוא הכבוד לפי שהוא היותר יקר שבמיני הטוב אשר מחוץ
‡20ב1123 Xאין מקבילX

%21ב1123 הנה הגדול הנפש אם כן אמנם ימצא באהבת הכבודות והעדרם
ƃ21ב1123 הנה הגדול הנפש אם כן אמנם ימצא באהבת הכבודות והעדרם
#21ב1123 והנה הגדול הנפש אם כן אמנם ימצא בו אהבת הכבודות והעדרם
△21ב1123 ואם כן הנה הגדול הנפש אמנם ימצא בו אהבת הכבוד והעדרו
‡21ב1123 Xאין מקבילX

%22ב1123 על התואר המחויב ויתבאר מעניני הגדולי הנפשות מזולת שיצטרך בזה אל הקש שהם
ƃ22ב1123 עם התאר הראוי ויתבאר מעניין הגדולי הנפשות מזולת שיצטרך בזה אל הקש שהם
#22ב1123 כפי העניין הראוי והנה הוא מבואר בעצמו מזולת הקש שהאנשים שהם גדולי הנפש
△22ב1123 כפי העניין הראוי והמחוייב והנה הוא מבואר בעצמו מזולת הקש שהאנשים שהם גדולי הנפש
‡22ב1123 Xאין מקבילX

%23ב1123 יבקשו הכבוד לפי שהגדולי√ מבני אדם בפרט יכינו נפשותם לכבודות
ƃ23ב1123 יבקשו הכבוד לפי שהאנשים הגדולים בפרט יכינו עצמם לכבודות
#23ב1123 הם מבקשים הכבוד לפי שהאנשים הגדולים בפרט יכינו עצמם לכבודות
△23ב1123 הם מבקשים הכבוד לפי שהאנשים הגדולים ביחוד יכינו עצמם אל הכבוד
‡23ב1123 Xאין מקבילX

%24ב1123 ויעשו זה בשעור הראוי ואולם הקטן הנפש כבר יחסר ממה שתוכן אליו נפשו
ƃ24ב1123 ויפעלו זה שיעור ההכנה והראיות ואולם הקטן הנפש הנה כבר יחסר ממה שתוכן ותאות אליו נפשו
#24ב1123 ויפעלו זה כפי שעור ההוגן והראיות ואולם הקטן הנפש כבר יחסר ממה שהוא עצמו מוכן אליו
△24ב1123 ותהיה הכנתם אליו כפי שיעור ההוגן והראיות הנמצא בהם ואולם הקטן הנפש כבר יחסר ממה שהוא עצמו מוכן אליו
‡24ב1123 הנה קטן הנפש יחסר ממה שתוכן אליו נפשו

% 20 המירוץ (ד ח) / -גדול- (ח) / 21 -אמנם- (ב ח) / 22 התאר (ג ד) / מעניני] מעניך (ב ח) מעניין (ג) / הגדולי] גדולי (ג) / בזה] זה (ב ח) / היקש (ב) / 23 שהגדולי√ Xסוף שורהX (א) / 24 -זה- (ב ח) / הנפש <הנה> (ב ד ח) / -כבר- (ד) /

ƃ 24 שיעור Xכך‏X (א) /

----

24 שיעור (ב) /

△ 24 בהם עד הנמצא X26X (א.ב) /

----

‡ 24 ממה] ממנו (מ) / עליו (כ) /

%25ב1123 ומהראוי לגדול הנפש והגאה
ƀ25ב1123 ומראיות הגדול הנפש והגאה
#25ב1123 ויחסר שההוגן והראיות הנמצא בגדול הנפש והיהיר
△25ב1123 ויחסר מההגן והראיות הנמצא בגדול הנפש והיהיר
ǂ25ב1123 ומחראוי לגודל ורחב הנפש

%26ב1123 יוסיף על הראוי לנפשו ולא יוסיף על הראוי לגדול הנפש
ƀ26ב1123 יוסיף על הכנת הנפש וראיותה ולא יוסיף על ראיות הגדול הנפש
#26ב1123 יוסיף על מה שהוא עצמו ראוי והגון אליו אך לא יוסיף על ההוגן והראיות הנמצא בגדול הנפש
△26ב1123 יוסיף על מה שהוא עצמו ראוי והגון אליו אך לא יוסיף על ההוגן והראיות הנמצא בגדל הנפש
ǂ26ב1123 יוסיף על מה שתוכן עליו נפשו אבל לא יוסיף על הראוי לגדול הנפש Xאל 1123ב15ǂX

%27ב1123 והגדול הנפש אחר שהיה ראוי ליותר גדול שבענינים הנה הוא היותר טוב שבאנשים
ƀ27ב1123 והגדול הנפש אחר שהיה ראוי ליותר גדול שבענינים הנה הוא היותר מעולה שבאנשים
#27ב1123 ולפי שהגדול הנפש ראוי והגון ליותר גדול שבענינים הנה הוא אם כן היותר מעולה שבאנשים
△27ב1123 ולפי שהאיש שהוא גדול הנפש ראוי והגון אל היותר גדול שבענינים הנה הוא אם כן היותר מעולה שבאנשים
ǂ27ב1123 אמר אחר שהיה גדול הנפש ראוי ליותר גדול שבעניינים הנה הוא היותר טוב שבאנשים

%28ב1123 וזה כי המעולה יהיה ראוי לעולם אל מה שגדל מן הענינים והיותר טוב שבבני אדם יהיה ראוי אל היותר גדול שבענינים
ƀ28ב1123 וזה המעולה יהיה ראוי לעולם אל מה שהוא גדול מהענינים והיותר מעולה שבאנשים יהיה ראוי אל היותר גדול שבענינים
#28ב1123 וזה שהאיש המעולה יהיה לעולם ראוי והגון אל ענין גדול והיותר מעולה שבאנשים יהיה ראוי והגון אל היותר גדול שבענינים
△28ב1123 וזה שהאיש המעולה יהיה תמיד ראוי והגון אל ענין גדול והיותר מעולה שבאנשים יהיה ראוי והגון אל היותר גדול שבענינים
ǂ28ב1123 וזה כי המעולה הגדול יהיה ראוי לעולם אל מה שיגדל מן העניינים והיותר גדול שבבני אדם יהיה אם כן ראוי אל היותר גדול שבעניינים

%29ב1123 ויחויב אם כן שיהיה הגדול הנפש טוב
ƀ29ב1123 ויחויב א"כ שיהיה הגדול הנפש טוב
#29ב1123 ויחויב אם כן שיהיה הגדול הנפש טוב
△29ב1123 ויחוייב אם כן שיהיה הגדול הנפש איש טוב
ǂ29ב1123 Xאין מקבילX

% 25 ומהראוי] ושהראוי (א) / לגודל (ד) / 26 לגודל (ב ח) / 28 המעולה] המעלה Xשלש נקודות מעל ל"ע"X (ב) / שגדל <בו> (ג) / מן הענינים] מהענינים (ב ח) / ראוי X2X <לעולם> (ג) /

ƀ 28 המעולה Xכךx (א) / ראוי X2X <לעולם Xבגליוןx אל מה שהוא גדול מהענינים והיותר מעולה שבאנשים יהיה ראוי> (א) /

----

25 שההוגן Xכךx (א) / בגדולי (ב) /

△ 26 יוסיף <אל> Xעם סימני השמטהX (א.ב) / הנמצא <בגדול הנפש> (א.ב) / 28 שהאיש Xא"ש" נוספת בין השורותX (א.ב) / ענין עד והגון (א.ב) / אל X2X] Xע"פ ההשערהX /

ǂ 25 -ומהראוי עד נפשו- (ל) / לגודל (ס) / לגודל <הנפש> (מ ס) / 26 אליו (ס) / 28 היה (מ) / שגדל (ל) /

%30ב1123 ויחשב בגדול הנפש שיש לו בכל אחת מהמעלו מה שגדל ממנה
б30ב1123 ויחשב בגדול הנפש שיש לו בכל אחת מהמעלות מה שהוא גדול בהן
#30ב1123 ויחשב בגדול הנפש שיש לו בכל אחת מהמעלות מה שהוא גדול בהן
△30ב1123 וכבר יחשב מענינו שיש לו בכל אחת מן המעלות מה שהוא גדול בהן
‡30ב1123 Xאין מקבילX

%31ב1123 כי לא יאות בכלל שיברח כשהגיעו היותר מזיק שבדברים
б31ב1123 כי לא יאות בו כלל שיברח כשהגיעו היותר מזיק שבדברים
#31ב1123 כי לא יאות בו כלל לנוס מפני היותר מצער שבדברים
△31ב1123 לפי שאיננו נאות כלל בחקו שינוס ויברח מפני היותר מצער שבדברים
‡31ב1123 Xאין מקבילX

%32ב1123 ולא שיחמוס וזה כי מי שלא יכבד עליו דבר לא תביאהו נפשו אל פועל המגונה
б32ב1123 ולא שיחמוס וזה כי מי שלא יהיה שום דבר גדול בעיניו לא תביאהו נפשו לפעול המגונה
#32ב1123 ולא שיחמוס וזה שהאיש שאין שום דבר גדול בעיניו לא תביאהו נפשו לפעול דבר מגונה
△32ב1123 ולא לעשות חנף ופעולות רשע וזה שהאיש שאין שום דבר גדול בעיניו לא תביאהו נפשו לפעול דבר מגונה
‡32ב1123 Xאין מקבילX

%33ב1123 אמר ומי שימשך לענינים החלקיים יתבאר לו שהגדול הנפש כשלא היה טוב ילעיגו עליו בני אדם
б33ב1123 אמר ומי שימשך לענינים החלקיים יתבאר לו שהגדול הנפש כשלא היה טוב ילעיגו עליו האנשים
#33ב1123 אמר והאיש אשר הרגיל הענינים החלקיים ידע בברור שאם לא יהיה הגדול הנפש טוב יהיה ללעג וקלס בפי כל אחד מן האנשים
△33ב1123 אמר והאיש אשר הרגיל הענינים החלקיים ידע בבירור שאם לא יהיה האיש שהוא גדול הנפש איש טוב יהיה ללעג וקלס בפי כל אחד מן האנשים
‡33ב1123 אמר גדול הנפש כשלא יהיה טוב רצוני שלא ישתמש תמיד בפעולות הטובות לפי ענינו ילעגו עליו בני אדם

%34ב1123 ולא יהיה גם כן ראוי לכבוד
б34ב1123 ולא יהיה ג"כ ראוי לכבוד
#34ב1123 ולא יאות לו גם כן אם יהיה רע רוממות וכבוד
△34ב1123 ולא יאות לו גם כן אם יהיה רע משרה וכבוד
‡34ב1123 ואינו אז ראוי לכבוד

%35ב1123 כשהיה רע אחר שהיה הכבוד אמנם הוא שכן למעלה ואמנם יגיע לו
б35ב1123 כשהיה רע אחר שהכבוד אמנם הוא שכן ומצרן למעלה ואמנם ישיגהו
#35ב1123 כי הכבוד אמנם הוא שכן ומצרן אל המעלה בלבד והאנשים הטובים בלבד הם הזוכים אליו
△35ב1123 כי הכבוד אמנם הוא שכן ומצרן אל המעלה בלבד והאנשים הטובים לבדם הם הזוכים אליו והמשיגים אותו
‡35ב1123 כי הכבוד שכן למעלה

% 30 מהמעלו Xסוף שורהX (א) / 31 בכלל] בו כלל (ב ג ד ח) / כשהגיעו] כשהניעו (ב ג ד ח) / 32 שיחמס (ד) / 33 שהגדול (ד) /

----

30 אחת <י> (א) /

△ 32 לפעול (א.ב) / 33 בפי] כפי (א) /

----

‡ 33 -לפי ענינו- (כ) / ילעיגו (מ ס) / 34 -אז- (מ) / -אז ראוי- (כ) / 34 הכבוד] הנכון (מ) / שכן] שני (כ) /

%1א1124 הטוב מבני אדם וידמה שיהיה גודל הנפש עדי
б1א1124 הטובים מבני אדם וידמה שיהיה גודל הנפש עדי
#1א1124 וכבר ידמה מעניך גודל הנפש שהוא תקון והכשר
△1א1124 וכבר ידמה מעניך גדל הנפש שהוא תקון והכשר
‡1א1124 והטוב בבני אדם יגיע לו בהכרח אמר גודל הנפש הוא עדי

%2א1124 מה למעלות לפי שהוא ישימם עצומות ולא יהיה גודל הנפש
б2א1124 מה למעלות לפי שהוא ישים אותם גדולות ובצורות ולא יהיה גודל הנפש
#2א1124 אל המעלות לפי שהוא ישים אותן גדולות ובצורות וגם הוא לא ימצא
△2א1124 אל המעלות לפי שהוא ישים אותן גדולות ובצורות וגם הוא לא ימצא
‡2א1124 למעלות לפי שהוא ישימם עצומות וגבוהות אמר לא יהיה גודל הנפש

%3א1124 אל√ במעלות ולכן יקשה שימצא גדול הנפש באמתות
б3א1124 אלא במעלות ולכן יקשה להמצא גדול הנפש באמתות
#3א1124 אלא באמצעותן ולכן יקשה למצוא איש מה שיהיה גדול הנפש באמת
△3א1124 אלא באמצעותן ולכן יקשה למצוא איש מה שיהיה גדול הנפש באמת
‡3א1124 אלא במעלות רצוני בתכונות כי בזה אפשר להמצא התכלית בטוב אבל יקשה להמצא גודל הנפש באמתות העניינים העיונים

%4א1124 לפי שאי אפשר שימצא האחרון שבטובים
б4א1124 לפי שאי אפשר שימצא אלא בטובים ונדיבי לב
#4א1124 לפי שאי אפשר אל גודל הנפש שימצא רק באנשים טובים ונדיבי לב
△4א1124 לפי שאי אפשר בגדל הנפש שימצא רק באנשים טובים ונדיבי לבב
‡4א1124 לפי שאי אפשר המצא באלו העניינים האחרון שבטובים והשלמים מן האנשים

%5א1124 ובהיות זה כן הנה הגדול הנפש אם כן אמנם ימצא בפרט בכבודות והעדרם
б5א1124 ובהיות זה כן הנה הגדול הנפש א"כ אמנם ימצא בפרט בכבודות והעדרם
#5א1124 וכאשר היה זה כן הנה הגדול הנפש אם כן אמנם ימצא ביחוד בענין הכבודות והעדרם
△5א1124 וכאשר היה זה כן הנה הגדל הנפש אמנם ימצא ביחוד בענין הכבודות והעדרם
‡5א1124 Xאין מקבילX

% 1א24 אדם ‹ולא יהיה ג"כ ראוי לכבוד שהיה רע אחר שהיה הכבוד אמנם הוא שכן למעלה› Xמחוקא (ב) / עדי עד הנפש XבגליוןX (ב)
-עדי עד הנפש- (ב ג) / 3 אל√ Xכךx (א) אלא (ב ג ד ח) / שימצא] להמצא (ב ג ד ח) / גודל (ב ג ח) / 4 שימצא]
להמצא (ב ג ד ח) / 5 -הנה- (ב ח) /

4א24 טובים ‹ו....› (ב) /

△ 3א24 אלא (א.ג) /

----

‡ 1א24 -אמר עד וגבוהות- (כ מ ס) / 3 בעניינים (כ) / העיונים] המרכבים (מ) / 4 האחרון] האחרי√ (כ) / מן האנשים] שבאנשים
(מ) /

%6א1124 וכאשר יכובד על העינינים הגדולים ומהטובים מבני אדם שישמח שמחה מועטת
ƀ6א1124 וכאשר יכובד על העינינים הגדולים מהיותר מעולים שבאנשים ישמח שמחה מועטת
#6א1124 וכאשר יכובד על העינינים הגדולים ומהיותר מעולים שבאנשים אז ישמח שמחה מועטת
Δ6א1124 וכאשר יכובד על העינינים הגדולים ומהיותר מעולה שבאנשים אז ישמח שמחה מועטת
‡6א1124 אמר גדול הנפש כמו שקדם הוא מתכבד אל העניינים הגדולים וכן יכבדוהו וינשאוהו הטובים והגדולים שבבני אדם והנה הוא ישמח בזה שמחה מועטת

%7א1124 מפני שהוא אמנם השיג בזה מהם מה שהוא לו ראוי או למטה מה שהוא ראוי לו
ƀ7א1124 מפני שהוא אמנם השיג בזה מהם מה שהוא לא ראוי אליו ונאות או למטה ממה שהוא לו
#7א1124 מפני שהוא אמנם השיג בזה שהשיג מהם מה שהוא ראוי אליו ונאות או פחות ממה שהוא ראוי אליו
Δ7א1124 מפני שהוא אמנם השיג בזה הכבוד שהשיג מהם מה שהוא ראוי והגון אליו או פחות ממה שהוא ראוי אליו
‡7א1124 לפי שהוא איננו משיג בזה רק אחד משני פנים אם מה שהוא ראוי לו ואם למטה ממה שהוא ראוי לו

%8א1124 כי המעלה התמימה לא ימצא לה כבוד ישוה לה ויוכן לה אבל הרבה מה
ƀ8א1124 כי המעלה התמימה לא ימצא לה כבוד שוה ונאות אליה ואמנם פעמים רבות
#8א1124 לפי שלא ימצא למעלה התמימה כבוד שיהיה שוה אליה ושקול כמוה ואמנם פעמים רבות
Δ8א1124 לפי שלא ימצא אל המעלה התמימה כבוד שיהיה שוה אליה ושקול כמוה ואמנם פעמים רבות
‡8א1124 ובאמת המעלה השלמה לא ימצא לה כבוד ישוה לה ולכן הרבה מה

%9א1124 שיקבל האיש הזה הכבוד מפני שהמכבדים אותו אי אפשר להם שיכבדוהו ביותר מהשעור ההוא
ƀ9א1124 יקבל זה האיש הכבוד מפני שהמכבדים אותו אי אפשר להם שיכבדוהו ביותר מהשיעור ההוא
#9א1124 יקבל זה האיש הכבוד מפני שאי אפשר אל האנשים המכבדים אותו שיכבדוהו ביותר מהשעור ההוא
Δ9א1124 יקבל זה האיש הכבוד מפני שאיננו מן האפשר אל האנשים המכבדים אותו שיכבדוהו ביותר מהשיעור ההוא
‡9א1124 שיקבץ האיש הזה הכבוד מפני שהמכבדים אותו אי אפשר להם שיכבדוהו ביותר מהשעור הראוי לו

%10א1124 ואולם כשיכובד על ענינים קטנים ומהנבזה שבבני אדם
ƀ10א1124 ואולם כשיכובד על ענינים קטנים ומהנבזה שבבני אדם
#10א1124 ואולם כאשר יכובד על ענינים קטנים ומן האנשים השפלים והנבזים
Δ10א1124 ואולם כאשר יכובד על ענינים קטנים ומן האנשים השפלים והנבזים
‡10א1124 אמר הנה גדול הנפש כשיכובד ויתגדל על העניינים הקטנים ומהנבזים מבני אדם

% 6 יכובד] ידובר (ג) / שישמח] ישמח (ב ג ד ח) / 7 ראוי] ראו (ד) / מה] ממה (ג) / -ראוי- X2X (ב ג ד ח) / לו <ראוי> (ח)
/ 8 ישוה] שוה (ב ח) / ויוכן] ויוכל (ג) / -אבל- (ד) / 9 שיקבל] שיקבר (ב) שיקבץ (ג ד ח) / מהשיעור (ד) / 10
כשיכובד] כשידובר (ג) / ומהנבזים (ג) / שבבני Xה"ש" נוספת בין השורות (א) /

ƀ 7א24 לא Xכךֹ (א) / 10 שבבני] שבני (א) /

----

9 מהשיעור (ב) /

Δ 6 יכובד (א.א) ארווח של ארבע אותיותX (א) /

----

‡ 6 הוא] הנה (מ) / אלו על (ל) / -שבבני אדם- (כ) / -והנה- (מ) / 7 ואם] אם (מ) / -לו X2X- (מ) / 8 ובאמת <היה> (מ) /
-לה- (מ) / ולכן] אבל (ל) / 9 כבוד (מ) / שמכבדים (כ) / 10 יכובד (מ) / -ויתגדל- (מ) / ומהנבזים] ומהנכבדים (כ)

%11א1124 הנה הוא יתבזה מהם בזה ויהיה נקלה בו לפי שהוא על בלתי הראוי לו וכן ירוץ עינינו בהעדר הכבוד רצוני כשיעדר ממנו יתבזה בו ואם לא לא
ƃ11א1124 הנה הוא יתבזה בזה ויהיה נקלה בו לפי שאיננו כפי הראוי לו וכן ירוץ עינינו בהעדר הכבוד רצוני שכאשר יעדר ממנו יתבזה בו ואם לא לא
#11א1124 יתבזה ויקל בו לפי שאיננו כפי ההוגן והראיות הנמצא אתו וכמו כן ירוץ עינינו בהעדר הכבוד רצוני שכאשר יעדר ממנו יתבזה בו ואם לא יעשה כן לא
Δ11א1124 יחשב לו לחרפות וגדופים לפי שכמו זה הכבוד איננו כפי ההוגן והראיות הנמצא בו ובזה התואר ירוץ עינינו בדבר העדר הכבוד רצוני שכאשר יעדר מאתו יתבזה ויקל בעבורו כי אם לא יעשה כן לא
‡11א1124 הנה הוא יתבזה בזה ויהיה נקלה בו לפי שהוא על הצד הבלתי ראוי לו וכן ירוץ עניינו בהעדר הדבור ממנו לגמרי ואם לא לא

%12א1124 היה ישר בעצמו הנה הגדול הנפש כמו
ƃ12א1124 היה ישר בעצמו הנה הגדול הנפש כמו
#12א1124 יהיה ישר בעצמו והגדול הנפש כמו
Δ12א1124 יהיה ישר בעצמו וזה שהאיש אשר הוא גדול הנפש
‡12א1124 יהיה ישר בנפשו אמר גדול הנפש כמו שקדם

%13א1124 שתארנו יהיה ראוי אל הכבודות יותר מכל דבר ויהיה ראוי אל
ƃ13א1124 שתארנו ידרוש הכבודות יותר מכל דבר וידרוש
#13א1124 שתארנו ידרוש ויבקש הכבודות יותר מכל דבר וידרוש גם כן
Δ13א1124 ירדוף אחרי הכבוד ויבקשהו יותר מכל דבר וידרוש גם כן ויבקש
‡13א1124 הוא ראוי מאד אל הכבודות וכן ראוי אל

%14א1124 היכולת והעושר וכל הצלחה וצער תמצא לו מחוץ
ƃ14א1124 העושר והממשלה וכל ההצלחה והצער שתמצא לו מחוץ
#14א1124 העושר והממשלה והנה הוא רואה ומסכים באי זה דבר שיגיע אליו מן ההצלחה והצער הבאים מחוץ
Δ14א1124 הממשלה והעושר והנה הוא רואה ומסכים באי זה שיעור שיגיע אליו מן ההצלחה והצער הבאים מחוץ
‡14א1124 העושר והיכולת וכאשר הגיע לו הצלחה או הפכה מחוץ

%15א1124 הנה אי זה משניהם יגיע אליו מהם הנה הוא יראה שמה שהגיע מהם אמנם הגיע לו בשעור הנה לא כשהצליח ישמח
ƃ15א1124 הנה אי זה משניהם שיגיע לו מהם הנה הוא יראה שמה שהגיע מהם אמנם הגיע לו בשיעור ולא כאשר יצליח ישמח
#15א1124 שהוא מגיע אליו בגזרה ושעור ולא בהצליחו דרכיו ישמח ויגיל
Δ15א1124 שהוא מגיע אליו בגזרה ושיעור ולא בהצליחו דרכיו ישמח ויגיל
‡15א1124 הנה איזה משניהם יגיע לו הנה הוא יראה שמה שהגיע לו מהם אמנם הגיע לו בשעור ראוי הנה זה האיש כשיצליח לא ישמח

% 11 -מהם- (ב ג ד ח) / בזה Xבין השורותX (א) / ירוץ <על> (ד) / -עינינו- (ג) / רצוני Xה"ר" נוספת בין השורותX (א) / כשנעדר (ב ח) / לא Xבין השורותX (ב) X2X / 14 העושר והיכולת (ב ח) העשר והיכולת (ג) העושר והיכלת (ד) / 15 אליו] לו (ב ג ד ח) / -מהם- (ג) / בשיעור (ב ד) / כשיצליח (ב ג ד ח) /

Δ 11 לחרפות] Xה"ר" נוספת בין השורותX (א.א) /

----

‡ 11 -לו- (כ) / 12 וגדול (מ) / 13 הוא] הנה (מ) / 14 יגיע (מ) תגיע (ס) / לו] אל (מ) / ההצלחה (מ) / -מחוץ- (ל) / 15 איזה] אי (ל) / והנה (מ) / כשיצליח] כשיגיע לו הצלחה (ל) / -לא- (ל) /

%16א1124 ולא כשהצטער ידאג לפי שאין הכבוד אצלו
ƀ16א1124 ולא כשיצטער ידאג לפי שאין הכבוד אצלו
#16א1124 ולא בבא אליו צער מתחולל יתעצב וידאג לפי שהכבוד איננו בעיניו
Δ16א1124 ולא בבא עליו צער מתחולל יתעצב וידאג כי הכבוד איננו בעיניו
‡16א1124 וכשיצטער לא יאנח לפי שזה אע"פ שהוא בעל הכבוד הנה אין הכבוד אצלו

%17א1124 מהיותר גדול שבעינינים   והיכולת והעושר אמנם יהיו נבחרים בסבת הכבוד
ƀ17א1124 מהיותר גדול שבעינינים והעושר והממשלה אמנם יהיו נבחרים בסבת הכבוד
#17א1124 היותר גדול שבעינינים והממשלה והעושר אמנם יהיו נבחרים ומבוקשים בסבת הכבוד
Δ17א1124 היותר גדול שבעינינים והממשלה והעושר אמנם יהיו נבחרים ומבוקשים בסבת הכבוד
‡17א1124 מהיותר גדול שבענייינים והנה העושר והיכולת אמנם יהיו נבחרים בסבת הכבוד

%18א1124 הנה מי שיש לו יכולת ועושר הנה יתחייב שיכובד בשניהם
ƀ18א1124 כי מי שהיה לו ממשלה ועושר הנה הוא רוצה שיכובד בהם
#18א1124 שהרי האיש אשר ימצא אתו ממשלה ועושר רוצה הוא וחפץ שיכובד בעבורם
Δ18א1124 שהרי האיש אשר ימצא אתו ממשלה ועושר רוצה הוא וחפץ שיכובד בעבורם
‡18א1124 ולכן מי שיש לו יכולת ועושר הנה יתחייב שיכובד בשניהם

%19א1124 ומי שהיה הכבוד אצלו מועט הנה שאר הדברים האחרים ימעטו אצלו גם כן
ƀ19א1124 ומי שהיה הכבוד אצלו מועט הנה שאר הדברים האחרים ימעטו אצלו גם כן
#19א1124 ואם הכבוד הוא בחקו דבר קטון מן הראוי הוא ביתר הדברים האחרים שיהיו גם כן קטנים בעיניו
Δ19א1124 ואם הכבוד הוא בחקו דבר קטן מן הראוי הוא ביתר הדברים האחרים שיהיו גם כן קטנים בעיניו
‡19א1124 ומי שהיה הכבוד אצלו דבר קטן הנה היכולת והעושר יהיו קטנים בעיניו

%20א1124 ולכן יחשב באלה שהם בעלי גוזמא   וכבר יחשב בהצלחות החיצוניות
ƀ20א1124 ולכן יחשב באלו שהם בעלי גאוה וכבר יחשב בהצלחה החיצונית
#20א1124 ולכן יחשב באנשים האלה שהם יהירים ומגזמים וכבר יחשב בהצלחה אשר מחוץ
Δ20א1124 ולכן יחשב באנשים האלה שהם יהירים ומגזמים   וכבר יחשב בהצלחה אשר מחוץ
‡20א1124 אמר   אמנם כבר יחשב בהצלחות החצוניות

% 16 כשיצטער (ב ג ד ח) / 17 והעשר (ג) / 18 שיש] שהיה (ב ח) שיהיה (ג ד) / יכלת (ד) / ועשר (ג) / 19 -האחרים- (ג) / ימעט (ב ח) / 20 באלה] באלו (ב ד ח) באילו (ג) / החיצונות (ב ח) החצונות (ג) /

----

17 ומבוקשי√ (ב) / 20 וכבר Xבאותיות גדולותX (א) / בהצלחה] שההצלחה (ב) /

Δ 16 עליו XכךX (א) / 19 הוא (א.ב) /

----

‡ 16 וכשיצטער] וכשיגיע לו הפכה (ל) / -לפי שזה- (מ) / 17 היכולת והעושר (ל מ ס) / 19 ומי] כמו.(מ) / שיהיה (כ) / -יהיו- (מ) / 20 -כבר- (כ) / יחשבו (כ) / בהצלחותיו (מ) /

%%21א1124 0000

%21א1124 שהם יעזרו על גודל הנפש כמו בעלי היחסים והיכולת והעושר לפי שבעלי היחסים יהיו ראוים
ƀ21א1124 שהיא נבנית ומיוסדת על גודל הנפש כמו היחס והממשלה והעושר לפי שהכבוד נאות וראוי אל
#21א1124 כמו היחס והממשלה והעושר שהם נבנים ומיוסדים על גודל הנפש וזה שאנשי היחס והנשיאות ראוים והגונים הם
△21א1124 כמו היחס והממשלה והעושר שהם בנויים ומיוסדים על גדל הנפש וזה שאנשי היחס והנשיאות
ǂ21א1124 שהם יעזרו על גודל הנפש כמו היחס והעושר והיכולת לפי שבני היחס הם יותר ראויים

%22א1124 לכבוד וכן בעלי היכול√ והעושר לפי שהם בעלי מעלה
ƀ22א1124 המיוחסים וכמו כן לבעלי הממשלה והעשירים לפי שהם יתרים מרעיהם
#22א1124 לכבוד וכמו כן יאות הכבוד אל המושלים והעשירים ולפי שהם הטוב מתוארים במעלה גם כן
△22א1124 גם המושלים והעשירים ראויים והגונים הם אל הכבוד לפי שהם מתוארים במעלה והטוב גם כן
ǂ22א1124 לכבוד ויותר מזה כי יהיו גם כן בעלי עושר ויכולת לפי שהם בעלי מעלה

%23א1124 והטוב מהענינים המעולים וכל מעולה הנה הכבוד ראוי לו יותר ולכן
ƀ23א1124 והטוב הוא מהענינים המעולים וכל מעולה הנה הכבוד ראוי לו יותר ולכן
#23א1124 הנה הוא מן הענינים המעולים וכל עוד שיהיה הדבר יותר מעולה יהיה יותר ראוי והגון אל הכבוד ולכן
△23א1124 הנה הוא מן הענינים המעולים וכל עוד שיהיה הדבר יותר מעולה יהיה יותר ראוי והגון אל הכבוד ולכן
ǂ23א1124 ולכן

%24א1124 כשנמצאו אלו הדברים לגדולי הנפשות שמו אותם יותר גדולי נפשות וכבר יכבדו בני אדם אנשים בגלל אלו הטובות אשר מחוץ
ƀ24א1124 כשנמצאו אלו הדברים לגדולי הנפשות שמו אותם יותר גדולי הנפשות וכבר יכבדו בני אדם לאנשים מה בגלל אלו הטובות אשר מחוץ
#24א1124 כאשר ימצאו הדברים האלה לגדולי הנפש ישימו אותם יותר גדולי נפש וכבר יקרה באנשים מה שיכבדו לאנשים אחרים בעבור הטובות האלה אשר מחוץ
△24א1124 כאשר ימצאו הדברים האלה בגדולי הנפש ישימו אותם יותר גדולי הנפש וכבר יקרה לאנשים מה שיכבדו אנשים אחרים בעבור הטובות האלה אשר מחוץ
ǂ24א1124 כשיהיו אלו הענינים לגדולים הנה שמו אותם יותר גדולים

%25א1124 ואולם המכובד באמתות הנה הוא הטוב לבדו ואשר יקבץ שני הענינים
ƀ25א1124 ואולם המכובד לפי האמת הנה הוא האיש הטוב לבדו ואשר יקבץ השני הענינים
#25א1124 ואולם המכובד לפי האמת הנה הוא האיש הטוב לבדו והאיש אשר ימצאו שני הענינים יחד
△25א1124 ואולם המכובד לפי האמת הוא האיש הטוב לבדו והאיש אשר ימצאו בו שני הענינים יחד
ǂ25א1124 Xאין מקבילX

% 21 -בעלי- (ב ג ד ח) / היחס (ב) היחש (ג ד ח) / והעשר (ג) / היחסים X2X] היחס (ב) היחש (ג ד ח) / -יהיו- (ב ח) / ראויים (ב ג ד ח) / 22 היכול√ Xסוף שורהX (א) / והעשר (ג) / בעלי Xבין השורותX (א) / מעלה <"> (ג) / 23 מהענינים X"בי" נוספות בין השורות באותיות קטנותX (א) / 24 נפשות] הנפשות (ג ד) / בגלל] בכלל (ב ג ח) /

ƀ 21 נאות] גאות (א) / 24 הדברים] הדברי Xסוף שורהX (א) /

----

22 שהם הטוב XכךX (א) / 24 ימצאו] נמצאו (ב) / 25 ימצאו שני Xכך ועם סימן למעלה מן ה"ו"X (א) / הענינים] ענינים (ב) /

△ 21 היחס <והממלה> Xעם סימני השמטהX (א) / 24 יותר (א.ב) / 25 האמת הוא XכךX (א) /

ǂ 21 על] אל (מ) / שבני <אדם> XמחוקX (ל ס) / -היחס- (כ) / 24 כשיהיו] כשנמצא (ל) כשיהיה (ס) / לגדולים] לגדולי הנפש (ל) הגדולים (מ) / גדולים] גדולי הנפש (ל) /

%26א1124 הנה הוא ראוי לכבוד יותר ואולם אשר
ƃ26א1124 הנה הוא ראוי לכבוד יותר ואולם אשר
⧻26א1124 הוא ראוי והגון יותר לכבוד ואולם האנשים אשר
△26א1124 הוא ראוי והגון יותר לכבוד ואולם האנשים אשר
ǂ26א1124 ויהיו יותר ראויים לכבוד כי הם יותר מעולים אמר אולם אשר

%27א1124 ימצאו להם אלו מזולת שתמצא להם מעלה הנה לא יכינו נפשותיהם לענינים הגדולים מהכבוד על דרך המאמר רצוני על דרך השבח
ƃ27א1124 ימצאו להם אלו מזולת שתמצא להם מעלה הנה לא יכינו נפשותיהם לענינים הגדולים מהכבוד על דרך המאמר רצוני על דרך השבח
⧻27א1124 ימצאו בהם הדברים האלה מזולת שתמצא אתם מעלה אינם מכינים נפשותיהם אל הענינים שהם גדולים בכבוד על דרך המאמר רצוני בדרך ואופן שישובחו ויהוללו בעבורם
△27א1124 ימצאו בהם הדברים האלה מבלתי שתמצא בהם מעלה אינם מכינים נפשותיהם אל הענינים שהם גדולים בענין הכבוד על דרך המאמר רצוני בדרך ואופן שישובחו ויהוללו במאמרים שיריים
ǂ27א1124 ימצאו להם אלו העניינים רצוני היחס או העושר והיכולת אם כלם אם קצתם ואינם בעלי מעלה מיתר המעלות הנה לא יכינו נפשם לעניינים הגדולים ואין ראוי שיכובדו כמדרגת מה שיכובד מי שימצאו לו אלו העניינים ועמו יתר המעלות וכל שכן גודל הנפש

%28א1124 ולא יאמר בם שהם גדולי הנפשות באמתות ואמנם יכובדו לפי
ƃ28א1124 ולא יאמר בם שהם גדולי הנפשות באמת ואמנם יכובדו לפי
⧻28א1124 ולא יאמר בהם שהם גדולי הנפש באמת ואמנם יכובדו מפני
△28א1124 ולא יאמר בהם שהם גדולי הנפש באמת ואמנם יכובדו מפני
ǂ28א1124 Xאין מקבילX

%29א1124 שאלו הענינים לא ימצאו ערומים ממעלה לגמרי לפי שכאשר היו ערומים מהמעלה היו ללעג לבעלי הלשונות
ƃ29א1124 שאלו הענינים לא ימצאו רקים ממעלה לגמרי לפי שכאשר היו רקים ממעלה היו ללעג לבעלי הלשונות ירצה למשוררים והמליצים
⧻29א1124 שהענינים האלה אינם רקים ממעלה מכל וכל לפי שאם יהיו רקים ממנה יהיו ללעג ושחוק אל בעלי הלשון ירצה למשוררים והמליצים ואל מקשטי הפנים בעד משכיותיהם ר"ל המחקים בהם בדרך משל ומליצה זמן העשותם ואיכות ענינם
△29א1124 שהענינים האלה אינם ריקים ומופשטים מן המעלה מכל וכל לפי שאם יהיו רקים ממנה יהיו ללעג וצחוק אל בעלי הלשון רצוני אל המשוררים ואל המליצים ואל מקשטי הספרים בעד משכיותיהם רוצה לומר המחקים בהם בדרך משל ומליצה זמן העשותם ואיכות ענינם
ǂ29א1124 Xאין מקבילX

% 27 -אלו- (ג) / גדולים (ד) / 28 יכובדו] יסברו (ב) יכבדו (ח) / 29 שאלה (ג) / ממעלה] מלמעלה* (ב) / לפי Xבין השורות באותיות קטנותX (ב) /

△ 29 ומופשטים עד רקים (א.ב) / הספרים Xכךx (א) / בעד <משכנותיהם> Xעם סימני השמטהX (א) / משכיותיהם (א.ב) /

ǂ 27 אם X2X] או (ס) / גדולים (כ) / מדרגת (כ) / מי] ומי (ל) / לו אלו] לאלו (ל) /

%30א1124 וזה כי אינו
б30א1124 וזה שאיננו
#30א1124 וזה שלא
Δ30א1124 וזה שאיננו
ǂ30א1124 Xאין מקבילX

%31א1124 נקל לאחד מציאות הטובות לאדם מה כפי מה שיחויב מבלתי מעלה וכשלא ימצאו להם הטובות כפי מה שיחויב
б31א1124 נקל בעיני שום אדם מציאות הטובות לאדם מה כפי מה שראוי מבלתי מעלה וכשלא ימצאו להם הטובות כפי מה שראוי
#31א1124 נתפרסם לאיש מן האנשים שתמצאנה הטובות לאדם מה כפי מה שראוי מבלתי מעלה ולפי שאין הטובות נמצאות בהם כפי מה שראוי
Δ31א1124 מפורסם לאיש מן האנשים ולא הועד בפניו שתמצאנה הטובות לאדם מה כפי מה שראוי מזולת מעלה ולפי שהטובות אינם נמצאות בהם כפי מה שראוי
ǂ31א1124 Xאין מקבילX

% 31 נקל <לבעלי> Xעם שתי נקודות למעלהX (א) / -לאדם עד הטובות- (ה) / לאדם <אחד> (א) / -מה- (ג) Xבין השורותX (א) /

רחשבו שהם יעדיפו בהם בזה זולתם מאסר האנשים   %1ב1124
ריחשבו שיש להם יתרון בזה על זולתם יבזו האנשים   6ב1124
עם שהם חושבים בשיש להם יתרון בזה על זולתם לכן יבזו את האנשים וייזילו אותם   #1ב1124
אם שהם חושבים בשיש להם יתרון בהן על זולתם לכן יבזו את האנשים וייזילו אותם   △1ב1124
ואמנם נמצא אלו האנשים יתנשאו על זולתם ויבזו שאר בני אדם   ‡1ב1124

וידעו בני אדם מעניכם מה שהזדמן להם רזה שהם ימשכו   %2ב1124
וידעו בני אדם מעניכם מה שקרה להם נזק שהם ימשכו   6ב1124
והאנשים גם כן ידעו ויכירו מעניכם מה שקרה להם רזה שהם יתחברו   #2ב1124
והאנשים יכירו וידעו מעניכם כפי מה שיזדמן להם רזה שהם יתחברו   △2ב1124
Xאין מקבילX   ‡2ב1124

בגדולי הנפשות ולא יתדמו להם ואמנם ימשכו להם במה   %3ב1124
בגדולי הנפשות ולא יתדמו להם ואמנם ימשכו להם במה   6ב1124
עם גדולי הנפש וישתררו כמו הם מבלתי שיתדמו להם ואמנם יתחברו עמהם במה   #3ב1124
עם גדולי הנפש ויהיו משתררים כמוהם מבלתי שיתדמו להם ואמנם יתחברו עמהם במה   △3ב1124
Xאין מקבילX   ‡3ב1124

שאפשר להם ואולם מה שתחייבהו המעלה הנה לא יפעלוהו ולהתדמותם בגדולי הנפשות יבזו   %4ב1124
שאפשר להם ואולם מה שתחייבהו המעלה הנה לא יפעלוהו ולהתדמותם לגדולי הנפשות יבזו   6ב1124
שהוא אפשרי להם בלבד ואכן לא יעשו מה שתחייבהו המעלה ולהתדמותם לגדולי הנפש יבזו   #4ב1124
שהוא אפשרי להם בלבד אך לא יעשו מה שתחייבהו המעלה ולהתדמותם לגדולי הנפש יבזו   △4ב1124
להתדמותם בגדול הנפש מצד המצא אצלם אלו העניינים ולראותם   ‡4ב1124

בזולתם רזה כי הגדול הנפש באמת ראוי שיבזה בזולתו   %5ב1124
זולתם רזה כי הגדול הנפש ראוי שיבזה זולתו   6ב1124
את זולתם ריהיה אליהם אלידם לזרא רזה שהאיש שהוא גדול הנפש באמת בצדק ובמשפט יהיה נבזה בעיניו ונמאס   #5ב1124
זולתם ויהיה אליהם לזרא וזה מפני שהאיש אשר הוא גדול הנפש באמת בצדק ובמשפט יהיה זולתו בעיניו נבזה ונמאס   △5ב1124
כי גדול הנפש יבזה בעיניו זולתו ואמנם זה ענין ראוי לגדול הנפש   ‡5ב1124

% ב1 יעדיפו ‹בהם› (א) / בזה Xבין השורותX (א) / 2 מעניינים (ג) / 3 להם Xמתוקנת מ"בהם"X (א) / להם X2X מתוקנת מ"בהם"X (א) בהם (ב ד) / 4 שאיפשר (ד) / יפעלוהו (ב ד ח) / ולהתדמותם Xח"ר" הראשונה נוספת בין השורותX (ג) / בגדולי לגדולי (ב ח) לגדול (ג ד) / הנפש[ות] הנפשות (ב ד) / 5 זולתם (ג) / זולתו (ג) /

ב2 ‹מה› (ב) / 3 כמו הם Xכך X (אב) /

△ ב1 אם Xכך X (א) / 2 כפי לא"ז Xראשי תבותX שיש בהם מי שמכיר לחסרונם ויש מי שמחזיק אותם כשלמים וגם האיש האחד בעינו יתחלף בחקש אל שני עתים‹ (א.א.) / 5 זולתו בעיניו (א.ב.) בעיניו זולתו (א) /

----
‡ ב5 כי גדול] שגדול (ל) / יבזה‹ יבזהו יראה (מ) / בעיניו1 ענייניו (כ) / בעינין (ל) / העניין (ל) / ראוי- (ל) / לגדול (מ) /

1124ב6% לפי שהוא יאמין האמת ואולם המון בני אדם הנה יאמינו אי זה דבר קרה להם ואין
1124ב6ƀ לפי שהוא יאמין האמת ואולם המון האנשים הנה יאמינו אי זה דבר שהזדמן להם ואין
1124ב6# לפי שהוא מאמין וסובר בדברים כפי מה שהוא האמת בהם מה שאין כן בהמון האנשים שהם מאמינים וסוברים באי זה דבר שיזדמן להם ואין
1124ב6△ לפי שהוא מאמין וסובר בדברים מה שהוא האמת בהם מה שאין כן הדבר בהמון האנשים שהם מאמינים וסוברים אי זה דבר שיזדמן להם ואין
1124ב6‡ כי הוא מעדיף על שאר בני אדם בהמצא'לו אלו העניינים והמעלות אבל אין זה ראוי לאלו האנשים

1124ב7% הגדול הנפש רב הסכנה
1124ב7ƀ הגדול הנפש רב הסכנה
1124ב7# הגדול הנפש רב מחשבות ואיש מזמות
1124ב7△ הגדול הנפש רב מחשבות ואיש מזמות
1124ב7‡ Xאין מקבילX

1124ב8% אבל הוא גדול הסכנה וכשנפל בסכנה יבזה בחייו לפי שהוא יראה
1124ב8ƀ ואבל הוא גדול הסכנה וכשנפל בסכנה ימאס חייו לפי שהוא יראה
1124ב8# ואכן הוא גדול העצה והמחשבה ואם באולי יפול בשבכי המחשבות וההרהורים יקוץ בחייו וימאסם ביען כי הוא גוזר ומסכים מבלי פקפוק
1124ב8△ ואכן הוא גדול העצה והמזמה ואם באולי יפול בסבכי המחשבות וההרהורים יקוץ בחייו וימאסם ביען כי הוא גוזר ומסכים מבלי פקפוק
1124ב8‡ אמר גדול הנפש כשיפל בסכנות ופחדים ימאס בחייו לפי שהוא יראה

1124ב9% שהוא אינו ראוי בלא ספק שיחיה על סכנה והגדול הנפש ייטיב אל בני אדם וכשיטיבו אליו
1124ב9ƀ שהוא אינו ראוי בלי ספק שיחיה בסכנה והגדול הנפש ייטיב לבני אדם וכאשר ייטיב אליו
1124ב9# שאיננו ראוי ונאות אליו שיחיה בדאגה ובתמהון לבב והגדול הנפש ייטיב ויחון אל האנשים ברכושו וקניניו ואם יקרה שיקבל טובה מאחר
1124ב9△ שאיננו ראוי והגון אליו שיחיה בדאגה ובתמהון לבב והאיש שהוא גדול הנפש ייטיב ויחון אל האנשים ברכושו וקניניו ואם יקרה שיקבל טובה מאחר
1124ב9‡ שהוא אין ראוי בלא ספק שיחיה על סבנות אמר אמנם גדול הנפש ייטיב מאד אל בני אדם וכשייטיבו לו

% 7 גדול (ג) / 8 -הסכנה- (ב ח) / וכשנפל] וכשיפול (ב ג ד ח) / 9 שיחיה (ג) / הסכנה (ג) / אל בני] לבני (ב ח) / וכשייטיבו (ד ח) /

----

6 <אמר> Xבאותיות גדולות לפני "ואין"X (ב) / ואין] אין (ב) / 7 כחשבות] המחשבות (ב) /

△ 6 בדברים מה Xכך (א) /

----

‡ 6 והמצא (מ) / -אלו- (מ) / -זה- (ל) / האנשים <כי אינם מעולים> (ל) / 8 -שהוא יראה- (מ) / 9 אינו (ל) / הסכנות (כ ס) / -אמנם- (ל מ) / הנפש <אמנם> (מ) / ייטיב] מעדיף (מ) / לו <איננו> (מ) /

%10ב1124 יתביש לפי שאותו הדבר מדרך המעדיף וזה הוא מדרך המועדף עליו
б10ב1124 יתבייש לפי שאותו הדבר הוא מדרך היתר מרעהו וזהו מדרך מי שיש לאחרים יתרון עליו
#10ב1124 יפלו פניו ויתבייש וזה מפני שההטבה והחנינה הן מדרך האיש אשר לו על אחיו יתר שאת ויתרון הכשר וקבלת הטובה היא
מדרך האיש שהוא שפל במדרגה מזולתו
Δ10ב1124 יפלו פניו ויתבייש לפי שההטבה והחנינה הן מדרך האיש אשר לו על אחיו יתר שאר ויתרון הכשר וקבלת הטובות היא מדרך
האיש שהוא שפל במדרגה מזולתו
ǂ10ב1124 יתבייש לפי שההטבה היא מדרך המעדיף וקבול הטובה היא מדרך המועדף אליו

%%11ב1124 יחייבהו
%11ב1124 וכשיטיבו אליו יגמול גמולים רבים ויעשה זה כפי הדבר אשר יאהבהו
б11ב1124 וכשייטיבו אליו ישלם רעיו גמולות ויעשה זה כפי הדבר אשר יאהבהו האיש
#11ב1124 וכאשר יקבל הטובה ישלם שבעתים אל חיק המטיב וישים עיני השגחתו בשיהיה הגמול מן הדברים הנכספים אל האיש
Δ11ב1124 וכאשר יקבל הטובה ישלם שבעתים אל חיק המטיב וישים עיני השגחתו בשיהיה הגמול מן הדברים הנכספים אל האיש
ǂ11ב1124 אמר גדול הנפש כשייטיבו לו יגמול גמולים רבים כפל כפלים ממה שהטיבו לו עד שיעדיף עליהם מאד

%12ב1124 אשר התחלתו בהטבה ויהיה עם זה מהיר הערות והנטיה ויחשב בהם שהם יזכרו
б12ב1124 התחיל להיטיב אליו ויהיה עם זה מהיר הנטייה וההכפף ויחשב בם שהם יזכירו
#12ב1124 אשר קדמו ברכות טוב עם שלא יאחר גם כן אליו כן לשלמו ואבל קל מהרה ישיב גמולו בראשו וכבר יחשב מענין גדולי הנפש
בשהם יספרו ויזכירו
Δ12ב1124 אשר קדמו ברבות טוב עם שלא יאחר גם כן לשלמו ואבל קל מהרה ישיב גמולו בראשו וכבר יחשב מענין גדולי הנפש בשהם
יספרו ויזכירו
ǂ12ב1124 Xאין מקבילX

%13ב1124 הטבתם ולא יזכרו הטבת מי שהטיב אליהם
б13ב1124 הטבותיהם ולא יזכירו הטבת מי שהטיב אליהם
#13ב1124 הטבותיהם ונדבת מתנותיהם ואכן ההטבה אשר נעשתה אתם לא יזכירוה ולא תשמע על פיהם
Δ13ב1124 הטבותיהם ונדבת מתנותיהם ואכן ההטבה אשר נעשתה אתם לא יזכרוה ולא ישמע על פיהם
ǂ13ב1124 Xאין מקבילX

%14ב1124 לפי שהמוטב אליו למטה מהמטיב ויחויב שיעדיף
б14ב1124 לפי שמקבל ההטבה הוא למטה מהמטיב ויאהב שיהיה לו יתרון
#14ב1124 וזה מפני שהמקבל הטובה שפל במדרגה מן המטיב וגדולי הנפש רוצים הם וחפצים בשיהיה להם עלוי ויתרון על זולתם
Δ14ב1124 וזה מפני שהמקבל הטובות שפל הוא במדרגה מן המטיב וגדולי הנפש רוצים הם וחפצים בשיהיה להם עלוי ויתרון על זולתם
ǂ14ב1124 Xאין מקבילX

% 10 יתביש (ב ג) / -יתבייש עד אליו- (ח) / 11 וכייטיבו (ב) וכשיציבו (ד) / יאהבהו] יחייבהו (ב ג ד ח) / 12 הערות]
העזות (ב) / והנטייה (ד ח) / בהם] בם (ב ג ד ח) / 14 שיעדיף <בו עליו> (ד) /

б ב12 וההכפף XאכךX (א) /

----

12 אליו כן Xאכך (א) / וכבר Xבאותיות גדולותX (א) / 13 יזכירוה] יזכירוהו (ב) /

Δ 10 שההטבה] שהטובה (א) X"ה" נוספת בין השורות וה"ו" עם סימני השמטהX (א.א) / 12 ברבות Xאכך (א) / 13 יזכרוה Xאכך (א)
/

ǂ 10 מתבייש (מ) / שההטבה <ההיא> (מ) / וקבול] ויקבל (מ) / המועדף] המעדיף (מ) / 11 כפלי (ל) /

1124ב15% הנה הוא יתענג בשמעו מעלותיו ויצר לו בשמעו מה שהעדיף בו עליו
1124ב15ƃ הנה הוא יתענג בשמעו מעלותיו ויצר לו בשמעו מה שהעדיף בו עליו
1124ב15# ולכן יתענגו בשמעם מעלותיהם וגובה דרכיהם ויקוצו לשמוע דברים שבהם היה אל זולתם יתרון עליהם
1124ב15△ ולכן יתענגו בשמעם מעלותיהם וגובה דרפיהם ויקוצו לשמוע דברים שבהם היה אל זולתם יתרון עליהם
1124ב15ǂ אמר   גדול הנפש יתענג בשמעו ספור מעלותיו וכי הם נשגבות על כל זולתו ויצר לו בשמעו על שום אדם שהעדיף עליו בשום מעלה

1124ב16% Xאין מקבילX
1124ב16ƃ Xאין מקבילX
1124ב16# Xאין מקבילX
1124ב16△ Xאין מקבילX
1124ב16ǂ Xאין מקבילX

1124ב17% ומדרך הגדול הנפש
1124ב17ƃ ומדרך הגדול הנפש
1124ב17# ומדרך הגדול הנפש
1124ב17△ ומתארי הגדל הנפש הוא
1124ב17ǂ אמר   גדול הנפש

1124ב18%% בהשתחואות
1124ב18% שלא יחסר ממנו דבר אחד שתשפל מעלתו במה שיחסר לו ומדרכיו שיעבוד בזריזות
1124ב18ƃ שלא יחסר לו דבר אחר שתשפל מעלתו במה שיחסר לו ומדרכו שיעבד בחריצות
1124ב18# שלא יחסר לו דבר אחד שתשפל מעלתו במה שיחסר ומדרכו שיעבד בחריצות
1124ב18△ שלא יחסר לו דבר כי אם יחסר יתעצב וידאג ואז יסור רום לבבו וגדל נפשו ומתאריו גם כן הם שיהיה נעבד בזריזות וחריצות
1124ב18ǂ אין ראוי שיהיה מיוחס מדבר שתשפל מעלתו במה שיחסר לו   אמר   גדול הנפש ראוי שיכובד בהשתחואות ובכריעות

1124ב19%% השיעורים
1124ב19% ושיתגדל אצל בעלי היכולת וההצלחות
1124ב19ƃ ושיתגדל אצל בעלי היכלת וההצלחות
1124ב19# ושיתגדל אצל בעלי היכולת וההצלחות
1124ב19△ ושינהוג נשיאותו ברמים ובמצליחים וישבר גאון עזים
1124ב19ǂ ושיתגדל יותר אצל בעלי הגוזמות ודהצלחות

% 15 מה] מי (ג) / 18 במה] כמו (ב ח) / לו] אלו (ב ח) Xה"א" בוספת בכ"י רהוטX (ב) / ומדרכיו] ומדרכו (ב ג ד ח) / שיעבור (ב ג) שיעבד (ד) / שיעבוד <בו> (ח) / בזריזות] בהשתחואות (ב ד ח) בהשתחויות (ג) / 19 היכולת] השיעורים (ב ד ח) השעורים (ג) /

----

18 שיחסר ומדרכו XכדX (א) /

△ 18 הם XכדX (א) / 19 ושינהוג (א.ב) ושיתנהג (א) /

ǂ 15 אמר <אמנם> (ס) / בשמעו <ספור> (ל) / 17 -אמר עד לו- (כ מ ס) / 18 מיוחס XכדX (ל) /

%%20ב1124 שהגבהה
%20ב1124 וישפיל עצמו אצל הממוצעים מבני אדם לפי שההתנשאות על בעלי היכולת קשה
ƃ20ב1124 וישפיל עצמו אצל הממוצעים מבני אדם לפי שההתנשאות על בעלי היכלת קשה ונכון
#20ב1124 וישפיל עצמו אצל הממוצעים מבני אדם לפי שההתנשאות על בעלי היכולת קשה ונכון
△20ב1124 ואכן עם האנשים הבינוניים יתנהג בענוה ושפלות וזה מפני שהתנשא והשתרר על הרמים והנשאים הוא דבר שיש בהשגתו קושי
עצום וראוי הוא
ǂ20ב1124 מאשר יתגדל אצל הבינוניים מבני אדם וכל שכן אצל ענוי ארץ

%%21ב1124 מדנים
%21ב1124 לבעלי התפארת ועל אלו נקלה והעלוי על אלו אינו
ƃ21ב1124 להתפאר עליו ועל אלו נקל וההתהלל על הראשונים אינו
#21ב1124 להתפאר עליו ועל אלו נקל וההתהלל על הראשונים אינו
△21ב1124 לאיש הזוכה אליו שיתפאר בו ויתימר בעבורו ואולם ההתנשא וההשתרר על הבינוניים הוא דבר נקל ועוד שהשתבח והתהלל על
הכניע והשפיל האנשים אשר כח בהם וגבה ויראה איננו
ǂ21ב1124 Xאין מקבילX

%22ב1124 פחות והוא על הענוים יכבד
ƃ22ב1124 דבר פחות ומועט והוא על הענוים ודכאי רוח דבר כבד
#22ב1124 דבר פחות ומועט והוא על הענוים ודכאי רוח דבר כבד
△22ב1124 פחיתות והדיוטות ואכן התהלל על הכניע האנשים שהם ענוים ושפלים נשברי לב ודכאי רוח הנה הוא כבדות וגסות הדעת
ǂ22ב1124 Xאין מקבילX

%23ב1124 Xאין מקבילX
ƃ23ב1124 Xאין מקבילX
#23ב1124 Xאין מקבילX
△23ב1124 Xאין מקבילX
ǂ23ב1124 Xאין מקבילX

%24ב1124 ומדרכו גם כן שיהיה מאוחר התנועה מתוניי אלא במקום
ƃ24ב1124 ומדרכו ג"כ שיהיה מאוחר התנועה מתוני אם לא במקום
#24ב1124 ומדרכו גם כן שיהיה מאוחר התנועה מתוני אם לא במקום
△24ב1124 ומתאריו גם כן שיהיה מאוחר התנועה מתוני זולתי במקום
ǂ24ב1124 אמר גדול הנפש ראוי שיהיה מאוחר התנועה בהלוכו ובפעולותיו ויהיה מאד מתוני אלא במקום

% 20 שההתנשאות] שהגבהה (ב ד ח) <אמנם> (ד) שהגבוה (ג) / היכלת (ח) / 21 לבעלי] לבעל (ב ג ד ח) / התפארת] מדנים (ב ג ד ח) / אלו] אילו (ג) אלה (ד) / 22 העניים (ד) / 24 מתוניי] מתוני (ב ג ד ח) /

△ 21 ויראה] ניראה (א) /

ǂ 20 אצל <בעלי> (מ) / ענוי ארץ] עמי הארץ (ל) / 24 אלא] ולא (מ) /

%25ב1124 כבוד יקר או פעל גדול ויהיו פעולותיו מעטות אלא שהם גדולות
б25ב1124 כבוד יקר או פעל נשגב ויהיו פעולותיו מעטות אלא שהן גדולות
#25ב1124 כבוד יקר או פעל נשגב ויהיו פעולותיו מעטות אלא שהן גדולות
△25ב1124 שאפשר שיושג בו כבוד רב או שיעשה בו פעל נורא ונשגב ומעשיו ופעליו יהיו מעטים אלא שהם גדולים ועצומים
ǂ25ב1124 פועל גדול ודבר נחוץ אמר גדול הנפש ראוי שיהיו פעולותיו מעטות במספר אבל רבות

%%26ב1124 בקשת הריוח לפעמים
%26ב1124 מפורסמות ומהמחויב שיהיה שונא הגבהת הקול לפעמים
б26ב1124 מפורסמות והיה הוא
#26ב1124 מפורסמות והנה הוא
△26ב1124 עם שיהיו מפורסמים וגלוים אל האנשים הקצים בסיומו והתיחדו בדעת והשכל ואל האנשים החפצים בו
ǂ26ב1124 באיכות הטוב ומפורסמות מאד אמר גדול הנפש ראוי שיהיה אוהב הריוח לפעמים

%%27ב1124 שהגעגוע
%27ב1124 ראוהב לפעמים לפי שהגעיה מפועל הירא ומגמתו
б27ב1124 ירצה בפרסומן לפי שהסתר הוא מפעל הירא והתעלותו
#27ב1124 ירצה בפרסומן לפי שההסתר הוא מפעל הירא והתעלותו
△27ב1124 כי ההסתר וההעלם הלא הם מפעולות האיש הירא ורך הלבב והשענו
ǂ27ב1124 ושונא הריוח לפעמים והכל לפי מקומו ושעורו

%%28ב1124 00000 000
%28ב1124 באמת ר"ל בפועל יותר רבה מאשר הוא במחשבה והוא נגלה המאמר והפועל
б28ב1124 בדבר אמת יותר רב ממה שהוא מתעלה מצד האומד והמחשבה הוא נגלה המאמר והפעל
#28ב1124 בדבר אמת יותר רב ממה שהוא מתעלה מצד האומד והמחשבה והוא נגלה המאמר והפעל
△28ב1124 על האמת והתעלותו בה יהיה יותר רב מהשענו על המחשבה המשערת ותוכו הנה הוא כבורו לעיני השמש יעשה מעשיו ודעת שפתיו
ברור מללו מבלי צבע ומכסה כזב ביעף
ǂ28ב1124 Xאין מקבילX

%29ב1124 אחר שיהיה ראוי בעניבים ולכן
б29ב1124 לפי שהוא ראוי והגון לעניבים ולכן
#29ב1124 לפי שהוא ראוי והגון לעניבים ולכן
△29ב1124 כי הוא ראוי והגון אל העניבים ולכן
ǂ29ב1124 Xאין מקבילX

% 25 יקר] גדול (ב ג ד ח) / והיו (ג) / 26 הגבהת] בקשת (ב ג ד ח) / הקול] Xה"ה" נוספת בגליוןX (א) הריוח (ב ג ד ח) /
27 שהגעיה] שהגעגוע (ב ד ח) שה.ע.וע (ג) / הירא] היראה Xנקודה למעלה ולמטה מן ה"ה" השנייהX (א) / 28 באמת
XבגליוןX (א) -באמת- (ב ח) -ר"ל בפועל- (ב ג ד ח) / יותר] יותה Xנקודה מעל ל"ה"X (ח) / הוא] היא (ב ד ח) היה (ג)
/ 29 שהיה (ב ג ד ח) /

б 27 שהסתר Xכך X (א) / 28 הוא Xכך X (א) /

----

25 יקר או] יקראו Xעם שתי נקודות בין ה"ר" וה"א"X (ב) /

△ 26 עם (א.א) אם (א) / 28 כברו (א.ד) כבודו (א) /

ǂ 25 -אמר עד מאד- (כ מ) / 26 לפעמים הריוח (מ) / 27 ושעור] ולפי שעורו (מ) /

1124ב30%% אמונים   לכזב 0000   כזב 00
1124ב30% יהיה איש צנוע אם לא בדברים אשר יצטרך בם קלות הראש וכבר יהיה קל ראש
1124ב30б יהיה מיושב ואיש אמונים אם לא בדברים אשר יצטרך להתלהלה ולהתלוצץ עליהם וכבר יהיה מצחק ומדבר בבדיחות
1124ב30# יהיה מיושב ואיש אמונים אם לא בדברים אשר יצטרך להתלהלה ולהתלוצץ עליהם וכבר יהיה משחק ומדבר בבדיחות
1124ב30Δ יהיה נאמן רוח ודובר אמת זולתי בדברים אשר יביאהו הצורך לדבר בהם בדרך שחוק והתול והתלהלה עליהם באמרי שעשוע ובדיחות וכבר ימצא תאר ההתול וההתלהלה
1124ב30ǂ אמר   גדול הנפש ראוי שיהיה איש אמת ולא יכזב אלא בדברים ההכרח בם אל הכזב

1124ב31% אצל הרבה מבני אדם ואצל מי שלא תוכן לו התחיה
1124ב31б עם אנשים רבים ועם מי שלא יוכן לו המחיה
1124ב31# עם אנשים רבים ועם מי שלא יוכן לו המחיה
1124ב31Δ בהרבה מן האנשים וביחוד ימצא באנשים אשר לא תשיג ידם די מחסורם
1124ב31ǂ Xאין מקבילX

% 30 צנוע] אמונים (ב ג ד ח) / הדברים (ח) / קלות הראש] לכזב (ב ג ד ח) / קל ראש] כזב (ב ח) כזבן (ג ד) / 31 התחיה] המחיה (ב ח) /

Δ 30 וכבר Xעם שתי נקודות למעלהX (א) /

ǂ 30 -אמר עד הכזב- (מ) /

%1א1125 אלא בהראות להם דרכי החבות כי זה הפועל מפועל העבד ולכן היו כל
ƃ1א1125 אלא בהראות לו חבה יתירה כי זה הוא מפעל העבד ולכן יהיו כל
#1א1125 אלא בהראות לו חבה יתרה כי זה הוא מפעל העבד ולכן יהיו כל
△1א1125 אם לא בעשותה חנף ומשוא פנים וזה הענין רצוני החנפות הלא הם מפעל העבדים ואיננו נמצא רק באנשים השפלים והנבזים
ולכן יהיו עדת
ǂ1א1125 Xאין מקבילX

%%2א1125 במדרגת השכירים והמקבלים הטובות חנפים הוא גם כן ממה
%2א1125 בעלי החנופות כמו השכירים הכבושים ואנשי השפלות חנפים ואין הוא ממה שיפלא מדבר
ƃ2א1125 בעלי החנפות במדרגת השכירים והאנשים השפלים רוצים בשיחניפום במענה רך ובשפתי חלקות ואיננו מתפלא משום דבר
#2א1125 בעלי החנפות במדרגת השכירים והאנשים השפלים רוצים בשיחניפום במענה רך ובשפתי חלקות ואיננו מתפלא משום דבר
△2א1125 החנפים במדרגת השכירים הכבדים וגסי הדעת ואין הגדול בנפש גם כן מתגאה ומתעלה משום דבר
ǂ2א1125 אמר גדול הנפש לא יפלא מדבר ולא יהיה דבר נשגב בעיניו

%3א1125 אחר שהיה לא יגדילהו דבר ולא הוא קנאי אחר שהיה אין
ƃ3א1125 אחר שאין שום דבר גדול ממנו ואיננו נוקם ונוטר לפי שאין
#3א1125 אחר שאין שום דבר גדול ממנו ואינו נוקם ונוטר לפי שאין
△3א1125 לפי שאין שום דבר גדול ועצום בערכו ואיננו גם כן שומר עברה ונוטר איבה לפי שאינינו
ǂ3א1125 כי הוא לא יגדילהו דבר אבל הוא גדול מכל דבר אמר גדול הנפש אינו נוקם ונוטר כי אין

%4א1125 מדרך הגדול הנפש זכרון הרעה בפנים מן הפנים
ƃ4א1125 מדרך הגדול הנפש שיזכור הרעות באופן מן האופנים
#4א1125 מדרך הגדול הנפש שיזכור הרעות באופן מן האופנים
△4א1125 מתאר האיש אשר לו נפש יקרה לזכור הרע־ת אשר נעשו אליו ולתקוע אותן בלבבו
ǂ4א1125 מדרכו זכרון הרעה בפנים מן הפנים

%%5א1125 שיספר חדשות לבני אדם לא
%5א1125 אבל מדרכו ההעלמה ואין מדרכו שישפיל האנשים לא
ƃ5א1125 ואבל מדרכו שיעלים עינו מהן ואין מדרכו שיספר חדשות לבני אדם לא
#5א1125 ואבל מדרכו שיעלים עינו מהם ואין מדרכו שיספר חדשות לבני אדם לא
△5א1125 ואבל יהיה דרכו להעלים עיניו מהם ולהסירם מקרב מעיו ואיננו מדרכו גם כן להאריך בספורים עם האנשים לא
ǂא5א1125 אבל מדרכו ההעלמה מהם ולא יכנסו בלבו רק מהשבות טוב Xאל 1125א7ב#X 1125א5בǂ אמר גדול הנפש אין ראוי שיספר
הדשות לבני אדם לא

% 1א25 החבות] Xעם שתי נקודות למעלה מן ה"ח"X (ג) הסבות (ב ח) / 2 החנופות] החופות (ב) החובות (ח) / כמו] במדרגות (ב ח)
במדרגת (ג ד) / השכירים <המ"ב> (א) / השכירים עד חנפים] השכירות והמקבלים הטבת חנפות (ב ח) שכירים והמקבלים הטבת
חנפים (ג) השכירים והמקבלים הטובות הנפים (ד) / הוא <גם כן> (ב ג ד ח) / ממה] ממי (ג) / 3 שהיה X2X <הוא> (ב)
/ 4 דרך (ב) / 5 אבל] אלא Xבין השורות "אבל"X (א) / ההעלמה] העלימה (ג) הרע למה (ח) / <מהם> ואין (ב ג ד ח) /
שישפיל] שיספר חדשות (ב ג ד ח) / האנשים] לבני אדם (ב ג ד ח) /

ƃ 2א25 בשיחניפום] בשיחנ.פום (א) / 4 מדרך Xה"מ" בין השורותX (א) /

△ 1א25 ומשוא (א.ב) ונשוא (א) / החנפות (א.ד) החופות (א) / הם Xכך‏X (א) / 2 השכירים הכבדים XכךX (א) / 3 שאינינו (א.ב)
שאין (א) / 4 מתאר (א.ב) מדרך (א) /

ǂ 3א25 יגדלהו (מ) / אבל] אלא (מ) / 4 -זכרון- (ל) / 5א טובות (מ) /

%6א1125 מנפשו ולא מזולתו וזה שאין מגמתו בשישבה
ƃ6א1125 מנפשו ולא מזולתו וזה שאיננו מתעלה בשישבה
#6א1125 מנפשו ולא מזולתו וזה שאיננו מתעלה בשישבה
Δ6א1125 בעיניי עצמו ולא בעיניי זולתו וזה מפני שהוא איננו מתעלה ומתיקר כשישבה
ǂ6א1125 מנפשו ולא מזולתו וזה שאין מגמתו בשישבה Xאל ǂX7א1125

%7א1125 הוא עצמו ולא בשיגנה זולתו ואין הוא חורש רעות
ƃ7א1125 עצמו ולא בשיגנה זולתו ואיננו חורש רעות
#7א1125 עצמו ולא בשיגנה זולתו ואיננו חורש רעות
Δ7א1125 את עצמו ולא גם כן מתכבד בקלון חבירו ואיננו גם כן חורש רעות
ǂ7אב1125 לכך אינו חורש לעולם רעות Xאל X‡8א1125   ǂ7א1125 עצמו ולא בשיגנה זולתו Xאל ǂX9אב1125

%8א1125 ולכך אינו נוקם ונוטר אפילו לשונאיו אם לא
ƃ8א1125 ולכך איננו מקנתר וגוער אפי לשונאיו אם לא
#8א1125 ולכך איננו מקנתר וגוער אפי√ לשונאיו אם לא
Δ8א1125 בשגם את אויביו לא יקלה ומומיהם לא יעלה על שפתיו אלא אם
ǂ8א1125 ואינו נוקם ונוטר אפילו לשונאיו אלא

%9א1125 בעת הצורך אל היישרות ובדברי√ ההכרחיים ואינו בעל תקוה
ƃ9א1125 בעת הצורך אל שיכניעם ובדברים ההכרחיים ואיננו בוצע בצע
#9א1125 בעת הצורך אל שיכניעם ובדברים ההכרחיים ואיננו בוצע בצע
Δ9א1125 כן יביאהו הצורך בדברים ההכרחיים אל שיגער וירדף ויכניע ואיננו גם כן חמדן ובוצע בצע
ǂ9אא1125 בעת הצורך אל היישרות ובדברים הכרחיים כמו שאמר נחום הנביא על השי"ת Xאל ǂX5אב1125   ǂ9אב1125   אמר   גדול הנפש
איננו בעל תקוה

%10א1125 ולא בעל תוחלת לפי שזה אמנם הוא מדרך מי שייטיב בבקשת אלו הדברים
ƃ10א1125 ולא מדבר תחנונים לפי שזה אמנם הוא מדרך מי שהוא מתעמל בבקשת אלו הדברים
#10א1125 ולא מדבר תחנונים לפי שזה אמנם הוא מדרך מי שהוא מתעמל בבקשת אלה הדברים
Δ10א1125 ולא הוא מנבל כבודו ופורע חק מדרגתו למען השיג מבוקשיו וזה שהפרישות והנקיות מכמו אלה הענינים אמנם ימצא באיש
שהוא מתעמל
ǂ10א1125 ותוחלת לפי

% 6 בשישבה] שישבה (ב ג ח) / 7 -הוא- (ב ח) / שיגנה (ג) בשיגונה (ד) / 8 אינו] הוא (ב ח) / נוטר ונוקם (ב ח) / אפי√ (ב ג ח) / לשנאיו (ג) / 9 הצרך (ג ד) / ההיישרות (ד) / ובדברים (ב ג ד ח) / 10 שיטיב (ג) / אלה (ב ד ח) אילו (ג)
/

10א25 מתעמל] שיתעמל (ב) / אלה] אלו (ב) /

ǂ 7ב לעולם חורש (ל מ) / חורש] דורש (מ) / 8 -אפילו- (כ) / 9א -הצורך- (מ) / ההכרחיים (מ) / שאמר עד השי"ת] שאמר ה√ (כ)
נקם בשביל הש"י (מ) /

%11א1125 ויזדרז לקחת העניינים הגדולים אשר אין פירות להם
б11א1125 ויהיה חרוץ להמציא העניינים היקרים שאינם עושים פרי
#11א1125 ויהיה חרוץ להמציא העניינים היקרים שאינם עושים פרי
Δ11א1125 ומשתדל להמציא ולחדש העניינים היקרים אשר אין לו מהם פרי ותועלת
‡11א1125 Xאין מקבילX

%12א1125 יותר מלקיחתו העניינים העושים פרי והמועילים כי זאת המדה אמנם היא למי שהיה מסתפק בנפשו בפרט
б12א1125 יותר מהמצאתו העניינים העושים פרי המועילים כי זאת המדה אמנם היא במה שהוא מסתפק בנפשו ביחוד
#12א1125 יותר מהמצאתו העניינים העושים פרי המועילים כי זאת המדה אמנם היא במי שהוא מסתפק בנפשו ביחוד
Δ12א1125 יותר מהתעמלו להמציא ולחדש העניינים המועילים אליו והמגיע לו מהם פרי ותבואה וזאת המדה אמנם תמצא ביחוד באיש שהוא מסתפק בעצמו
‡12א1125 שהוא מסתפק בנפשו

%13א1125 ויחשב בגדול הנפש שהוא מאוחר התנועה כבד הקול
б13א1125 ויחשב בגדול הנפש שהוא מאוחר התנועה כבד הקול
#13א1125 ויחשב בגדול הנפש שהוא מאוחר התנועה כבד הקול
Δ13א1125 וכבר יחשב מעניין הגדול הנפש שהוא מאוחר התנועה וקולו עבה
‡13א1125 אמר גדול הנפש ראוי שיהיה כבד הקול

%14א1125 עומד בדבורו לפי שמי שהיה בתכונו אמנם הוא בדברים מעטים הנה לא יהיה מהיר
б14א1125 עומד בדבורו לפי שמי שיהיה דשתדלותו בדברים מועטים לבד לא יהיה נמהר
#14א1125 עומד בדבורו לפי שמי שיהיה השתדלותו בדברים מעטים לבד לא יהיה נמהר
Δ14א1125 מפלס מאמריו והוא מתרבי בו וזה שהאיש שאינו שם מגמת פניו והשגחתו רק בדברים מעטים לא יהיה אץ ונחפז
‡14א1125 ומאוחר הדבור

%15א1125 לפי שמי שאין לדבר אצלו סכנה הנה לא יהיה איש ריב ומדון וחדות הקול
б15א1125 לפי שמי שלא יהיה הדבר אצלו בסכנה לא יהיה אז נחפז וחדות הקול
#15א1125 לפי שמי שלא יהיה הדבר אצלו לא יהיה אץ ונחפז וחדות הקול
Δ15א1125 והאיש שאין שום דבר מעולה ומרומם בחקו לא יעמול בדברים בזריזות וחריצות וחדות הקול
‡15א1125 לפי שהוא אינו איש ריב ומדון וחדות הקול

% 11 ויזרז (ג) / לקחת <אלה> (ד) / פרות (ג) / 12 והמועילים Xה"י" הראשונה נוספת בין השורותX (א) / -שהיה- (ג) / שמסתפק (ג) / 14 מועטים (ח) / -הנה- (ג) / 15 שמי Xמתוקנת מ"שאי"X (ח) / שאין <לו> (ד) / סכנה Xה"ס" נוספת בגליוןX (ב) / -הנה- (ג) / וחדות] וחד (ג) / הקול] קול (ב ח) בקול (ג) /

----

15 אצלו לא XכךX (א) /

%16א1125 ומהירות התנועה אמנם ימצאו למהיר ואיש מדון הנה זה הוא תואר הגדול הנפש
б16א1125 ומהירות התנועה אמנם ימצאו לנמהר ולנחפז הנה זה הוא תאר גדול הנפש
#16א1125 ומהירות התנועה אמנם ימצאו לנמהר והנחפז הנה זה הוא תאר הגדול הנפש
△16א1125 ומהירות התנועה אמנם ימצאו באיש שהוא מהיר וחרוץ הנה זה תואר האיש שהוא גדול הנפש
ǂ16א1125 ומהירות הדבור אמנם ימצאו לנמהר ואיש מדון הנה זה תאר גדול הנפש והוא הממוצע

%17א1125 ואולם אשר יוסיף על זה הנה הוא הגאה ואשר יחסר ממנו הנה הוא הקטן הנפש
б17א1125 ואמנם אשר יוסיף על זה הנה הוא הגאה ואשר יחסר ממנו הנה הוא הקטן הנפש
#17א1125 ואמנם האיש שהוא מוסיף על זה הנה הוא היהיר והאיש שיחסר ממנו הנה הוא הקטן הנפש
△17א1125 ואולם האיש המוסיף על זה יקרא יהיר והאיש שיחסר ממנו יקרא קטון הנפש
ǂ17א1125 אמר ואולם הקצה המוסיף על זה הנה הוא כמו שקדם לנו הגאה הנקרא בלשוננו רחב נפש כמו שאמר שלמה רחב נפש יגרה מדון
והקצה אשר יחסר מהממוצע הוא הנקרא קטן הנפש

%18א1125 אבל בעלי זאת המדה לא יחשב בם שהם רעים לפי שהם אינם
б18א1125 ואמנם בעלי זאת המדה לא יחשב בם שהם רעים לפי שהם אינם
#18א1125 ואכן לא יחשב מבעלי המדה הזאת שהם רעים לפי שהם אינם
△18א1125 ואכן לא יחשב בבעלי זאת המדה שהם רעים לפי שהם אינם
ǂ18א1125 אמר הנה כבר יחשב שקטן הנפש אינו רע רצוני שלא יתואר בשהוא איש רע

%19א1125 פועלים רע אבל הם טועים וזה כי הקטן הנפש
б19א1125 פועלים רע ואבל הם טועים וזה כי הקטן נפש
#19א1125 פועלים רע אלא שהם טועים וזה כי הקטן הנפש
△19א1125 פועלים הרע אלא שהם טועים וזה שהקטון הנפש
ǂ19א1125 אבל יקרא טועה לפי שהוא

%20א1125 יהיה ראוי לדברים וישפיל נפשו מהם וידמה
б20א1125 יהיה ראוי והגון לדברים ויעשוק את נפשו בסורו מהם וידמה
#20א1125 יהיה ראוי והגון לדברים ויעשוק את נפשו בסורו מהם וידמה
△20א1125 ראוי הוא והגון לדברים ויעשוק בהם את נפשו ולכן ידמה
ǂ20א1125 ראוי לדברים וישפיל עצמו מהם וידמה

% 16 ומהיר (ג) / התנועה <כי אילו> (ג) / זה הוא] זהו (ב) / -הוא- (ד) / תאר (ג ד) / גדול (ג) / 17 הנפש] בנפשו (ג) /
19 -רע- (ג) / וזה] לזה (א) / 20 לדברים] לכבדו Xעם שלש נקודות למעלה בכ"י בX (ב ח) / וישפיל Xעם שלש נקודות
למעלהX (ב) וישכיל (ח) /

б 17 ואמנם Xבאותיות גדולותX (א) /

----

17 <אמר> Xבאותיות גדולות לפני "ואמנם"X (ב) / 20 ראוי והגון] הגון וראוי (ב) /

△ 16 הנה עד הנפש] אלה הם תארי האיש שהוא גדול הנפש (א.ב) / 17 ואולם Xבאותיות גדולותX (א) / יקרא (א.ב) Xשלוש אותיות
מחוקותX (א) / 20 את (א.ב) / נפשו ולכן XכךX (א) /

ǂ 17 הנפש (מ) / -כמו עד רחב- (מ) / שאמר] שאו√ (כ) Xעיין למעלה X‡14ב1123 / הנפש (ל) / 18 -כבר- (מ) / יתואר] יתאוה (מ)
/ 20 -מהם- (ל) / וידמה] ויראה (ל מ) /

%21א1125 שיהיה בו רוע מה מפני שהוא לא יכין נפשו לטובות והוא גם כן
б21א1125 שיהיה בו רוע מה מפני שהוא לא יכין נפשו לטובות והוא גם כן
#21א1125 שיהיה בו רוע מה מפני מה שאיננו מכין את עצמו לטובות והוא גם כן
△21א1125 שיהיה בו רוע מה מפני שהוא איננו מכין עצמו לטובות ומפני
‡21א1125 שיהיה בו רוע מפני שהוא לא יכין נפשו לטובות והוא ג"כ

%22א1125 יסכל נפשו ולולי זה היה ישתוקק הדבריב אשר הוא להם מוכן אחר שהיו טובות
б22א1125 יסכל את נפשו ולולי זה יהיה משתוקק הדברים אשר הוא להם מוכן אחר שהם טובים
#22א1125 יסכל את נפשו ולולי זה יהיה כוסף את הדברים שהוא מוכן להם אחר שהם טובות
△22א1125 שאיננו יודע ומכיר את עצמו כי אם היה מכירו היה כוסף את הדברים שהוא מוכן להם אחר שהם טובות
‡22א1125 יסכל נפשו כי לא יכין מדרגתה וכחה כי היא מוכנת לעניינים יותר גדולים מאשר ידמה הוא

%23א1125 וכמו אלו אינם סכלים אבל
б23א1125 וכמו אלו אינם סכלים ואבל
#23א1125 וכמו אלה האנשים אינם סכלים ואבל
△23א1125 וכמו אלה האנשים אינם מהוללים ואבל
‡23א1125 Xאין מקבילX

%24א1125 היותר ראוי שיהיו תמימי הטבע וזאת הסברא מהם יחשב שהיא תשימם יותר רעים מזולתם
б24א1125 היותר ראוי שיהיו פתאים וזה הסברא מהם יחשב שהיא תשימם יותר רעים מזולתם
#24א1125 היותר ראוי שיקראו פתאים וכבר יחשב שהסברא הזאת התקועה בלבבם תשימם יותר רעים מזולתם
△24א1125 יותר ראוי שיקראו פתאים וכבר יחשב שהסברא הזאת התקועה בלבבם תשימם יותר רעים מזולתם
‡24א1125 ולכן זאת הסברא המוטעת אשר לאלו ישימם פחותים ושפלים מכל בני אדם

%25א1125 אחר שכל אחד מהאנשים כבר ישתוקק אל כה שהוא לו מוכן ואלה יברחו
б25א1125 לפי שכל אלה מהאנשים ישתוקק אל מה שדוא לו מוכן ואלו יברחו
#25א1125 לפי שכל אחד מהאנשים ישתוקק אל מה שדוא מוכן אליו ואלה האנשים יברחו
△25א1125 לפי שכל איש מן האנשים ישתוקק ויכסוף אל מה שהוא מוכן אליו ואלה האנשים ינוסו ויברחו
‡25א1125 כי כל אדם משתוקק בטבע אל מה שהוא מוכן ואלא יברחו

% 21 מפני מה (ד) / 22 ולולא (ד) / שישתוקק (ב ג ד ה) / 23 ובכמו (ב) / אבל <כי> (ד) / 24 יותר (ד) / הסברה (ד) /
25 -כבר- (ב ה) /

б 25 לו <לו> (א) /
----
21 -מה- (ב) /
----
‡ 21 מפני <מה> (ל) / יכין] יכונן (מ) / 22 נפשו <ר"ל> (ל) / יבין (מ) / -כי היא- (מ) / ידומה (מ) / -הוא- (מ) / 24 מכל
בני] מבני (כ) / 25 -מוכן עד שהם- (מ) /

%26א1125 מהמעשים והמלאכות הטובות לפי שהם יראו שהם לא יוכנו להם
ƃ26א1125 מהמעשים והמלאכות הטובות לפי שהם יראו שהם אינם מוכנים להם
⧺26א1125 מהמעשים והמלאכות הטובות לפי שהם יראו שהם אינם מוכנים להם
△26א1125 מן הפעלים הטובים והמלאכות הטובות מפני היותם חושבים ומשערים שאינם מוכנים להם
ǂ26א1125 מהמלאכות והפעולות לפי שהם יראו בנפשם שאינם מוכנים להם וזהו עניין העצל הפתי

%27א1125 וכן ירוץ ענינם בטובות אשר מחוץ ואולם הגאים
ƃ27א1125 וכן ירוץ ענינם בטובות אשר מחוץ ואולם הגאים
⧺27א1125 וכן ירוץ ענינם בטובות אשר מחוץ ואולם היהירים
△27א1125 ובזה האופן ירוץ ענינם בדבר הטובות אשר מחוץ ואולם האנשים היהירים
ǂ27א1125 אמר אולם הגאים

%28א1125 הם אוילים וסכלים בנפשותם יחד וזה מבואר מענינם גלוי כי
ƃ28א1125 הנה הם מקוללים ובלתי מכירים את נפשם יחד וזה מבואר מענינם וגלוי כי
⧺28א1125 הנה הם מהוללים ובלתי מכירים את עצמם יחד וזה מבואר ונגלה מענינם לפי
△28א1125 הנה הם מהוללים ובלתי מכירים את עצמם יחד וזה הדבר מבואר נגלה מענינם לפי
ǂ28א1125 הם אוילים וסכלים בנפשותם וזה מבואר מעניינים כי

%29א1125 הם יקחו הענינים הגדולים היקרים כאלו הם ראוים להם ויתקשטו בהם
ƃ29א1125 הם יקחו הענינים היקרים כאלו הם ראויים להם ויפרסמו את שמם בזה ויתקשטו
⧺29א1125 שהם מחזיקים בענינים היקרים כאלו הם ראוים והגונים אליהם וכאלו הוא בערכם דבר נקל בזה ויתקשטו
△29א1125 שהם מחזיקים בענינים היקרים כאלו הם ראוים והגונים אליהם וכאלו הוא בערכם דבר נקל ויתקשטו
ǂ29א1125 הם יקחו העניינים הגדולים היקרים כאלו הם ראויים להם ויתקשטו בזה

%30א1125 ויקחו העדי במלבושים והתמונה ומה שדומה לזה
ƃ30א1125 במלבושים והתמונה ומה שדומה לזה
⧺30א1125 בלבשם לבושי מכלול ובהיותם יפי תאר ויפי מראה ובמה שדומה לזה
△30א1125 בלבשם לבושי מכלול ובהיותם יפי תאר ויפי מראה ומה שדומה לזה
ǂ30א1125 ויקחו העדי במלבוש והתמונה ומה שדומה לזה

% 26 והמלאכות] והפעולות (ב ח) / -הטובות- (ד) / הוכנו (ג) / 28 נסכלים (ח) / יחדו (ח) / גלוי] וגלוי (ב ג ד ח) / 29 יקרים (ג) / ראויים (ב ד ח) / בהם] בזה (ב ג ד ח) /

ƃ 28 מקוללים] מ.וללים (א) /

⧺ 30 ובמה Xכךx (א) /

△ 27 ואולם Xבאותיות גדולותX (א) / היהירים <פי√ מה שאין כן הדבר בקטני הנפש שהם בלתי מכירים את עצמם ואכן אינם מתוארים כמתהוללים> (א.א) / 29 אליהם (א.ב) להם (א) / נקל ויתקשטו Xכךx (א) / 30 יפי (א.ב) יפרה (א) / ויפי (א.ב) ויפה (א) /

ǂ 26 יראו] ידמו (ל מ) / וזה (מ) / והפתי (מ) / 28 בנפשות (כ) / בענינם (מ) /

%31א1125 ויאהבו שיהיר הטבותיהם גלויות ויתארו
ƃ31א1125 וירצו שיהיר הטבותיהם גלויות וישפילו
#31א1125 והנה הם רוצים וחפצים שתהיינה הטבותיהם ומתנות נדבותיהם גלויות וידועות וישפילו
△31א1125 והנה הם רוצים וחפצים שתהיינה הטבותיהם ומתנות נדבותיהם גלויות וידועות וישפילו
‡31א1125 Xאין מקבילX

%32א1125 נפשותיהם כדי שיכבדו אותם האנשים לזה וכבר יקביל
ƃ32א1125 עצמם כדי שיכבדו אותם האנשים בעבורו וכבר יקביל
#32א1125 את עצמם כדי שיכבדו אותם האנשים בעבורו וכבר יקביל
△32א1125 את עצמם כדי שיכבדו אותם האנשים בעבורו וההקבלה הנמצאת
‡32א1125 אמר וכבר יקביל

%33א1125 גדול הנפש קטן הנפש יותר ממה שיקבילנ׳ הגאוה
ƃ33א1125 גדול הנפש את קטון הנפש יותר ממה שיקבילהו היהיר
#33א1125 גדול הנפש את קטן הנפש יותר ממה שיקבילהו היהיר
△33א1125 בין הגדול הנפש והקטון הנפש היא יותר חזקה מהקבלת הגדול הנפש והיהיר
‡33א1125 גדול הנפש קטן הנפש יותר ממה שיקבילה׳ הגאה

%34א1125 כי קוטן הנפש הוא יותר רב רוע מן הגאוה והגדול הנפש
ƃ34א1125 כי הקטון הנפש הוא יותר רב רוע מן הגאה והגדול הנפש
#34א1125 כי הקטון הנפש הוא יותר רב רוע מן היהיר והגדול הנפש
△34א1125 לפי שקוטן הנפש היא מדה יותר רעה ממדת היהירות והגדול הנפש עצמו
‡34א1125 כי קטן הנפש יותר רב רוע מן הגאה וזה כמו שקדם שכילי יותר רב רוע מהמפזר

%35א1125 יבקש הכבוד הנאה לו כמו שאמרנו לפנים
ƃ35א1125 יבקש הכבוד הנאה לו כמו שאמרנו לפנים
#35א1125 יבקש הכבוד הנאה לו כמו שאמרנו לפנים
△35א1125 כבר יבקש ויתור הכבוד שהוא יפה ונאה אליו כמו שאמרנו לפנים
‡35א1125 Xאין מקבילX

% 31 ויאהבהו (ב) / -ויאהבו עד לזה- (ד) / 32 נפשותיהם] נפשותם (ב ח) בנפשותם (ג) / לזה Xאה"ל" מתוקנת מ"ב"X (ח) / 33 שיקבילהו (ב ג ד ח) / הגאוה] הגאה (ב ג ח) / 34 קוטן] קטן (ב ד ח) / -הוא- (ב ח) / רב] רע (ב ח) -רב- (ג) Xבין השורותX (ד) /

ƃ 31 וירצו] וי.צ. (א) / 32 בעבורו] בעב... (א) / 33 היהיר] ..... (א) /

----

34 הקטן (ב) /

△ 33 הגדול Xה"ה" נוספת בין השורותX (א.ב) /

----

‡ 33 שיקבלהו (מ) / 34 הקטן (ל) / -רב- (ל) / שהכילי (מ) / מן המפזר (ל) /

%1ב1125 וכבר יחשב
ƃ1ב1125 וכבר יחשב
#1ב1125 וכבר יחשב
△1ב1125 וכבר יחשב
‡1ב1125 אמר וכבר יחשב

%2ב1125 שיחס הכבוד אל
ƃ2ב1125 שיחס אהבת הכבוד אל
#2ב1125 שיחס אהבת הכבוד אל
△2ב1125 שיחס אהבת הכבוד אל
‡2ב1125 שיחס אהבת הכבוד אל

%3ב1125 גודל הנפש יחס הנדיבות אל
ƃ3ב1125 גודל הנפש הוא יחס הנדיבות אל
#3ב1125 גודל הנפש הוא יחס הנדיבות אל
△3ב1125 גדול הנפש הוא יחס הנדיבות אל
‡3ב1125 גודל הנפש יחס הנדיבות אל

%4ב1125 הוותרנות כי שתי אלו המעלות רצוני הנדיבות ואהבת הכבוד אינם בענינים הגדולים
ƃ4ב1125 הותרנות כי שתי אלו המעלות ר"ל הנדיבות ואהבת הכבוד אינם בענינים הגדולים
#4ב1125 הותרנות כי שתי אלה המעלות רצוני הנדיבות ואהבת הכבוד אינם נמצאות בענינים הגדולים
△4ב1125 הותרנות וזה מפני ששתי המעלות האלה רצוני הנדיבות ואהבת הכבוד אינם נמצאות בענינים גדולים
‡4ב1125 הותרנות כי שתי אלו המעלות רצוני הנדיבות ואהבת הכבוד אינם בעניינים הגדולים

%5ב1125 ואמנם הם בענינים הקטנים בתואר אשר יחויב ואולם גודל הנפש והוותרנות הוא בענינים הגדולים ואולם דמה אהבת הכבוד לנדיבות
ƃ5ב1125 ואמנם הם בענינים הקטנים בתאר הראוי ואולם גודל הנפש והותרנות הנה הם בענינים הגדולים ואמנם תדמה אהבת הכבוד לנדיבות
#5ב1125 ואמנם תפולנה בענינים הקטנים בתאר הראוי ואולם גודל הנפש והותרנות הנה הם נמצאים בענינים הגדולים ואמנם תדמה אהבת הכבוד לנדיבות
△5ב1125 רק בענינים הקטנים בתאר הראוי ואולם גדל הנפש והותרנות הנה הם נמצאים בענינים הגדולים ואמנם נדמה אהבת הכבוד לנדיבות
‡5ב1125 ואמנם הם בעניינים הקטנים בתאר אשר יחוייב ואולם גדול הנפש והותרנות הם בעניינים הגדולים אמר הנה אהבת הכבוד

% 4 בענינים <הגדו> Xנקודה למעלה מן ה"ד"X (ד) / 5 הוא] הם (ב ג ד ח) / הגדולים Xה"ה" נוספת בין השורותX (ב) / ואולם]
ואמנם (ב ג ד ח) <הם בענינים הקטנים בתואר אשר יחוייב ואולם גודל הנפש> Xמחוקx (ח) / דמה] תדמה (ב ג ד ח) /
לנדיבות <כי> (ב ג ד ח) /

ƃ ב1 וכבר Xבאותיות גדולותX (א) /

ב1 <אמר> Xבאותיות גדולות לפני "וכבר"X (ב) / 4 אלה] אלו (ב) /

△ ב5 נדמה XכךX (א) /

----

‡ ב4 נדיבות (מ) / 5 בתאר] כפי (מ) / ואולם] ואמנם (מ) /

1125ב6% כמו שבלקיחה והנתינה אמנם ימצא תוספת
1125ב6б כי כמו שבלקיחה והנתינה כבר ימצא תוספת
1125ב6# כי כמו שימצא בלקיחה והנתינה תוספת
1125ב6Δ מפני שכמו שיש בענין הלקיחה והנתינה תוספת
1125ב6ǂ כבר תמצא בה תוספת

1125ב7% וחסרון ומצוע כן כבר ימצא בתשוקה אל הכבוד
1125ב7б וחסרון ומצוע כן ימצא בתשוקה אל הכבוד
1125ב7# וחסרון ומצוע כמו כן ימצא בתשוקה אל הכבוד
1125ב7Δ וחסרון ומצוע כמו כן ישנם בענין התשוקה אל הכבוד
1125ב7ǂ וחסרון ומצוע שיש מי שהוא אוהב הכבוד

1125ב8% רצוני שיהיה יותר ממה שראוי או פחות ממה שראוי ושיהיה כמו שראוי ומצד הראוי
1125ב8б רצוני שתהיה יותר ממה שראוי או פחות ממה שראוי או תהיה כמו שראוי ומצד ראוי
1125ב8# רצוני שתהיה יותר ממה שראוי או פחות ממה שראוי או תהיה כמו שראוי ומצד ראוי
1125ב8Δ רצוני בשכבר תהיה התשוקה יותר ממה שראוי או פחות ממה שראוי או כמו שראוי
1125ב8ǂ יותר מן הראוי ויש מי שאוהב אותו פחות מן הראוי ויש מי שאוהב אותו כמו שראוי וזה הממוצע והוא המשובח

1125ב9% וזה שאשר יקרא אוהב הכבוד הוא אשר יתאוה הכבוד יותר ממה שראוי ומצד אין
1125ב9б וזה שאשר יקרא אוהב הכבוד הוא אשר יתאוה הכבוד יותר ממה שראוי ומצד בלתי
1125ב9# וזה שהאיש הנקרא אוהב הכבוד הוא האיש המתאוה הכבוד יותר ממה שראוי ומצד בלתי
1125ב9Δ וזה שהאיש שהוא אוהב הכבוד הוא האיש אשר יכסוף הכבוד יותר ממה שראוי ומצד שאינו
1125ב9ǂ Xאין מקבילX

1125ב10% ראוי ואולם אשר לא יאהב הכבוד הנה הוא אשר אפילו בענינים
1125ב10б ראוי ואולם אשר לא יאהב הכבוד הנה הוא האיש אשר אפי בענינים
1125ב10# ראוי ואולם האיש שאינו אוהב הכבוד הנה הוא האיש אשר אפי√ בענינים
1125ב10Δ ראוי ואולם האיש שאיננו אוהב הכבוד הנה הוא האיש אשר
1125ב10ǂ Xאין מקבילX

% 6 אמנם] כבר (ב ג ד ח) / תמצא (ב ח) / 8 שיהיה] שתהיה (ב ג ד ח) / -או עד ומצד- Xשורה X9 (א ד) Xבגליון (א) / שראוי <לו> (ג) / ושיהיה] ושתהיה (ב ג ח) / הראוי] ראוי (ב ג ח) / 9 שראוי <ושתהיה Xשורה X8 עד שראוי Xשורה X9> Xחזרה (ח) / ומצד <ומצד> Xבגליו־X (א) / אין] בלתי (ב ג ד ח) / 10 -הנה- (ח) / אפילו] אפלו (ב ח) אף (ג) /
----
6 -כי- (ב) / 9 הנקרא Xנקודה מעל ל"רX (ב) / 10 הנה Xבין השורותX (ב) /

Δ ב8 או כמו שראוי (א.ב) / 9 שהוא אוהב הכבוד Xבגליון נ XנוסחX הנקרא אוהב הכבוד (א.ב) /

ǂ 6 -כבר- (ל) כאשר (מ) / בה] בו (כ) / 7 ומצוע <רצוני> (ל) / שהוא אוהב] שאוהב (ל מ) / הכבוד] אותו (מ) / 8 וזהו (ל מ) /

%11ב1125 הנאים לא יאהב שיכובד   אמר   ופעמים נשבח אוהב הכבוד
ƃ11ב1125 הנאים לא יאהב שיכובד   אמר   פעמים נשבח אוהב הכבוד
#11ב1125 הנאים לא יאהב שיכובד   אמר   ופעמים נשבח האיש שהוא אוהב הכבוד
△11ב1125 לא יאהב אותו ולא יחפוץ בו אפי√ בענינים היפים והנאים   אמר   ופעמים ישובח האיש האוהב הכבוד
‡11ב1125 אמר   פעמים נשבח אוהב הכבוד

%12ב1125 מצד שהוא בעל אנושות ואהב הנאה ופעמי√ נשבח אשר לא יאהב הכבוד
ƃ12ב1125 מצד שהוא בעל אנושות ואוהב הנאה ופעמים נשבח אשר לא יאהב הכבוד
#12ב1125 מצד שהוא בעל אנושות ואוהב הדבר הנאה ופעמים נשבח האיש שאיננו אוהב הכבוד
△12ב1125 מצד שהוא בעל אנושות ואוהב הדבר היפה והנאה   ופעמים ישובח האיש שאיננו אוהב הכבוד
‡12ב1125 מצד שהוא בעל אנושות ואוהב הנאה ופעמים נשבח מי שאינו אוהב הכבוד

%13ב1125 מצד שהוא ענו וירא חטא כפי מה שאמרנוהו במה שקדם
ƃ13ב1125 מצד שהוא ענו וירא חטא כפי מה שאמרנו במה שקדם
#13ב1125 מצד שהוא ענו וירא חטא כפי מה שאמרנו במה שקדם
△13ב1125 מן הצד שהוא עניו וירא חטא כפי מה שאמרנו במה שקדם
‡13ב1125 מצד שהוא עניו

%14ב1125 ויתבאר שאוהב הכבוד למה שהיה נאמר על צדדין רבים אנו לא נשבח אוהב הכבוד בכל מקום אחר שהיה לא
ƃ14ב1125 ויתבאר שאוהב הכבוד למה שהוא נאמר על צדדים רבים אנו לא נשבח אוהב הכבוד בכל מקום אחר שהוא לא
#14ב1125 והנה הוא מן המבואר מענין אוהב הכבוד שלפי שהוא נאמר על צדדים רבים לכן אנחנו לא נשבח אוהב הכבוד בכל מקום אחר שהוא לא
△14ב1125 והנה הוא מן המבואר מעניין אוהב הכבוד שלפי שהוא נאמר על צדדים רבים לכן לא ישובח בכל מקום אחר שאיננו
‡14בא1125 אמר   אחר שהוא מבואר שאוהב הכבוד לא Xאל X‡א15ב1125   ‡ב14ב1125 לכן אנו לא נשבח אוהב הכבוד בכל מקום Xאל X‡ב15ב1125

%%15ב1125 עניין
%15ב1125 יאמר על דבר אחד בעינו לעולם אבל נשבחהו
ƃ15ב1125 יאמר על דבר אחד בעינו תמיד ואבל נשבחהו
#15ב1125 יאמר על דבר אחד בעינו תמיד ואבל נשבחהו
△15ב1125 נאמר על דבר אחד בעינו תמיד   ואבל אנחנו נשבח אותו
‡15בא1125 יאמר תמיד על דבר אחד בעינו Xאל X‡ב14ב1125   ‡ב15ב1125 אבל נשבחהו

% 11 -הכבוד עד יאהב- Xנוסף בגליוןX (א) / 12 ואהב] ואוהב (ב ג ד ח) / ופעמים (ב ג ד ח) / הכבוד <הכבוד> XבגליוןX (א) /
13 עניו (ד) / שאמרנו (ב ג ד ח) / צדדים (ב ג ד ח) / 14 נאמ√ (ג) / 15 דבר] עניין Xבין השורות "דבר"X (א) /

△ 11 בו (א.ב) /

----

‡ 12 שאינו] שהוא (ל) / 14א -אחר- (כ מ) / והוא (כ) /

1125ב16% יותר ממה שישבחהו המון האנשים כאשר בא במחויב ונגנהו יותר
1125ב16ƃ יותר ממה שישבחוהו המון האנשים כאשר יפעל מה שראוי ונגנה אותו
1125ב16# יותר ממה שישבחוהו המון האנשים כאשר יפעל מה שראוי ונגנה אותו
1125ב16△ יותר ממה שישבחוהו המון האנשים כאשר יחזיק באהבתו אותו בשיעור הראוי ומגנה אותו
1125ב16ǂ כאשר בא במחוייב ונגנהו

1125ב17% כשיצא מן המחויב וכשהיה המצוע במה שבין שני אלו אין לו שם הנה ידמה
1125ב17ƃ בעברו על מה שראוי וכאשר היה המצוע במה שבין שני אלו אין לו שם הנה ידמה
1125ב17# בעברו על מה שראוי ולפי שאין למצוע הנופל בין שני אלה שם לכן ידמה
1125ב17△ בעברו על חק הראוי ולפי שאין למצוע הנופל בין שני אלה שם לכן ידמה
1125ב17ǂ כשיצא מן המחוייב ובכאן נשלם עניין גדול הנפש

1125ב18% שיהיה הספק יפול בשני הקצוות רצוני מה שנטה אל הקצוות ויסופק בו ואולם האמצעי באמת הנה יראה שיהיה משובח והדברים אשר בם תוספת
1125ב18ƃ שיהיה הספק נופל בין שני הקצוות רצוני מה שנטה אל הקצוות ויסופק בו ואולם האמצעי באמת הנה יראה שהוא משובח והדברים אשר בם תוספת
1125ב18# שיהיה הספק נופל בשני הקצוות רצוני שכבר יסופק במה שהוא נוטה אל הקצוות ואולם האמצעי באמת הנה יראה שהוא משובח והדברים שיש בהם תוספת
1125ב18△ שיהיה הספק בעניין השבח נופל בשני הקצוות רצוני שכבר יסופק בזה על מה שהוא נוטה אל הקצוות ואולם האמצעי באמת כבר יראה שהוא משובח ולא יפול בו ספק והדברים שיש בהם תוספת
1125ב18ǂ Xאין מקבילX

1125ב19% וחסרון הנה בם גם כן המצוע וכשהיה בכאן מי שיתאוה הכבוד יותר
1125ב19ƃ וחסרון הנה בם ג"כ מצוע וכאשר היה בכאן מי שיתאוה הכבוד יותר
1125ב19# וחסרון יש בהם גם כן מצוע ולפי שיש בכאן אנשים שהם מתאוים הכבוד יותר
1125ב19△ וחסרון הנה יש בהן גם כן מצוע ואחר שיש בכאן אנשים שהם מתאוים הכבוד יותר
1125ב19ǂ Xאין מקבילX

1125ב20% ממה שראוי ובכאן מי שיתאונו פחות ממה שראוי הנה בכאן מי שיתאוה אותו כפי מה שראוי וכבר ישובח זה התואר
1125ב20ƃ ממה שראוי ובכאן מי שיתאוה אותו פחות ממה שראוי הנה בכאן מי שיתאוה אותו כפי מה שראוי וכבר ישובח זה התאר
1125ב20# ממה שראוי ובכאן אנשים שהם מתאוים אותו פחות ממה שראוי הנה בכאן אם כן אנשים שהם מתאוים אותו כפי מה שראוי וכבר ישובח זה התאר
1125ב20△ ממה שראוי ואנשים שהם מתאוים אותו פחות ממה שראוי הנה בכאן אם כן אנשים שהם מתאוים אותו כפי מה שראוי וזה התואר כבר ישובח ויהולל
1125ב20ǂ Xאין מקבילX

% 16 ממה שישבחהו <ממה שישבחהו> Xעם שתי נקודות למעלה מכל מלהX (א) / שישבחהו Xה"י" נוספת בין השורותX (ב) / -יותר- (ב ג ד ח) / 17 כשיצא] כאשר יצא (ג) / מן המחויב] מהמחויב (ב) מהמחוייב (ג ד ח) / וכשיהיה (ב ג) / במצוע (ג) / שתי (ג) / אלה (ג) / 18 בשני] בין שני (ב ח) / אל הקצוות] לקצוות (ג) / שיהיה X2X] שהוא (ב ג ד ח) / בם] הם (ב) / 19 מצוע (ב ג ד ח) / שיתאוה <אותו> XמחוקX (ב) / 20 שיתאונו] שיתאוה אותו (ב ג ד ח) /

ƃ 18 בין XכדX (א) /

△ 16 ומגנה XכדX (א) / 17 חק (א.ג) היזק (א) /

ǂ 17 מן המחוייב] מהמחוייב (כ) /

%21ב1125 לפי שהוא מצוע באהבת הכבוד ואין לו שם לפי שכבר התבאר מענינו שהוא בהקש אל
б21ב1125 לפי שהוא מצוע באהבת הכבוד ואין לו שם לפי שכבר התבאר מענינו שהוא בהקש אל
#21ב1125 לפי שהוא מצוע באהבת הכבוד ואין לו שם לפי שכבר התבאר מענינו שהוא בהקש אל
△21ב1125 מפני היותר מצוע באהבת הכבוד שאין לו שם לפי שכבר התבאר מעניניו שהוא בהקש אל
‡21ב1125 Xאין מקבילX

%22ב1125 אהבת הכבוד בלתי אהבת הכבוד ובהקש אל בלתי אוהב הכבוד
б22ב1125 אהבת הכבוד בלתי אהבת הכבוד ובהקש אל בלתי אהבת הכבוד
#22ב1125 אהבת הכבוד בלתי אהבת הכבוד ובהקש אל בלתי אהבת הכבוד
△22ב1125 אוהב הכבוד בלתי אוהב הכבוד ואוהב הכבוד בהקש אל בלתי אוהב הכבוד
‡22ב1125 Xאין מקבילX

%23ב1125 אוהב הכבוד וזאת התכונה היא בהקש אל שניהם בצד מהצדדים וידמה שיהיה זה הענין
б23ב1125 הוא אהבת הכבוד וזאת התכונה היא בהקש אל שניהם בצד מהצדדים וידמה שיהיה זה הענין
#23ב1125 אהבת הכבוד וזאת התכונה היא בהקש אל שניהם בצד מהצדדים וידמה שיהיה זה הענין
△23ב1125 והנה הוא נאמר בהקש אל שניהם בצד מה מן הצדדים וכבר ידמה שיהיה זה הענין
‡23ב1125 Xאין מקבילX

%24ב1125 נמצא גם כן במעלות האחרות רצוני שהאמצעיים בשניהם הם הם כל אחד מהקצוות בצד מהצדדים והם זולת שניהם בצד אחר וכבר התבאר מענין שתי הקצוות בזאת המדה שהם מקבילים
б24ב1125 נמצא ג"כ במעלות האחרות רצוני שהאמצעיים בהם הם כל אחד משני הקצוות בצד מהצדדים והם זולת שניהם בצד אחר וכבר התבאר מענין שני הקצוות בזאת המדה שהם מקבילים
#24ב1125 נמצא גם כן במעלות האחרות רצוני שהמצועיים בהם הם כל אחד משני הקצוות בצד מהצדדים והם זולת שניהם בצד אחר וכבר התבאר מענין שני הקצוות בזאת המדה שהם מקבילים
△24ב1125 נמצא גם כן במעלות האחרות רצוני שהאמצעיים בהם הם כל אחד משני הקצוות בצד מה הם וזולתם בצד אחר וכבר התבאר מענין שני קצוות המדה הזאת שהם מקבילים
‡24ב1125 Xאין מקבילX

%25ב1125 ושהוא אין שם לממוצע
б25ב1125 ושאין שם לממוצע
#25ב1125 ושאין שם לממוצע
△25ב1125 ושאין לממוצע שם
‡25ב1125 Xאין מקבילX

% 21 התבאר] יראה Xבין השורות "התבאר"X (א) / 22 אוהב] אהבת (ב ג ד ח) / 23 -אוהב הכבוד- (ב ח) / אוהב] אהבת (ג ד) / וזאת] וזו (ג) / מהצדדים] מן הצדדים (ח) / 24 האחרות] אחרות (ב ח) מאחרות (ג) / שהאמצעי (ב ח) / הם X2X[Xבין השורותX (א) / -הם- (ב ד ח) / מהקצוות] משני הקצוות (ב ג ד ח) / שתי] שני (ב ג ד ח) / 25 למצוע (ד) /

б 24 האחרות] האחרו Xסוף שורהX (א) /

△ 23 מה (א.ב) / 24 גם כן (א.ב) /

%26ב1125 אמר והסבלנות מצוע בכעס
ƃ26ב1125 אמר והסבלנות הוא מצוע בכעס
#26ב1125 אמר והסבלנות הוא מצוע בכעס
△26ב1125 אמר והסבלנות הוא מצוע בכעס
ǂ26ב1125 הדבור בסבלנות

%27ב1125 אמר ולמה שהיה הממוצע אין לו שם בזאת המדה וכמעט שיהיה לשני הקצוות כך
ƃ27ב1125 אמר ולמה שהיה שהממוצע אין לו שם בזאת המדה וכמעט שיהיה הענין כן בשני הקצוות
#27ב1125 אמר ולפי שאין לממוצע בזאת המדה שם וכמעט שיהיה הענין כן בשני הקצוות
△27ב1125 אמר ולפי שאין לממוצע הנופל בזאת המדה שם וכמעט שיהיה הענין כן בשני הקצוות
ǂ27ב1125 אמר ולמה שהיה הממוצע אין לו שם בזאת המדה וכמעט שיהיה לשני הקצוות כך

%28ב1125 שמנו הסבלנות שם לאמצעי אחר שהיה יותר קרוב אל הקצה אשר מצד החסרון
ƃ28ב1125 ולכן שמנו הסבלנות שם לאמצעי לפי שהוא יותר קרוב אל הקצה אשר מצד החסרון
#28ב1125 לכן שמנו הסבלנות שב לאמצעי לפי שהוא יותר קרוב אל הקצה אשר מצד החסרון
△28ב1125 לכן קראנו את האמצעי בשם הסבלנות לפי שהוא קרוב אל הקצה אשר מצד החסרון
ǂ28ב1125 שמנו הסבלנות שם לאמצעי אחר שהיה יותר קרוב אל הקצה אשר מצד החסרון

%%29ב1125 רתיחה
%29ב1125 והוא אשר אין לו שם רצוני הנעדר הכעס ואולם הקצה האחר אשר מצד התוספת הנה הוא אשר יקרא חימה
ƃ29ב1125 והוא אשר אין לו שם רצוני הנעדר הכעס ואולם הקצה האחר אשר מצד התוספת הנה הוא אשר יקרא בעל חמה
#29ב1125 והוא אשר אין לו שם רצוני הנעדר הכעס ואולם הקצה האחר אשר מצד התוספת הנה הוא אשר יקרא בעל חימה
△29ב1125 והוא הקצה אשר אין לו שם רצוני הנעדר הכעס ואולם הקצה האחר אשר מצד התוספת הנה הוא נקרא בעל חמה
ǂ29ב1125 אשר זה הקצה אין לו שם רצוני הנעדר הכעס לגמרי ואולם הקצה האחר אשר מצד התוספת הוא יקרא חמה ובעליו יקרא איש המה

%30ב1125 וזה שזה ההפעלות יקרא בכלל כעס והדברים אשר יחדשו זה ההפעלות רבים
ƃ30ב1125 וזה שזה ההפעלות יקרא בכלל כעס והדברים אשר יחדשו זה ההפעלות הם רבים
#30ב1125 מפני שזה ההפעלות יקרא בכלל כעס והדברים אשר יחדשו זה ההפעלות הם רבים
△30ב1125 מפני שזה ההפעלות נקרא בכלל כעס והדברים שהם מחדשים זה ההפעלות הנם רבים
ǂ30ב1125 וזה ההפעלות בכלל יקרא כעס אמר הדברים אשר יחדשו זה ההפעלות רבים

% 27 שהיתה (ח) / אין] או (ג) / שהיה (ד) / 28 -אשר- (ג) / 29 ואולם אה"ר" השנייה נוספת בין השורותX (ג) / אשר X2X <מצד התוספת הנה הוא אשר> Xמחוקא (ב) / הימה <רתיחה> Xעם שני סימנים למעלהX (א) / 30 זה] זאת (ג) / -רבים עד כעס- (ג) /

ƃ 26 והסבלנות Xבאותיות גדולותX (א) /

----

26 מצוע] המצוע (ב) / 27 בשני] בב√ (ב) /

△ 28 מצד (א.ג) / 29 בעל עד נקרא X30X] (א.ד) / 30 ההפעלות X2X] אה"ה" הראשונה נוספת בין השורותX (א) /

ǂ 27 למה (ל מ) / 28 לאמצעי] לאמצעות (מ) / 29 חמה] כועס (כ) / 30 -יקרא- (ל) /

1125ב31% מתחלפים הנה אשר יכעס על מי שיחויב שיכעס עליו ומן הדברים אשר יחיבו הכעס
1125ב31б מתחלפים והנה האיש אשר יכעס על מי שראוי שיכעס עליו ומן הדברים אשר יחייבו הכעס
1125ב31# מתחלפים והנה האיש אשר יכעס על מי שראוי שיכעס עליו ומן הדברים אשר יחייבו הכעס
1125ב31Δ מתחלפים וזה שהאיש הכועס על מי שראוי לכעוס עליו ומדברים מחייבים הכעס
1125ב31ǂ מתחלפים הנה אשר יכעס על מי שיחויב שיכעס עליו ומן הדברים אשר יחויב שיכעס עליהם

1125ב32% וכמו שראוי ובזמן הראוי ובשעור הראוי הנה כבר נשבחהו
1125ב32б וכמו שראוי ובעת הראוי ובשעור הראוי כבר נשבחהו
1125ב32# וכמו שראוי ובעת הראוי ובשעור הראוי כבר נשבחהו
1125ב32Δ וכמו שראוי ובעת שראוי ובשיעור ראוי כבר ישובח ויהולל עליו
1125ב32ǂ ויכעס כמו שראוי ובזמן הראוי הנה כבר נשבחהו

1125ב33% וראוי שיהיה זה הוא הסבלן אחר שהיה הסבלנות משובח וזה שמדרך
1125ב33б וראוי שיהיה זה הוא הסבלן אחר שהסבלנות הוא דבר משובח וזה שמדרך
1125ב33# וראוי הוא לקרוא אל כמו זה האיש סבלן לפי שהסבלנות הוא דבר משובח וזה שמדרך
1125ב33Δ ודבר נאות הוא לקרוא כמו זה האיש בשם סבלן לפי שהסבלנות הוא דבר משובח וזה שמדרך
1125ב33ǂ וראוי שיהיה זה הסבלן אחר שהיה הסבלנות משובח וזה שמדרך

1125ב34%% מעביר על מדותיו בלתי
1125ב34% הסבלן שיהיה מתעלם בדברים בלתי נקשר לכעס
1125ב34б הסבלן הוא שיהיה מעביר על מדותיו בלתי נקשר לכעס
1125ב34# הסבלן הוא שיהיה מעביר על מדותיו בלתי נקשר לכעס
1125ב34Δ הסבלן ומסגולותיו הוא שיהיה מעביר על מדותיו ושלא יהיה נוח לכעוס
1125ב34ǂ הסבלן שיהיה מעביר על מדותיו בלתי נקשר לכעס

1125ב35% אבל יהיה בזה כפי מה שסדרו השכל
1125ב35б ואבל יתנהג בזה כפי מה שיסדרהו השכל
1125ב35# ואבל יתנהג בזה כפי מה שיסדרהו השכל
1125ב35Δ ואבל יתנהג בזה העינן כפי מה שיגזרהו ויסדרהו השכל
1125ב35ǂ אבל יהיה בזה כפי מה

% 31 -על- (ב) / שיכעס Xה"ע" נוספת בין השורותX (ד) / עליו <אם> (א) / ומן Xה"ר" נוספה אחר כןX (א) / 32 כמו (ג ח) / ובשיעור (ד) / נשבחהו] נחשבהו (ב ח) / 33 -אחר עד הסבלן- (ג) / ישובח (ב ד ח) / 34 מתעלם בדברים] מעביר על מדותיו (ב ג ד ח) /

----

31 מתחלפי√ (ב) /

Δ 33 ודבר (א.ב) וכבר (א) /

ǂ 31 על] עם (מ) / 32 נשבחהו] נשב בהם (כ) / 33 הסבלן] הכעסן (כ) /

1126א1% ותהיה מציאותו כשעור העת אשר ישערהו השכל ויחשב שהטעות בסבלנות אמנם יהיה ברוב
1126א1ƃ ותהיה עברתו כפי משפט העת אשר ישער השכל ויחשב שהטעות בסבלנות אמנם יהיה ברב
1126א1# ותהיה עברתו כפי משפט העת אשר יגזור השכל ויחשב שהטעות בסבלנות אמנם יהיה ברוב
1126א1△ ויהיה חרון אפו בשיעור מוגבל ובעת אשר יגזור אותו השכל וכבר יחשב שהטעות בענין הסבלנות אמנם יהיה ברוב
1126א1‡ אשר ישערהו השכל

1126א2% בחסרון לפי שהסבלן אינו אוהב הנקמה אבל
1126א2ƃ בחסרון לפי שהסבלן אינו אוהב הנקמה אבל
1126א2# בחסרון לפי שהסבלן אינו אוהב הנקמה אבל
1126א2△ מפני נטותו אל צד החסרון לפי שהסבלן איננו אוהב הנקמה ואבל
1126א2‡ Xאין מקבילX

1126א3% הוא מקבל ההתנצלות ואולם החסרון בזה ההפעלות היה העדר הכעס
1126א3ƃ הוא מתרחב בקבלת ההתנצלות ואולם החסרון בזה ההפעלות בין שיהיה העדר הכעס
1126א3# הוא מתרחב בקבלת ההתנצלות ואולם החסרון בזה ההפעלות בין שיהיה העדר הכעס
1126א3△ יתרחב בקבלת ההתנצלות ואולם החסרון בזה ההפעלות בין שיהיה העדר הכעס
1126א3‡ אמר אולם החסרון בזה והוא העדר הכעס לגמרי

1126א4% או אי זה דבר היה הנה הוא מגונה וזה שאשר לא יכעסו
1126א4ƃ או אי זה דבר אחר הנה הוא מגונה וזה שאשר לא יכעסו
1126א4# או אי זה דבר אחר הנה הוא מגונה וזה שכבר יחשב באנשים שאינם כועסים
1126א4△ או דבר אחר הנה הוא מגונה וזה שכבר יחשב מענין האנשים שאינם כועסים
1126א4‡ הוא דבר מגונה וזה שאשר לא יכעס

% 1א26 בשעור (ד) / שהטעות] שהתנועות (ח) / 2 החסרון (ב ח) / 3 המקבל (ח) / 4 או] על (ד) / -היה- (ב ג ד ח) / יכעס (ד) /

ƃ 1א26 ישער] ...ר (א) /

3א26 -בזה- (ב) /

△ 1א26 ויהיה עד השכל (א.א) / 2 מפני (א.ב) /

----

‡ 1א26 אשר ישערהו] שישערהו (מ) /

%5א1126 Xאין מקבילX
ƀ5א1126 Xאין מקבילX
#5א1126 Xאין מקבילX
Δ5א1126 Xאין מקבילX
‡5א1126 Xאין מקבילX

%6א1126 על מי שראוי שיכעס עליו כבר יחשב בם שהם לא ירגישו ולא יצטערו וכאשר לא יכעס האיש
ƀ6א1126 על מי שראוי לכעוס עליו כבר. יחשב בהם שהם לא ירגישו ולא יצטערו וכאשר לא יכעס האיש
#6א1126 על מי שראוי לכעוס עליו שאינם מרגישים ולא מצטערים וכאשר לא יכעס האיש
Δ6א1126 על מי. שראוי לכעוס עליו בשהם אינם מרגישים ולא מצטערים ואם לא יכעס האיש
‡6א1126 כפי מה שיחייבהו השכל הוא בלתי מרגיש ובלתי בעל שכל

%7א1126 לא יהיה נוקם וההמתנה על שמע הקללה
ƀ7א1126 לא יהיה לו נקמה מאיש ריבו וההמתנה על שמוע החרופים והגדופים
#7א1126 לא ישיג נקמה מאיש ריבו וממדות העבדים הוא להתאפק ולסבול על שמוע החרופין והגדופין
Δ7א1126 לא יקח נקמתו מאיש ריבו Xאל 1126א8אΔX 1126א7בΔ להתאפק ולסבול שמוע החרופים והגדופים Xאל 1126א8בΔX
‡7א1126 וההמתנה על שמיעת החרפות והקללות מכל אדם

%8א1126 ועזיבת הכעס לקרובים והראשיים ממדות העבד
ƀ8א1126 ועזיבת הכעס אל השרים והחשובים הוא ממדת העבדים
#8א1126 ועזיבת הכעס אל השרים והמושלים היא ממדת העבדים
Δ8אא1126 וממדות העבדים הוא ומתאריהם Xאל 1126א7בΔX 1126א8בΔ ולא נאה אל השרים והחשובים לאחוז במדות העבדים ולעזוב הכעס
‡8א1126 הוא ממדות העבד

% 6 ירגישו] ירבישו (ה) / יצטער (ד) / 8 והראשיים] ולראשים (ג) / ממדת (ב ה) /

----

8 והמושלים] וה.וש.ים (א) Xשתי נקודות מעל ל"ש"X (ב) /

Δ 8א וממדות Xה"מ" הראשונה נוספת בין השורותX (א.ב) / הוא (א.ב) / ומתאריהם Xה"מ" נוספת בין השורותX (א.ב) <הוא> Xעם סימני השמטהX (א) /

----

‡ 6 בלתי] ובלתי Xה"ו" בין השורותX (ל) / -ובלתי- (ל) / 7 הקללות והחרפות (ל מ) / אדם <ובכל מקום> (ל) / 8 ממדות] מדת (כ) /

1126א9% והתוספת כבר יהיה באלו הדברים כולם רצוני שיכעס האדם על מי שלא יחויב הכעס עליו
1126א9ƃ והתוספת כבר יהיה באלה הדברים כלם רצוני שיכעס האדם על מי שאין ראוי לכעוס עליו
1126א9# והתוספת כבר יהיה באלה הדברים כלם רצוני שיכעס האדם על מי שאין ראוי לכעוס עליו
1126א9Δ והתוספת הנה הוא באלה הדברים כלם רצוני שיכעס האדם על כי שאין ראוי לכעוס עליו
1126א9ǂ אמר אולם התוספת בזה הוא באלו העניינים רצוני שיכעס האדם על מי שלא יחוייב

1126א10% ומהענינים אשר לא יחיבו הכעס ויותר ממה שראוי וזמן יותר ארוך ממה שהיה ראוי
1126א10ƃ ומהעניינים אשר לא יחייבו הכעס ויותר ממה שראוי וזמן יותר ארוך ממה שראוי
1126א10# ומהעניינים אשר לא יחייבו הכעס ויותר ממה שראוי וזמן יותר ארוך ממה שראוי
1126א10Δ ומן העינינים שאינם מחייבים הכעס ויותר ממה שראוי וזמן יותר ארוך ממה שראוי
1126א10ǂ ומהעניינים אשר לא יחוייב שיכעס עליהם ויותר ממה שיחוייב ושיעמד כעסו זמן ארוך יותר ממה שיחוייב

1126א11% אלא שאלו כלם לא יתקבצו בדבר אחד בעינו לפי שזה לא
1126א11ƃ אלא שאלה כלם לא יתקבצו בדבר אחד בעינו לפי שזה אי
1126א11# אלא שאלה כלם לא יתקבצו בדבר אחד בעינו לפי שזה אי
1126א11Δ אלא שאלו כלם לא יתקבצו בדבר אחד בעינו לפי שאיננו
1126א11ǂ Xאין מקבילX

נפשו
1126א12%%
1126א12% יתכן רצוני שיכעס על מי שלא יחויב יותר ממה שיחויב ובזמן אשר לא יחויב אחר שהיה הרע יפסיד עצמו כשהתקבצו חלקיו כלם
1126א12ƃ אפשר רצוני שיכעס על מי שאין ראוי יותר ממה שראוי ובעת בלתי ראוי לפי שהרע מפסיד הוא את עצמו כאשר יתקבצו חלקיו
כלם
1126א12# אפשר רצוני שיכעס על מי שאין ראוי יותר ממה שראוי ובעת בלתי ראוי לפי שהרע מפסיד הוא את עצמו כאשר יתקבצו חלקיו
כלם
1126א12Δ מן האפשר שיכעס האדם על מי שאינו ראוי יותר ממה שראוי ובעת בלהי ראוי לפי שהרע מפסיד הוא את עצמו כאשר יתקבצו
חלקיו כלם
1126א12ǂ Xאין מקבילX

% 9 באלו] באלה (ב) באה (ח) / כלם (ב ג ד ח) / 10 מהעניבים (ח) / לא יחיבו] ראוי (ג) / הכעס <עליהם> (ג) / שהיה ראוי]
שראוי (ב ג ד ח) / 11 שאלו] שאלד (ב ח) / -כלם- (ג) / 12 יתכן] יסתכן (ד) / וזמן (ג) / עצמו] נפשו (ב ג ד ח)
/ חלקיו] חלקיי (א) /

----

10 -ארוך- (ב) /

Δ 10 ארוך (א.ד) ראוי (א) / 12 על (א.ד) אל (א) / מפסיד הוא] הוא מפסיד Xעם סימני החלפהX (א) /

ǂ 9 הוא] הנה (מ) / 10 -ומהעניינים עד יחוייב- (מ) /

%13א1126 אחר שהיה זה בלתי אפשר הנה הכעסן כבר ימהר אליו
ƃ13א1126 אחר שהוא נמנע לסבלו והכעסן כבר ימהר אליו
#13א1126 אחר שהוא נמנע לסבלו והכעסן כבר ימהר אליו
Δ13א1126 אחר שהוא נמנע לסבלו והאיש הכעסן יהיה נוח ומהיר
ǂ13א1126 אמר יש מן האנשים בעלי הכעס

%14א1126 הכעס ממה שאינו ראוי כפי מה שאינו ראוי ויותר ממה
ƃ14א1126 הכעס יותר ממה שאינו ראוי כפי מה שאינו ראוי ויותר ממה
#14א1126 הכעס ממה שאינו ראוי כפי מה שאינו ראוי ויותר ממה
Δ14א1126 לכעוס ממה שאינו ראוי על מי שאינו ראוי ויותר ממה
ǂ14א1126 Xאין מקבילX

%15א1126 שראוי וכבר ינוח כעסו במהירות והוא יותר טוב מה שבם
ƃ15א1126 שראוי וכבר ינוח כעסו במהירות וזה הוא הדבר היותר טוב שבהם
#15א1126 שראוי וכבר ינוח כעסו במהירות וזהו הדבר היותר טוב שבהם
Δ15א1126 שראוי אלא שכבר ישקוט הכעס וינוח קל מהרה וזהו הדבר אשר הוא יותר טוב שבאנשים הכעסנים
ǂ15א1126 שינוח כעסם במהירות וזהו הטוב שבם

%16א1126 ואמנם קרה להם שיהיו כן לפי שהם לא יחזיקו הכעס אבל
ƃ16א1126 ואמנם קרה להם שיהיה כן לפי שהם לא יצערו הכעס בלבותם ואבל
#16א1126 ואמנם קרה להם שיהיה כן לפי שהם לא יעצרו הכעס בלבותם ואבל
Δ16א1126 ואמנם קרה אל האנשים הכעסנים היותם בזה התאר מפני שהם אינם עוצרים הכעס בלבותם ואבל
ǂ16א1126א אמנם יש מאלו שינוח כעסם במהירות לפי שהם Xאל X‡ב17א1126 ǂב16א1126 ולא יחזיקו הכעס Xאל X‡א17א1126

% 13 אפשרי (ב ג ד ח) / 14 -כפי עד ראוי- (ב ד) Xנוסף בגליוןX (ב) / 15 והוא יותר] ויותר (א) Xבין השורות "והוא יותר"X (א) וזה היותר (ב ג ד ח) / מה] ממה (ב ח) / 16 קרה] קהה (ד) קרב (ח) / להם] בהם (ב) / שיהיו Xה"יו" נוספות בין השורותX (ב) שיהיה (ח) /

ƃ 14 יותר XכךְX (א) / שאינו X1X XכךְX (א) / 16 יצערו XכךְX (א) /

Δ 15 הכעס (א.ב) /

ǂ 15 -כעסם- (מ) הכעס (ל) / וזה (מ) / 16א שינוח] שירח (מ) / 16ב יחזקו (מ) /

%%17א1126 עוד
%17א1126 הם ינקמו ולחדותם יגלו הכעס אחר ינוחו
ɓ17א1126 יקחו נקמתם מאנשי מצותם ובעבור חדותם יגלו הכעס ואחרי כן ינוחו וישקוטו
#17א1126 יקחו נקמתם מאנשי מצותם ובעבור חדותם יגלו הכעס ואחרי כן ינוחו וישקוטו
△17א1126 יקחו נקמתם מאנשי מצותם ומצד חדותם יגלו הכעס ואחרי כן ינוחו וישקוטו
‡17א1126ב לחדותם יגלו כעסם Xאל 1126א18‡X 1126א17א‡ להנקמם משכנגדם מהר וחשוך חמתם Xאל 1126א19‡X

%%18א1126 אלו
%18א1126 ואשר יוסיפו על זה הם המהירי הכעס המתחדדים
ɓ18א1126 ואשר יוסיפו על אלו הם המהירי הכעס המחודדים
#18א1126 ואשר יוסיפו על אלו הם המהירי הכעס המחודדים
△18א1126 והמוסיפים במדת הכעס על אלה הם האנשים שהם מהירי הכעס ומחודדים
‡18א1126 ואלו הם מהירי הכעס Xאל 1126א16ב‡X

%19א1126 אשר יכעסו מכל דבר ובכל דבר אבל המר הנפש
ɓ19א1126 אשר יכעסו מכל דבר ובכל דבר ואולם האיש אשר הוא יקר הרוח
#19א1126 אשר יכעסו מכל דבר ובכל דבר ואולם האיש אשר הוא יקר הרוח
△19א1126 יכעסו מכל דבר ובכל דבר ואולם כעס האיש אשר הוא יקר הרוח
‡19א1126 אמר יש מן האנשים מרי נפש בעצמם והם אשר ישמרו הכעס בלבם ולא יראו כעסם

%20א1126 הנה תקשה מנוחת כעסו וישאר זמן ארוך לפי שהוא יחזיק
ɓ20א1126 יקשה השקט לו כעסו וישאר זמן ארוך לפי שהוא יעצור
#20א1126 יקשה השקט כעסו וישאר זמן ארוך לפי שהוא יעצור
△20א1126 יקשה השקיטו וימשך זמן ארוך לפי "הוא עוצר
‡20א1126 ותקשה מנוחת כעסם

% 17 ולחדותם Xה"ו" הראשונה נוספת בין השורותX (ג) / אחר] עוד (ב ג ד ה) / 18 זה] אלו (ב ג ד) לא (ה) / הם] להם (ה) /
המהירי] מהירי (ב ג ד ה) / המתחדדים] המתפחדים Xה"פ" מחוקהX (ב) / 19 אבל] ואולם (ב ג ד ה) / 20 יחזק (ד) /

ɓ 19 יקר] י.ר (א) /
----
18 על <אלה> Xסימן של מחיקה למעלהX (ב) /

△ 17 מצותם <ל> XמחוקהX (א) /
----
‡ 17ב לחדותם] לחמתם (כ) / 17א מהר] מהם (כ) / 19 -הכעס- (מ) / -ולא יראו כעסם- (כ)/ 20 מנוחות (ל) /

%%21א1126 כשנסתפק ונתרצה לפי
%21א1126 כעסו וינוח מהכעס כשנסתפק לפי
ƃ21א1126 כעסו בלבו אולם ינוח מהכעס כאשר יראה בצריו וזה
#21א1126 כעסו בלבו ואולם ינוח מהכעס כאשר יראה בצריו וזה
△21א1126 כעסו בלבבו ואכן ינוח מן הכעס כאשר יראה בצריו וזה מפני
‡21א1126 Xאין מקבילX

%%22א1126 שההסתפקות והרצוי ישקיט הכעס
%22א1126 שההסתפקות יניח הכעס לפי שהוא יחדש לבעליו תענוג עם צער
ƃ22א1126 שהשגת הנקמה ישקיט הכעס לפי שהוא מחדש לבעליו תענוג עם צער
#22א1126 שהשגת הנקמה ישקיט הכעס לפי שהוא מחדש לבעליו תענוג עם צער
△22א1126 שהשגת הנקמה תשקיט הכועס ותשכך החימה העצומה בעין כי היא תחדש בבעליה תענוג עם צער
‡22א1126 Xאין מקבילX

%%23א1126 יסתפקו ויתרצו תבער חמתם וזה
%23א1126 וכאשר לא יסתפקו התדבקה רתיחתם וזה שהם למה שהיו לא
ƃ23א1126 ובעוד תתאחר השגת הנקמה תהיה עברתם שמורה וזה שמפני שאינם
#23א1126 ובעוד תתאחר השגת הנקמה תהיה עברתם שמורה וזה שהם למה שאינם
△23א1126 ובעוד תתאחר הנקמה תהיה עברת כמו אלה האנשים שמורה וזה שהם למה שאינם
‡23א1126 וזה שהוכעס עליו לא

%24א1126 יראו כעסם למי שיכין לאחר הנחתם ולכן
ƃ24א1126 מראים את עברתם לכן לא יוכן אל שום אדם לשכך חמתם ולכן
#24א1126 מגלים כעסם אין דרך אל שום אדם לשכך חמתם ולכן
△24א1126 מגלים את כעסם אכן יעמוד צפון בכליותיהם לכן לא יהיה אל שום אדם דרך ומסלול להניחם מרגזם ולשכך חמתם ומפני כן
‡24א1126 ידע עד שישתדל לרצותו ולכן

% 21 מהכעס <כשהשיח יגלה כעסו לאחרים> Xעם סמני השמטהX (א) / כשנסתפק <ונתרצה> (ב ג ד ח) / 22 שההסתפקות] ההסתפקות (ג) <והרצוי> (ב ג ד ח) / יניח] ישקיט (ב ג ד ח) / 23 יסתפקו <ויתרצו> (ב ג ד ח) / התדבקה] תבער (ב ג ד ח) / רתיחתם] חמתם (ב ג ד ח) / 24 כעסם] כעס (ב ח) / שיכון (ג) / לאחר] לאחד (ד) <ירצה שהנחת כעסו מזה היא כשישיח Xה"י" השניה נוספת בין השורותX כעסו והראה לאחרים וכאשר לא Xבין השורותX ימצא איש לרצונו שיניחנו מכעסו ישאר בכעס> Xעם סימני השמטהX (א) / הנחתם] חנתם (ג) /
----
23 ובעוד] וכעוד (ב) /

△ 22 הכועס Xה"כ" וה"ו" נוספות בין השורות למעלה מאות מחוקהX (א.ב) / 23 תתאחר הנקמה Xכךx (א) / עברת (א.ב) עוברת (א) /
----
‡ 24 ידע] יודע (ל מ) / עד] שזה (ל) / שישתדלו (מ) /

%%25א1126 חמתם
%25א1126 תשאר רתיחתם זמן ארוך ומי שהיה בזה התואר הנה הוא מזיק לעצמו
б25א1126 תשאר זמן ארוך ומי שהיה ב־ה התאר הנה הוא מזיק לעצמו
#25א1126 תשאר זמן ארוך ומי שהיה ב־ה התאר הנה הוא מזיק לעצמו
△25א1126 תתמיד ותמשך זמן ארוך והא ש שהוא בזה התאר הנה הוא מצער ומזיק לעצמו
‡25א1126 תשאר המתו זמן ארוך ומי שבוא בזה התאר הוא מזיק לנפשו

%26א1126 ולאוהביו בפרט
б26א1126 ולאוהביו בפרט
#26א1126 ולאוהביו בפרט
△26א1126 ולאוהביו ביחוד
‡26א1126 Xאין מקבילX

%27א1126 ואשר יכעסו ממה שלא יחויב שיכעסו ממנו וביותר ממה שיחויב וישאר כעסם זמן ארוך
б27א1126 ואשר יכעסו ממה שאין ראוי לכעוס עליו וביותר ממה שראוי וישאר כעסם זמן ארוך
#27א1126 ואשר יכעסו ממה שאין ראוי לכעוס עליו וביותר ממה שראוי וישאר כעסם זמן ארוך
△27א1126 והנה הוא יותר ראוי מעניין האנשים הכועסים ממה שאין ראוי לכעוס עליו וביותר ממה שראוי וכעסם נמשך זמן ארוך
‡27א1126 Xאין מקבילX

%28א1126 ולא יתרצו עד שיסתפקו ויינקמו
б28א1126 ולא יתרצו עד שיקחו נקמתם
#28א1126 ולא יתרצו עד שיקחו נקמתם
△28א1126 ואינם מתרצים ומתפיסים עד שינקמו מאויביהם
‡28א1126 Xאין מקבילX

% 25 רתיחתם] חמתם (ב ג ד ה) / שהיה] שהוא (ג) / לעצמו] לנפשו (ג) / 27 שיכעסו] שיכעס (ב ג ד ח) / 28 יתרצו] יתרצרו (ג) /

△ 27 ממה (א.ד) ממנו (א) / 28 שינקמו Xה"ש" נוספת בין השורותX (א.ב) /

%29א1126 הנה היותר ראשון שירשמו אלו בם מקבילים לסבלנות משישים הקצה האחר
ƃ29א1126 הנה היותר ראוי שירשמו אלו בהם מקבילים לסבלנות משירשם הקצה האחר
#29א1126 הנה היותר ראוי שירשמו אלו התארים בהם מקבילים לסבלנות משירשם מקבילו הקצה האחר
△29א1126 שירשמו אלה התארים אשר בהם מקבילים לסבלנות משירשם מקבילו הקצה האחר
‡29א1126 Xאין מקבילX

%30א1126 לפי שהם יהיו יותר מהקצה האחר רצוני העדר הכעס והנקמה מן האנושות
ƃ30א1126 לפי שהם יהיו יותר מקצה האחר ר"ל העדר הכעס ולקיחת הנקמה הוא מן האנושות
#30א1126 לפי שהם ימצאו יותר מהקצה האחר רצוני העדר הכעס כי מטבע האנושות הוא לדרוש הנקמה ולתור אחרי השיגה
△30א1126 וזה מפני שהתארים האלה הם יותר נמצאים מן הקצה האחר רצוני העדר הכעס כי מטבע האנושות הוא לדרוש הנקמה ולתור אחרי השיגה
‡30א1126 Xאין מקבילX

%31א1126 ואשר יקשה כעסם הנה הם רעי החברה
ƃ31א1126 ואשר יקשה כעסם הם רעי הסברא
#31א1126 והאנשים אשר יעוז אפם ותקשה עברתם הנה חברתם רעה ומרה
△31א1126 והאנשים אשר יעוז אפם ותקשה עברתם הנה חברתם רעה ומרה
‡31א1126 Xאין מקבילX

%32א1126 וכבר התבאר גם כן ממה שאמרנוהו במה שקדם וממה שנאמר אותו עתה שלא
ƃ32א1126 וכבר התבאר גם כן ממה שאמרנוהו במה שקדם וממה שנאמר אותו עתה שלא
#32א1126 וכבר התבאר ממה שאמרנוהו במה שקדם וממה שנאמר אותו עתה שאיננו
△32א1126 וכבר התבאר ממה שאמרנוהו במה שקדם וממה שנאמר אותו עתה שאיננו
‡32א1126 אמר הוא מבואר

% 29 הנה] היה (ג) / אלו] לו (ב ח) / משישים] משירשם (ב ג ד ח) / הקצה] בקצה Xנקודה מעל ה"ב" ובגליון "ה"X (ב) / האחד (ד ח) / 30 שהם] שאם (ב ג ד ח) / מהקצה] מקצה (ח) / 31 כעסם] Xה"ם" נוספת בין השורותX (ב) / -הנה הם- (ב ג ד ח) / 32 התבאר Xמתוקנת מ"ההבאר"X (א) XחסרX (ג) / שנאמר] שלא אמר (ח) /

ƃ 32 שנאמר] שנאמ√ (א) /
----
30 כי Xבין השורותX (ב) / -הוא- (ב) /

%33א1126 יקל הגבלת הכעס במאמר איך ראוי שיהיה בכל מקום ועל מי יהיה ולאי זה דבר יהיה וכמה שעור
б33א1126 יקל הגבלת הכעס במאמר איך ראוי שיהיה בכל מקום ועל מי יהיה ולאי זה דבר יהיה וכמה יהיה שיעור
#33א1126 דבר נקל להגביל ענין הכעס במאמר ובגדר איך ראוי שיהיה בכל מקום ועל מי יהיה ולאי זה דבר יהיה וכמה יהיה שעור
△33א1126 דבר נקל להגביל ענין הכעס במאמר והגדר איך ראוי שיהיה בכל מקום ועל מי יהיה ולאי זה דבר יהיה וכמה יהיה שיעור
‡33א1126 כי הגבלת הכעס במאמר רצוני שנגדור איך ראוי שיהיה ועל מי ולמה ומתי וכמה שעור

%34א1126 זמנו ואל אי זה גבול מהכעס ראוי שיכעס עד שיהיה כבר הטיב בכעסו או טעה
б34א1126 זמנו ואל אי זה גבול מהכעס ראוי שיכעס עד שיהיה מטיב בכעסו או טועה בו
#34א1126 זמנו ואל אי זה גבול מהכעס ראוי שיבא הכועס עד שיהיה עושה כהוגן בכעסו או יהיה טועה בו
△34א1126 זמנו ואל אי זה גבול מן הכעס ראוי שיגיע הכועס עד שיהיה עושה כהוגן בכעסו או יהיה טועה ושוגה בו
‡34א1126 זמנו עד שיהיה כבר הטיב בכעסו Xאל X‡3ב1126

%35א1126 כי העברת הגבול בכעס מעט אל התוספת או אל החסרון כבר יגונה
б35א1126 כי העברת הגבול בכעס מעט אל התוספת והחסרון כבר יגונה
#35א1126 כי העברת הגבול בכעס מעט אל התוספת והחסרון כבר יגונה
△35א1126 וזה שעבור הגבול מעט בענין הכעס אם אל צד התוספת ואם אל צד החסרון הנה הוא מגונה
‡35א1126 אמר הנה העברת הגבול בכעס מעט אם אל התוספת ואם אל החסרון כבר יגונה

%36א1126 וזה שאנו פעמים נשבח בעלי החסרון
б36א1126 וזה שאנו לפעמים נשבח בעלי החסרון
#36א1126 וזה שאנו פעמים נשבח בעלי החסרון
△36א1126 ואנחנו כבר נשבח לפעמים את האנשים הנוטים אל צד החסרון
‡36א1126 ואם אנו פעמים נשבח בעלי החסרון

% 33 שיהיה (ד) / ולאי] ובאי (א) / -דבר יהיה- (ג) / שיעור (ד) / 34 אל (ח) / -אי- (ד) / הכעס (ד) / היטיב (ב) / 35
גבול (ג) / או אל החסרון] והחסרון (ב ח) /
----
34 ואל] ועל Xמחוק ובגליון "ואל"X (ב) /

△ 33 והגדר Xכך X (א) / 35 שעבור] שבעבור Xסימני השמטה מעל ל"ב"X (א) /
----
‡ 33 -ומתי- (כ) / 34 -כבר- (מ) / הטיב] הטוב הטוב (כ) / 35 בגבול (כ) / הכעס (כ) / ואם] אם (ל) או (מ) / יגונה] נאמר
(כ) /

%1ב1126 ונקראם סבלנים ואשר יקשה כעסם
ƃ1ב1126 ונקראם סבלנים ואשר יקשה כעסם
⧺1ב1126 ונקראם סבלנים ואשר יקשה כעסם
△1ב1126 ונקראם סבלנים וכבר ייוחס גם כן ענין האנשים אשר תקשה עברתם
‡1ב1126 ונקראם סבלנים ופעמים נשבח בעלי התוספת

%2ב1126 ייוחסו אל האנושות מדרך שהם הגונים לאדנות ואשר יגיע מהעברתו בכעס התואר והשעור אשר יהיה בשניהם
ƃ2ב1126 ייוחסו אל האנושות מצד שהם הגונים לאדנות ואשר יגיע מהעברתו בכעס התאר והשיעור אשר יהיה בהם
⧺2ב1126 ייוחסו אל האנושות מצד שהם הגונים לאדנות ואשר יגיע מהעברתו בכעס התאר והשעור אשר יהיה בהם
△2ב1126 אל האנושות מצד מה שהם נאותים והגונים לאדנות
‡2ב1126 ונקראם אנשים או בעלי אנושות מדרך שהם הגונים לאדנות Xאל 1126ב9‡X

%3ב1126 מגונה הנה לא יקל עלינו במאמר הגבלתו לפי שהם
ƃ3ב1126 מגונה הנה לא יקל עלינו במאמר הגדרתו והגבלתו לפי שהם
⧺3ב1126 מגונה הנה לא יקל עלינו במאמר הגדרתו והגבלתו לפי שהם
△3ב1126 ולכן לא יקל עלינו להגביל ענין הכעס ולשום בו גדר לפי שהם
‡3ב1126 אינו ממה שיקל כי הם

%4ב1126 ענינים חלקיים יוכרו בחוש ובמה שיחד אחד אחד מהם וזה בלתי בעל תכלית אבל כבר אפשר לנו שנגיע מהתבאר זה השעור
ƃ4ב1126 ענינים חלקיים שיוכרו בחוש ובמה שייחד אחד אחד מהם וזה הנה הוא בלתי בעל תכלית ואבל כבר אפשר לנו שנגיע בביאור הדבר אל זה השיעור
⧺4ב1126 ענינים חלקיים שיוכרו בחוש ובמה שייחד אחד אחד מהם וזה הנה הוא בלתי בעל תכלית ואבל כבר אפשר לנו שנגיע בבאור הדבר הזה אל זה השעור
△4ב1126 ענינים חלקיים שאינם נכרים ונבדלים זולת מפאת החוש ומפאת הדברים המיחדים לאחד אחד מהם והם בלתי בעלי תכלית ואכן הנה הוא אפשרי אלינו שנגיע בביאור הדבר הזה אל השיעור אשר נחקה
‡4ב1126 עניינים חלקיים לא יוכרו רק בחוש ובמה שייחד אחד אחד וזה לאין תכלית Xאל 1126א35‡X

% ב1 סבלנין (ב ח) / 2 ייוחס (ב ח) / לאדונות (ג) / התאר (ג ד) / והשיעור (ב ד ח) / אשר] עד (ד) / יהיה] שיהיה (ד) / 3 עלינו] עליו (ב ח) / 4 יוכרו] יותרו (ב) / שייחד (ב ג ד ח) / מהתבאר] מביאורו <אל> (ג) / השיעור (ב ד) /

⧺ ב2 ייוחסו] יוחסו (ב) / 4 וזה הנה הוא] וזהו (ב) / בלתי בעל תכלית] בב"ת (ב) /

△ ב2 לאדנות ולכן Xכךא (א) / 4 המיחדים Xרווח בין ה"י" ובין ה"ח"X (א) / ואכן עד שנגיע (א.ד) הנה אפשרי אליו שיגיע (א) / נחקה Xכךא (א) /

----

‡ ב3 ואינו (כ) / הם] אם (ל) / 4 יוכרו] יובנו (כ) / שייחד] שיאחר (כ) / -אחד- (כ) /

%5ב1126 ונאמר שהתאר הממוצע אשר בו יחודש הכעס על מי שיחויב
ƀ5ב1126 ונאמר שהתואר הממוצע אשר בו יחודש הכעס על מי שראוי
#5ב1126 ונאמר שהתאר הממוצע אשר מצדו בו יחו־ש הכעס על מי שראוי
Δ5ב1126 ונאמר   שהתאר הממוצע אשר מצדו יחודש הכעס על מי שראוי
ǂ5ב1126 Xאין מקבילX

%6ב1126 ובשעור הראוי שיהיה ושאר מה שידמה זה מהתנאים הוא משובח
ƀ6ב1126 בשיעור הראוי ושאר מה שידמה לזה מהתנאים הוא משובח
#6ב1126 ובשעור הראוי ושאר מה שידמה לזה מהתנאים הוא משובח
Δ6ב1126 ובשיעור הראוי ויתר התנאים הדומים לאלה הנה הוא משובח
ǂ6ב1126 Xאין מקבילX

%7ב1126 והתוספות והחסרונות מגונים וכשעברו האמצעי מעט
ƀ7ב1126 והתוספות והחסרונות הם מגונים וכאשר יעברו מהאמצעי מעט
#7ב1126 והתוספות והחסרונות הם מגונים וכאשר יעברו מהאמצעי מעט
Δ7ב1126 והתוספות והחסרונות הנה מגונים ואם יעברו מהאמצעי מעט
ǂ7ב1126 Xאין מקבילX

%8ב1126 יגונה גנות מועט וכשתעבר יותר מזה יגונה יותר מזה וכשעברו מאד יגונו מאד
ƀ8ב1126 יגונו גנות מועט וכאשר יעברו ממנו יותר מזה יגונו יותר מזה וכאשר יעברו מאד יגונו מאד
#8ב1126 יגונו גנות מועט וכאשר יעברו ממנו יותר מזה יגונו יותר מזה וכאשר יעברו מאד יגונו מאד
Δ8ב1126 יגונו גנות מועט ואם יעברו ממנו יותר מזה השיעור יגונו יותר ואם יעברו מאד יגונו מאד
ǂ8ב1126 Xאין מקבילX

% 6 ושאר] נשאר (ב ד ח) / 7 והתוספת (ב ג ד ח) / והחסרון (ג) וחסרונות (ד) / וכשיעברו (ג) / -וכשעברו עד וכשעברו- (ב ג ד ח) / 8 יגונו] יגונה (ב ג ד ח) /

Δ 5 ונאמר Xבאותיות גדולותX (א) / 6 הנה עד הנה X7X (א.ד) הנה הם (א) / 8 יגונו מאד (א.ד) /

%9ב1126 וכשהיה זה כן הנה הוא מהמבואר שראוי לנו שנחזיק בתואר האמצעי אמר הנה
ƃ9ב1126 וכשיהיה זה כן הנה מהמבואר שהוא ראוי לנו שנחזיק בתאר האמצעי אמר הנה
#9ב1126 וכשהיה זה כן הנה מהמבואר שהוא ראוי לנו שנחזיק בתאר האמצעי אמר הנה
△9ב1126 וכאשר היה הדבר כן הנה הוא מן המבואר שהוא ראוי אלינו להחזיק בתאר האמצעי אמר הנה
ǂ9ב1126 וכשיהיה זה כן הנה מהמבואר שהוא ראוי שנחזיק בתאר האמצעי

%10ב1126 כבר תארנו הענינים הנמצאים בכעס
ƃ10ב1126 כבר תארנו הענינים הנמצאים בכעס
#10ב1126 כבר תארנו הענינים הנמצאים בכעס
△10ב1126 כבר תארנו הענינים הנמצאים בכעס
ǂ10ב1126 ובכאן נשלם באור העניינים הנמצאים בכעס

%%11ב1126 00000 0000 00000000
%11ב1126 ואמנם הענינים שיהיו בחבורות וההלצות כלומ√ מילי דבדיחותא
ƃ11ב1126 ואולם הענינים אשר יהיו בחבורות וההלצות
#11ב1126 ואולם הענינים הנופלים בחבורות
△11ב1126 ואולם הענינים הנופלים בחבורות
ǂ11ב1126 הדבור בחברה ובשתוף אמר החברה עם בני אדם יש לה קצורות ואמצע וזה כי מן האנשים מי שאינו מתחבר עם זולתו ואלו יקראו בודדים ויש מהם מי שיתחבר עם כל אדם

%12ב1126 והשתופים הנה אשר יכונו בם חולי האנשים והם אשר
ƃ12ב1126 והשתופים הנה אשר יכונו בם לרצות האנשים והם אשר
#12ב1126 והשתופים הנה אשר יכוונו בהם לרצות האנשים והם אשר
△12ב1126 והשתופים הנה הם נחלקים אל מינים מתחלפים וזה שכבר ימצאו מין מן האנשים שהם מכוונים בחברתם ושותפם אל שירצו בהם את חביריהם ואלה הם האנשים
ǂ12ב1126 Xאין מקבילX

% 9 -הוא- (ב ג ד ח) / שראוי] שהוא ראוי (ב ד ח) / שנחזק (ד) / 11 ואמנם] ואולם (ב ג ד ח) / שיהיו] אשר יהיר (ב ג ד ח) / -כלומ√ מילי דבדיחותא- (ב ג ד ח) / 12 ובשתופים (ג ד) /

ƃ ב12 והשתופים Xבאותיות גדולותX (א) /

----

11 <אמר> Xבאותיות גדולות לפני "ואולם"X (ב) /

△ 9 אלינו (א.א) /

ǂ 9 מבואר (מ) / האמצע (מ) /

%13ב1126 יכונו שיתענג בחברתם זולתם ולא ימשכו אחד ממי שיתחברו על דבר אבל הם יראו
ƃ13ב1126 יכונו שיתענג בחברתם זולתם לא ימשכו לאחד ממי שיתחברו עמו על דבר ואבל הם יראו
#13ב1126 יכונו שיתענג בחברתם זולתם ולא יעציבו לאחד ממי שיתחברו עמו על דבר ואבל הם מסכימים
△13ב1126 השמים מגמת פניהם אל שיתענג זולתם בחברתם ואינם מענים אל שום אדם שיתחבר עמהם ואכן הנה הם רואים ומסכימים
‡13ב1126 Xאין מקבילX

%14ב1126 שלא ידאגו אותם שיתחברו בו הנה אלה מין מבני אדם והם המתהפכים לאלה
ƃ14ב1126 שלא ידאגו כאשר יתחברו עמו והנה אלה מין מבני האדם ואותם אשר הם הפכיים לאלה
#14ב1126 לבלתי העציב אל שום אדם שיתחברו עמו הנה אלה מין מבני אדם ואותם אשר הם הפכיים לאלה
△14ב1126 לבלתי העציבו וכבר ימצאו אנשים אחרים שהם הפכים לאלה
‡14ב1126 Xאין מקבילX

%%15ב1126 יחד
%15ב1126 אשר יתחלפו להם בכל עניניהם ולא ישימו לב בדבר ישמח זולתם
ƃ15ב1126 אשר יתחלפו להם בכל עניניהם ולא ישימו לב בדבר שיחד זולתם
#15ב1126 אשר יתחלפו להם וכל עניניהם ולא ישימו לב בדבר שיחד זולתם
△15ב1126 ויתחלפו להם בכל עניניהם ולא ישיתו לב בדבר שיהיה מיוחד בזולתם
‡15ב1126 Xאין מקבילX

%16ב1126 והם אשר יקראו מזוהמים מרוחקים מתועבים
ƃ16ב1126 יקראו מזוהמים מתועבים מרוחקים
#16ב1126 יקראו עקשים ופחותים ונלוזים במעגלותם
△16ב1126 ואלה האנשים יקראו עקשים ופחותים ונלוזים במעגלותם
‡16ב1126 ואלו יקראו מזוהמים

% 13 שיתענגו (ג) / אחר (ב ח) / -ממי- (ח) / 14 בו] בם (ג) / והמתהפכים (א) / 15 עניניהם Xה"ה" נוספת בין השורותX (ב)
/ ישמח] יחד (ב ג ד ח) / 16 מתועבים מרוחקים (ב ג ד ח) /

----

13 מסכימים] מסכימי√ (ב) / 14 הפכיים] הפכים (ב) / 15 בדבר] לדבר (ב) /

%17ב1126 ומן המבואר שאלו העניינים המתוארים רצוני שני הקצות מהם מגונים וכי העניין הממוצע
б17ב1126 ומן המבואר שאלו העניינים המתוארים רצוני שני הקצוות מהם מגונים וכי העניין הממוצע
#17ב1126 ומן המבואר שאלה העניינים המתוארים רצוני השני קצוות מהם הנה הם עניינים מגונים ושהעניין הממוצע
Δ17ב1126 והנה הוא מבואר מדבר העניינים הנזכרים שהשני קצוות מהם הם מגונים ושהתאר הממוצע
ǂ17ב1126 ומבואר שאלו שני הקצוות מגונים כי העניין הממוצע

%18ב1126 בין שניהם משובח לפי שאנו נקבל בו מה שראוי שנקבלהו וכמה שראוי
б18ב1126 בין שניהם משובח לפי שאנו נקבל בו מה שראוי שנקבלהו וכמה שראוי
#18ב1126 בין שניהם הוא משובח לפי שאנחנו נקבל בו מה שראוי שנקבלהו וכמו שראוי
Δ18ב1126 ביניהם הוא משובח ביען כי בו יקבל האדם מה שראוי לקבל אותו וכמו שראוי
ǂ18ב1126 בין שניהם משובח והוא שנקבל בהברתנו מי שראוי שנקבלהו ובצד שראוי שנקבלהו

%19ב1126 ולכן כבר יהיה בבעליו זהום ואין להם שם
б19ב1126 ולכן כבר יהיה בבעליהם זיהום ואין להם שם
#19ב1126 ולכן ימצא באנשים המתוארים בקצוות עקשות ואין להם שם
Δ19ב1126 ולכן ימצא באנשים המתוארים בקצוות עקשות ואין להם שם
ǂ19ב1126 ואין לזה האמצעי שם נפרד

%20ב1126 אמר וכבר תדמה זאת המדה האהבה וזה שאשר יהיה
б20ב1126 אמר וכבר תדמה זאת המדה אל האהבה וזה שאשר יהיה
#20ב1126 אמר וכבר תדמה זאת המדה אל האהבה וזה שהאיש שהוא
Δ20ב1126 אמר וזאת המדה הנה היא דומה אל האהבה מצד ומתחלפת אליה מצד הנה היא דומה אליה מפני שהאיש שהוא מתואר
ǂ20ב1126 אמר הנה יראה שזאת התכונה האמצעית היא מתכונת האהבה

% 17 שאלו] שאלה (ח) / הקצורות (ב ג ח) / 19 זיהום (ב ד) ויהום (ח) / 20 שאשר] אשר (ד) /
----
18 -בו- (ב) /

Δ 20 ומתחלפת אליה מצד (א.ב) /

ǂ 17 השני קצוות (ל) / 18 שנקבלהו] שנקלה (מ) / -ובצד עד שנקבלהו- (מ) /

%21ב1126 בעניך הממרצע מזאת המדה תארו תאר האוהב
ƃ21ב1126 בעניך הממרצע מזאת המדה תארו תואר האוהב
#21ב1126 בתאר הממרצע מזאת המדה תארו הוא תאר האוהב
Δ21ב1126 בזאת המדה מן התאר הממרצע הנה משפטו משפט האוהב
‡21ב1126 Xאין מקבילX

%%22ב1126 ברך המדה היא מודה וכבר
%22ב1126 וזה כמו מה שנטה אל שנאמר בדרך הצד שהוא אוהב לנו במהירות קבולו החבה וכבר תתחלף זאת המדה לאהבה לפי שהיא ערומה
ƃ22ב1126 וזה כמו מה שנטה אל שיאמר במי שהוא נוח ונוטה אל ההתקרב שהוא אוהב לנו בעבור מהירותו לקבל הידידות וכבר תתחלף זאת
המדה לאהבה לפי שהיא ערומה
#22ב1126 וזה כמו מה שיכריע אל שיאמר באיש שהוא קל ונוח להשמע ולהעתר שהוא אוהב אותנו בעבור מהירותו לקבל הקורבה והידידות
וכבר תתחלף זאת המדה לאהבה לפי שהיא ריקה
Δ22ב1126 והנה זה כמו מה שיכריע אל שיאמר באיש שהוא קל ונוח להשמע ולהעתר שהוא אוהב את האנשים בסבת מהירותו לקבל הקרבה
והידידות והנה היא מתחלפת אל האהבה לפי שזאת המדה ריקה היא ומופשטת
‡22ב1126 Xאין מקבילX

%%23ב1126 במדת
%23ב1126 מההפעלות שיהיה באהבה אחר שהיה לא יחשב בחבת מי שיאהבהו כמו שיחשב האוהב וזה שהוא לא
ƃ23ב1126 מההפעלות אשר יהיה באהבה אחר שהוא לא יחשוב בידידות מי שיאהבהו כמו שיחשוב האוהב וזה שהוא לא
#23ב1126 מההפעלות אשר יהיה באהבה אחר שהוא לא יחשוב בידידות מה שיאהבהו כמו שיחשוב האוהב וזה שהוא לא
Δ23ב1126 מן ההפעלות הנופל בעניך האהבה וזה שהאיש שהוא מתואר מזאת המדה לא ישים מחשבתו ודמיונו בידידות האיש אשר יאהבהו
באופן שיעשה האוהב כי הוא איננו
‡23ב1126 Xאין מקבילX

% 22 בדרך] ברך (ג ד) / קבולו] קבלו (ב ג ד ה) / החבה] המדה היא מודה (ב ה) המדה היא מדה (ג) המדה הוא מדה (ד) / התחלף (ה) / 23 מהפעלות (ג) / שיהיה] אשר יהיה (ב ג ד ה) / אחר] אשר (ג) / יחשב] יחשוב (ד) / בחבת] במדת (ב ג ד ה) /

ƃ 22 שנטה] שיטה (א) /

----

22 ריקה] .יקה (א) /

Δ 23 שהוא] שהנא (א) / הרא (א.ג) הנה (א) /

%24ב1126 יקבל כל אחד ממי שיקבלהו כפי מה שראוי כשיאהבהו ולא ישנאהו אבל אמנם יקבל מי שיקבל לפי שטבעו הוא בזה התואר
ƃ24ב1126 יקבל כל אחד ממי שיקבלהו כפי מה שראוי בשיאהבהו ולא ישנאהו אבל אמנם יקבל מי שיקבל לפי שטבעו הוא בזה התאר
#24ב1126 יקבל כל אחד ממי שיקבלהו כפי מה שראוי בשיאהבהו ולא ישנאהו ואכן אמנם יקבל מי שיקבל לפי שטבעו הוא בזה התאר
△24ב1126 מקבל כל אחד ואחד מן האנשים שהוא מקבל כפי מה שראוי מצד מה שהוא אוהב אותו ואיננו רואה את כל מאומה בידו ואכן אמנם יקבל אותו מצד טבער שהוא בזה התאר
‡24ב1126 Xאין מקבילX

%25ב1126 ולכן יאהב מי שידעהו ומי שלא ידעהו ומי שלא יתחבר לו
ƃ25ב1126 ולכן יאהב מי שלא ידעהו ומי שידעהו מי שלא יתחבר עמו
#25ב1126 ולכן יאהב מי שלא ידעהו ומי שידעהו ומי שלא יתחבר עמו
△25ב1126 ולכן יאהב את האנשים אשר לא הכירם ולא ידעם כמו שיאהב את מכיריו ומיודעיו ויאהב את האיש הרגיל עמו
‡25ב1126 Xאין מקבילX

%26ב1126 או התחבר לו על משל אחד זולת שהוא יפעל מה שיפעל מזה בכל אחד מהדברים כמו שיחויב לו
ƃ26ב1126 או יתחבר עמו על משל אחד זולת שהוא יפעל מה שיפעל מזה בכל אחד מהדברים כמו שראוי לו
#26ב1126 או יתחבר עמו על משל אחד זולת שהוא יפעל מה שיפעל מזה בכל אחד מהדברים כמו שראוי לו
△26ב1126 ואת שאינו רגיל עמו על משל אחד אלא שהנהגתו ומה שיפעלהו מזה הענין בכל אחד מן הדברים איננו כמו שראוי אליו
‡26ב1126 Xאין מקבילX

%27ב1126 וזה שלא יחויב שיהיה חשקו בנכרים והמורגלים וקבולו אותם על משל אחד
ƃ27ב1126 וזה שאין ראוי שיהיה שעשועו עם הנכרים הרגילים וקבלו אותם על משל אחד
#27ב1126 וזה שאין ראוי שיהיה שעשועו עם הנכרים והרגילים וקבלו אותם על משל אחד
△27ב1126 וזה שאיננו מן הראוי שיהיה שעשועו עם הנכרים והמכרים וקבלו אותם על משל אחד
‡27ב1126 והנה אין ראוי שתהיה חברתנו ואהבתינו לנכרים ולמורגלים על משל אחד ממדרגה אחת

% 24 בשיאהבהו (ב ד) / ולא] לא (ח) / 27 בנכרים] נערים (ב ח) / וקבולו] וקבלו (ג ח) /
----
24 שטבעו] טבער (ב) / 26 או יתחבר] ומי שיתחבר X"מי ש" מחוק ובין השורות "או"X (ב) /

%28ב1126 אבל לא יכלול אחד   אמר   הנה כבר תארנו איך ראוי שתהיה החברה
ƃ28ב1126 ראמנם לא יעציב לשום אדם בעולם   אמר   הנה כבר תארנו איך ראוי שתהיה החברה
#28ב1126 ואכן לא יעציב לשום אדם בעולם   אמר   הנה כבר תארנו איך ראוי שתהיה החברה
△28ב1126 אך אמנם לא יעציב אל שום אדם בעולם   אמר   וכבר תארנו איך ראוי שיהיה עניך החברה
ǂ28ב1126 Xאין מקבילX

%29ב1126 וכשייוחסו ענינינה רצוני החברה אל פועל הנאה והמועיל תראה אותו יכוון בו
ƃ29ב1126 וכאשר ייוחסו תאריה רצוני תארי בעל החברה אל פעל הנאה והמועיל תראה אותו שיכוון בו
#29ב1126 וכאשר ייוחסו תארי בעל החברה אל הפעל הנאה והמועיל תראה אותו שיכוון בו
△29ב1126 וכאשר ייוחסו תארי האיש המתחבר אל הפעל היפה והמועיל ימצא שהדבר הנרצה והמכוון מכמו זה האיש
ǂ29ב1126 Xאין מקבילX

%%30ב1126 או אל שישמחהו
%30ב1126 שלא יעציב אחד גם ענינו שישמחהו וזה שהנה ידמה שיהיו עניני החברה אמנם ימצאו בתענוגים
ƃ30ב1126 שלא יעציב אל שום אדם בעולם או אל שישמחהו וזה שכבר ידמה כשתארי החברה אמנם ימצאו בתענוג
#30ב1126 שלא יעציב אל שום אדם בעולם או אל שישמחהו וזה שכבר ידמה בשהארי החברה אמנם ימצאו בתענוג
△30ב1126 הוא שלא יעציב אל שום אדם בעולם או אל שישמחהו וזה שכבר ידמה מעניני החברה ותאריה שהם נמצאים בתענוג
ǂ30ב1126 Xאין מקבילX

%31ב1126 וההצטעריות ומה שהיה מאלו
ƃ31ב1126 והצער ומי שהיה מאלו
#31ב1126 והצער ומי שהיה מאלו
△31ב1126 והצער בלבד והאיש
ǂ31ב1126 Xאין מקבילX

% 29 -רצוני החברה- (ג) / תראה <Xרווח של עשר אותיות בהתחלת השורה עם קו מוחק באותו דיו של משורה הטכסט עם הלטיניתX> (א) /
אותו] אותם (ח) / יכוון] כוון (ב ג ד ח) / 30 יעציב] העציב Xנקודה מעל ל"ה" ו"י" בגליוןX (ח) / גם ענינו] או אל
(ב ד ח) או שלא (ג) / שישמחהו] ישמחהו (ג) / שהנה] שהוא (ג) / ידמה <Xרווח של עשר אותיות בהתחלת השורה עם קו מוחק
באותו דיו של משורה הטכסט עם הלטיניתX> (א) / שיהיה (ג) / 31 וההצטעריות (ג) וההצטערות (ד) / ומה Xבין השורותX
(א) /

----

29 ייוחסו] יוחסו (ב) / בעל] בעלי (ב) / 30 יעציב] יעצוב (ב) / 31 שהיה] שיהיה (ב) /

△ 29 ייוחסו (א.ב) יחסו (א) / והמכוון (א.ב) והמתון (א) / 30 הוא (א.ב) / מעניני (א.ב) מעניך (א) /

1126ב32% לא ימצא בו ענין נאה או היה בו ענין מזיק הנה כבר יקשה על בעליו שישמח אחד

1126ב32ƃ שלא ימצא בו ענין נאה או יהיה בו ענין מזיק הנה כבר יקשה על בעלו שישמח לשום אדם בעולם

1126ב32# שלא ימצא בו ענין נאה או יהיה בו ענין מצער הנה כבר יקשה על בעליו שישמח לשום אדם בעולם

1126ב32Δ שאין שום ענין יפה נמצא בו או שימצא בו ענין מצער הנה הוא קשה בחקו שישמח אל שום אדם

1126ב32‡ Xאין מקבילX

1126ב33% וכבר יבחר שיצער וזה יקנה אל פועלו גנות

1126ב33ƃ וכבר יבחר שיצער וזה יקנה אל פועלו גנות

1126ב33# וכבר יבחר שיצער וזה יקנה אל פועלו גנות

1126ב33Δ ואבל יהיה חפצו ובחירתו לצער ולהזיק וכמו זה הדבר כבר יקנה ויוריש אל האיש הפועל אותו גנות וכיעור

1126ב33‡ Xאין מקבילX

1126ב34% וזה הגנות אם שיהיה אינו קטן ואם שיהיה מזיק ואולם

1126ב34ƃ וזה הגנות אם שיהיה אינו קטן ואם שיהיה מזיק ואולם

1126ב34# וזה הגנות אם שיהיה אינו קטן ואם שיהיה מצער ומזיק ואולם

1126ב34Δ אם גנות שאיננו מועט ואם גנות מצער ומזיק ואולם

1126ב34‡ Xאין מקבילX

1126ב35%% מועטת

1126ב35% הפך זה התואר רצוני אשר בו ענין נאה או מועיל הנה לא יקבל דאגה כלל אבל בעליו יקשה זה עליו

1126ב35ƃ הפך זה התאר רצוני אשר בו ענין נאה או מועיל הנה לא יקבל דאגה מועטת ואבל בעליו יקשה זה עליו

1126ב35# התאר שהוא הפכיי לזה רצוני התאר הנמצא בו ענין נאה או מועיל לא ימצא בו אפי√ עוצב מועט ואבל בעליו יקשה זה עליו

1126ב35Δ התאר שהוא הפכי לזה רצוני התאר הנמצא בו ענין יפה או מועיל איננו נמצא בו אפילו עוצב מועט ואבל יקשה זה על האיש המתואר בו

1126ב35‡ Xאין מקבילX

1126ב36% וכבר יתחבר בעל היכולת עם הפחות שבאנשים

1126ב36ƃ וכבר יתחבר עם בעלי היכלת ועם הפחות שבאנשים

1126ב36# וכבר יתחבר עם השרים והמושלים ועם האנשים השפלים

1126ב36Δ וכמו זה האיש כבר יארח לחברה עם השרים והמושלים ועם האנשים השפלים

1126ב36‡ וכן אין ראוי לבעל היכולת שתהיה חברתו עם נכבדי האנשים ועם פחותיהם על משל אחד

% 32 -נאה עד ענין- (ד) / הנה] היה (ג) / 33 שיצטער (ב ג ח) / יקנה] שיקנה (ח) / 34 אם] או (ג) / -שיהיה- (ד) / ואולם Xבאותיות גדולותX (א) / 35 כלל] מועטת (ב ג ד ח) / 36 יתחבר] התחבר (ג) /

----

‡ 36 פחותיהם <על מדרגה אחת> (מ) / ועל (מ) /

%1א1127 ומי שידעהו ידיעה אמתית ומי שידעהו למטה מזה חבורות מתחלפות כפי מה שיחויב
б1א1127 ועם מי שיכירהו הכרה אמיתית ועם מי שיכירהו למטה מזה חברוה מתחלפות כפי מה שראוי
#1א1127 ועם מי שיכירהו הכרה אמתית ועם מי שיכירהו למטה מזה חברות מתחלפות כפי מה שראוי
△1א1127 ועם האנשים שהם מכיריו ומיודעיו באמת ועם האנשים שהם למטה מהם בענין ההכרה חברות מתחלפות כפי מה שראוי
ǂ1א1127 Xאין מקבילX

%%2א1127 הענינים המתחלפים האחרים כבר
%2א1127 ובשאר הענינים כבר יתן כל אחד מה שיחויב לו
б2א1127 ובשאר הענינים המתחלפים האחרים וכבר יתן לכל אחד מה שראוי לו
#2א1127 ובשאר הענינים המתחלפים האחרים וכבר יתן לכל אחד מה שראוי לו
△2א1127 וכמו כן ביתר התארים האחרים המתחלפים וכבר יתן לכל איש מן האנשים מה שראוי לו
ǂ2א1127 Xאין מקבילX

%%3א1127 יתבייש מי שישמח
%3א1127 וכבר לא יהנה משישמח לבדו ולא יעציב אחד ברצונו
б3א1127 וכבר יתבייש שישמח בעמדו יחידי ולא יעציב לשום אדם ברצונו
#3א1127 וכבר יתבייש שישמח בעמדו יחידי ולא יעציב לשום אדם בעולם ברצונו
△3א1127 ויתבייש לשמוח בעמדו יחידי ויתרחק מלהעציב שום אדם בעולם
ǂ3א1127 Xאין מקבילX

%4א1127 והדברים אשר יפנו עניניו אליהם אם היו מהענינים הגדולים רצוני
б4א1127 והדברים אשר יפנו עניניו אליהם אם יהיו מהענינים הגדולים רצוני
#4א1127 והדברים אשר יפנו עניניו אליהם אם הם מן הענינים הגדולים רצוני
△4א1127 ואם הדברים אשר יפנו תאריו ועניניו אליהם הם מן הענינים הגדולים רצוני
ǂ4א1127 Xאין מקבילX

% 1א27 -ידיעה עד שידעהו- XבגליוןX (א) / חבורות] חברות (ב ג ד ח) / 2 ובשאר] ובשער Xעם שלש נקודות למעלה ובגליון למטה "ובשאר" עם עוד אותיות ומלים שא"א לקרוא אותןX (ב) / הענינים <הכתחלפים האחרים> (ב ד) <המתחלפים> (ג) / -כבר עד שיחויב- (ח) / 3 לא יהנה] יתבייש (ב ג ד ח) / משישמח] מה שישמד (ב ח) מי שישמח (ג ד) / ולא אה"ר" נוספת בין השורותX (א) / 4 והדברים] והעניניב (ב ה) / יפנו] יכינו (ב ה) / אליהם] עליהם (ח) / מהענינים Xה"ב" וה"י" האחרונות בין השורותX (א) /

△ 1א27 מכריו Xרווח של אות בין ה"כ" וה"ר"X (א) / 4 יפנו (א.ד) /

1127א5% הנאה או המועיל ישולח אל זה והתפשט בו
1127א5б הנאה או המועיל ישולח אל זה והתפשט בו
1127א5# הנאה או המועיל ישולח אל זה ויתרחב בו
1127א5Δ מן הענינים היפים או המועילים אז יתפשט בענין ההוא ויתרחב בו
1127א5ǂ Xאין מקבילX

1127א6% וכבר ידאג דאגה מועטת בסבת מה שישיג זה מן התענוג אחר זה רצוני בעבור שישמח במה שאחר זה הנה זה הוא תואר הממוצע בזאת המדה רצוני בחברה
1127א6б וכבר יעציב עוצב מועט בסבת מה שימשך מהתענוג אחר זה רצוני בעבור שישמח במה שאחר זה הנה הוא תאר הממוצע בזאת המדה רצוני בחברה
1127א6# וכבר יעציב עוצב מעט בסבת מה שימשך מהתענוג אחר זה רצוני בעבור שישמח במה שאחר זה הנה הוא זה תאר הממוצע בזאת המדה רצוני בחברה
1127א6Δ ולפעמים יעציב עוצב מועט בסבת מה שימשך אחריו מן התענוג רצוני בעבור שישמח אחרי כן הנה זה הוא תאר הממוצע בזאת המדה ר"ל מדת החברה
1127א6ǂ Xאין מקבילX

1127א7% ולא יונח לו שם ואולם אשר ישמחו זולתם היה מי שהיה
1127א7б ולא יונח לו שם ואולם אשר ישמחו זולתם יהיה מי שיהיה
1127א7# ולא יונח לו שם ואולם האנשים שהם משמחים לזולתם יהיה מי שיהיה
1127א7Δ ולא הונח לו שם ואולם האנשים שהם משמחים אל זולתם יהיה מי שיהיה
1127א7ǂ אמר מי שיתחבר עם כל אדם

% 5 ותתפשט (ב) / 6 מן התענוג] מהתענוג (ב) / במה] Xתוספת בסוף השורהX (א) / זה הוא] הוא זה (ב ח) / תואר] תאב (ג) / המדה] החברה (ח) / בחברה] החברה (ג) / 7 הונח (ג) / ואולם Xבאותיות גדולותX (א) /

5א27 או המועיל] אוהמועיל Xעם שתי נקודות מעל ל"ו" הראשונהX (ב) /

1127א8% וכונתם שישמחו האנשים לזולת סבה הנה הם אשר דרכם לרצות האנשים ואולם מי שעשה זה בגלל
1127א8ƀ וכונתם שישמחו האנשים לזולת סבה הנה הם אשר דרכם לרצות האנשים ואולם מי שעשה זה בגלל
1127א8# וכונתם היא שישמחו האנשים לזולת סבה הנה הם אשר דרכם לרצות האנשים ואולם מי שעשה זה בגלל
1127א8Δ וכונתם היא לשמח האנשים בזולת סבה הנה הם האנשים אשר דרכם לרצות האנשים ואכן האיש העושה כן בעבור
1127א8ǂ וכונתו כדי שישמחם ויהנם בחברתו לא לסבה אחרת כלל הנה הם אשר דרכם לרצות בני אדם אמנם מי שיעשה זה בגלל

1127א9% הריוח
1127א9ƀ הריוח
1127א9# הריוח
1127א9Δ הריוח
1127א9ǂ הריוח

1127א10% הנה יקרא חנף ואשר ישמח זולתו בכל דבר הנה כבר אמרנו שהוא המזוהם
1127א10ƀ הנה יקרא חנף ואשר יתעצב בכל דבר הנה כבר אמרנו שהוא המזוהם
1127א10# הנה יקרא חנף ואשר יתעצב בכל דבר הנה כבר אמרנו שהוא העקש
1127א10Δ יקרא חנף והאיש שהוא מתעצב בכל דבר כבר אמרנו שהוא העקש
1127א10ǂ הנה זה יקרא חנף ובכאן נשלם עניין החברה

1127א11% המרוחק וכבר התבאר מעניין שני הקצוות שהם מקבילים לפי
1127א11ƀ המרוחק וכבר התבאר מעניין שני הקצוות שהם מקבילים לפי
1127א11# והפחות וכבר התבאר מעניין שני הקצוות שהם מקבילים לפי
1127א11Δ והפחות וכבר התבאר מעניין שני הקצוות שהם מקבילים לפי
1127א11ǂ Xאין מקבילX

% 8 -זה- (ב ח) / 10 ואשר Xבאותיות גדולותX (א) / 11 יתבאר (ב ג ח) / שתי (ג) /
----
8 לזולת] לזולתם Xה"ם" מחוקהX (ב) / 11 שני] ב√ (ב) /

Δ 11 שני (א.ד) /

ǂ 8א27 וכונתו ‹בזה› (מ) / 9 הריוח ‹שיקוה› (ל) / 10 -ובכאן עד החברה- (מ) /

%12א1127 שהאמצעי אין לו שם
б12א1127 שהאמצעי אין לו שם
#12א1127 שהאמצעי אין לו שם
△12א1127 שהאמצעי אין שם לו
‡12א1127 Xאין מקבילX

%%13א1127 000 0000000
%13א1127 אמר ובאלו הדברים ר"ל בחבורות ימצא מצוע הסלסול
б13א1127 אמר ובאלו הדברים ימצא מצוע ההתיהר והגזום
#13א1127 אמר ובאלו הדברים ימצא מצוע ההתיהר והגזום
△13א1127 אמר ובאלה הדברים ימצא מצוע ההתיהר והגזום
‡13א1127 הדבור בסלסול אמר הסלסול הוא עניין יש קצורות ואמצע ג"כ וזה כי מן האנשים מתקשטים ומתהללים בעצמם במעלות שאינם
בם כמו שנמצא מתעשר ואין כל וכן העניין ביתר המעלות אם בהנהגותם אם בדבורם וכל הדומה לזה אל X‡ב21א1127

%14א1127 וזה המצוע אשר יהיה בסלסול אין לו שם ואינו רע
б14א1127 וזה המצוע אשר יהיה בגזום אין לו שם ואין היזק
#14א1127 וזה המצוע אשר יהיה בגזום אין לו שם ואין הזק
△14א1127 וזה המצוע הנמצא בעניין הגזום אין לו שם ואין היזק
‡14א1127 אין לו שם נפרד מיוחד Xאל X‡24א1127

% 13 -ר"ל בחבורות- (ב ג ד ח) / מצוע) מצע Xעם שלש נקודות למעלהX (ב) / 14 -יהיה- (ג) /

----

14 הזקן היזק (ב) /

----

‡ 13 יש <לו> (ל) / עצמם (כ) בעצמה (ל) / -כמו עד המעלות- (ל) / בהנהגותם] ב.נהגו.ם (ל) מהנהגתם (מ) / -אם- (מ) ואם (כ) /
ודבורם (מ) /

%%15א1127 000 0000 0000 00 00000 000000 00 00000 000 0000000 00000
%15א1127 בשנתאר אלו הדברים גם כן ר"ל אע"פ שאלו הם מעלות פחותות לא נפסיד כלל בשנאריך בתארם אמר ויותר ראוי בנו שנהיה בתארי המדות יותר שלמי הידיעה
б15א1127 בשנתאר אלו הדברים גם כן אמר ויותר ראוי בנו שנהיה בתארי המדות יותר שלמי הידיעה
#15א1127 בשנתאר אלו הדברים גם כן אמר ונכון הוא בנו שנהיה יותר שלמי הידיעה בעניני התארים המדותיים
△15א1127 בשנתאר גם כן אלה הדברים אמר ונכון הוא שנהיה יותר שלמי הידיעה בעניני התארים המדותיים
‡15א1127 Xאין מקבילX

%16א1127 כשידענו מגדרם שהם מצוע ואמנם נבאר בשהמעלות מצועים
б16א1127 כשידענו מגדרם שהם מצוע ואמנם נהיה בטוחים בשהמעלות מצועים
#16א1127 כאשר נדע מגדרם שהם מצועים ואמנם נתקע יתד ונקבע מסמרות בשהמעלות הן מצועים
△16א1127 כאשר נדע מגדרם שהם מצועים ואמנם נתקע יתד ונקבע מסמרות בשהמעלות הם מצועים
‡16א1127 Xאין מקבילX

%17א1127 כשידענו שהם כך בכל
б17א1127 כשידענו שהם כך בכל
#17א1127 כאשר נדע שהן כן בכל הדברים
△17א1127 כאשר נדע שהם כן בכל הדברים
‡17א1127 Xאין מקבילX

% 15 בשנתאר] שנתאר (ג) כשנתאר (ד) / -ר"ל עד בתארם- (ב ג ד ח) / בנו] במי (ב ח) / שלימי (ב ח) / ידיעה (ג ד) / 16 -מגדרם עד כשידענו- XבגלילןX (א) / שהמעלות (ג) / מצועים] מצועם (ב ח) ממוצעות (ג) / 17 בשידענו Xה"ע" נוספת בין השורותX (ד) / שהם] כשהם (ח) /

б 15א27 הידיעה <כש> (א) /

△ 15 הוא (א.א) /

%18א1127 אמר ואולם אשר יעשו החבורות בגלל התענוג והצער הנה כבר תארנום
ƃ18א1127 אמר ואולם אשר יעשו החבורות בעבור התענוג והצער הנה כבר תארנו אותם
*18א1127 אמר ואולם האנשים המבקשים החברות בעבור התענוג והצער הנה כבר תארנו אותם
△18א1127 אמר ואולם האנשים המבקשים החברות בעבור התענוג והצער הנה כבר תארנו אותם
‡18א1127 Xאין מקבילX

%19א1127 ואולם אשר יצדקו או יכזבו
ƃ19א1127 ואולם האנשים אשר הם נאמנים או שקרנים
*19א1127 ואולם האנשים אשר הם נאמנים או שקרנים
△19א1127 ואולם האנשים שהם נאמנים או שקרנים
‡19א1127 Xאין מקבילX

%20א1127 על משל אחד במאמרים והפעולו√ רוצה לומר יצדקו ויתיעצו הנה אנחנו נתארם עתה
ƃ20א1127 על משל אחד במאמרים והפעולות ר"ל שהם נאמנים או מזויפים הנה אנחנו נתארם עתה
*20א1127 על משל אחד במאמרים והפעולות ר"ל שהם נאמנים או מזויפים הנה אנחנו נתארם עתה
△20א1127 ר"ל שהם נאמנים או מזוייפים על משל אחד במאמרים והפעלים הנה אנחנו נתארם עתה
‡20א1127 Xאין מקבילX

% 18 ואולם] ואמנם (ח) / אשר Xבין השורותX (א) / בחבורות (ח) / תארנום] ביארנום (ג) / 19 ואולם Xבאותיות גדולותX (א) / יצדקו] יצטדקו (ד) / 20 והפעולות (ב ד ח) והפעלות (ג) /

ƃ 19 נאמנים Xבאותיות גדולותX (א) /

----

* 20 מזוייפים (ב) /

△ 19 שקרנים (א.א) / שקטים (א) /

%21א1127 ונאמר שכבר יחשב במסולסל שהוא מזויף ומראה לבני אדם בשהדברים הנכבדים נמצאים לו ואינם

ƃ21א1127 ונאמר שכבר יחשב ביהיר המגזם שהוא מזייף ומראה אל האנשים בשהדברים הנכבדים נמצאים בו ואינם

⧣21א1127 ונאמר שכבר יחשב ביהיר המגזם שהוא מזייף ומראה אל האנשים בשהדברים הנכבדים נמצאים בו ואינם

△21א1127 ונאמר בשכבר יחשב מעניין האיש היהיר והמגזם בשהוא מזייף ומראה את האנשים שהדברים היקרים והמעולים נמצאים אתו עם
שאין

‡21א1127ב אשר יראו לבני אדם בשהדברים הגדולים והנכבדים נמצאים בם ואין Xאל X‡22א1127 ‡21א1127א ואלו הם המזוייפים Xאל
X‡9ב1127

%22א1127 לו ובשהעניינים הגדולים אשר לא ישער עליהם נמצאים לו ואולם אשר יעשה ההתול הנה הוא בחלוף זה

ƃ22א1127 בו ובשהעניינים הגדולים אשר לא ישוער עליהם נמצאים לו ואולם האיש המהתל והמלעיג הנה הוא בחלוף זה

⧣22א1127 בו ובשהעניינים הגדולים אשר לא ישער עליהם נמצאים לו ואולם האיש המהתל והמלעיג הנה הוא בחלוף זה

△22א1127 הדבר כן ומראה להם גם כן שהעניינים הגדולים שאין לו כח ויכולת עליהם נמצאים אתו ואולם האיש המהתל והמלעיג הנה הוא
בחלוף זה

‡22א1127 העניין כן Xאל ‡21א1127אX

%23א1127 לפי שהוא אם שיכפור מה שהוא לו בסבת ההתול ואם שיפחיתהו והממוצע בין שני התארים האלו

ƃ23א1127 לפי שהוא אם שיכפור במה שהוא נמצא בו בסבת ההתול ואם שיפחיתהו והממוצע בין שני התארים האלו

⧣23א1127 לפי שהוא אם שיכפור במה שהוא נמצא בו בסבת ההתול ואם שיפחיתהו והממוצע בין שני התארים האלו

△23א1127 וזה שהוא אם שיכפור ויכחיש במה שהוא נמצא אתו בסבת הלעג וההתול ואם שימעיטהו ויפחיתהו והממוצע בין שני אלו התארים

‡23א1127 אמר אולם הממוצע ביניהם Xאל X‡1א1127

% 21 ונאמר Xבאותיות גדולותX (א) Xחסרא (ג) / מזויף] מזוייף (ב ג ח) / שהדברים (ג) / 22 וכשהעניינים (ב) ושהעניינים (ג) /
ישוער (ג) / ואולם Xבאותיות גדולותX (א) / -הוא- (ב ד ח) / 23 שיכפור] שיכופר Xעם נקודות שרבות על אותיות
שרבותX (ב) שיכפיר (ח) / והממוצע Xבאותיות גדולותX (א) / אלו (ח) /

ƃ 21 ונאמר Xבאותיות גדולותX (א) /

⧣ 21 הנכבדי√ (ב) /

△ 21 ונאמר Xבאותיות גדולותX (א) / 23 שימעיטהו Xרווח בין ה"ט" וה"ה"X (א) /

----

‡ 21ב הנכבדים והגדולים (ל מ) / נמצאו (כ) /

%%24א1127 0000 000 00000000 0000000
%24א1127 הוא הצדיק בהנהגתו במאמרים והפעולות כמו שבאר
б24א1127 הוא האיש הנאמן בהנהגתו
⧺24א1127 הוא האיש הנאמן בהנהגתו
△24א1127 הוא האיש הנאמן בהנהגתו
ǂ24א1127 אבל נקראהו צדיק

%25א1127 ומאמרו המורה במה שבו מבלתי שיוסיף בזה או
б25א1127 ובמאמרו המודה במה שהוא נמצא בו מבלתי שיוסיף בזה או
⧺25א1127 ובדבורו המודה במה שהוא נמצא בו מבלתי שיוסיף בזה או
△25א1127 ובדבורו המודה במה שהוא נמצא אתו מבלתי שיוסיף או
ǂ25א1127 לפי שהוא מודה על האמת ולא יכזיב מה שבו ושני האחרים כזבנים

%26א1127 יחסר וכל אחד פעמים פועל מה שיפעלהו לדבר מהדברים ופעמים
б26א1127 יחסר וכל אחד מאלה פעמים יפעל מה שיפעלהו לדבר מהדברים ופעמים
⧺26א1127 יחסר וכל אחד מאלה השלשה לפעמים יפעל מה שיפעלהו לתכלית דבר מה ולפעמים
△26א1127 יחסר בו וכל אחד מאלו השלשה לפעמים יעשה מה שיעשה לתכלית דבר מה ולפעמים
ǂ26א1127 Xאין מקבילX

%27א1127 פעלו לזולת דבר כלל וכל אחד מהם יאמר ויפעל כפי מה שהוא עליו
б27א1127 יפעלהו לזולת דבר כלל וכל אחד מהם יאמר ויפעל כפי מה שהוא עליו
⧺27א1127 יפעלהו ולא לתכלית שום דבר בעולם וכל אחד מהם ידבר דבריו ויעשה מעשיו כפי מה שהוא עליו
△27א1127 יעשה אותו ולא לתכלית שום דבר בעולם וכל אחד מהם ידבר דבריו ויעשה מעשיו כפי מה שהוא עליו
ǂ27א1127 Xאין מקבילX

% 24 -במאמרים עד שבאר- (ב ג ד ח) / 25 במה] מה (ג) / 26 פועל] פעל (ב ג ד) / פועל מה] פעלתו (ח) / 27 פעלו] יפעלו (ב ד ח) יפעל (ג) / יפעל ויאמר (ג) /

⧺ 26 השלשה] הג√ (ב) / 27 עליו כל XכךX (א) /

ǂ 25 האמתי (כ) / האמת <לפי מה שימצא בו> (ל) / יכזב (כ) / ממה (ל) / כזבנים] כוזבים (כ) /

%28א1127 וכן תהיה הנהגתו כפי מה שהוא עליו מה שלא יפעל מה שיעשהו בגלל דבר מהדברים
б28א1127 וכן תהיה הנהגתו כפי מה שהוא עליו כל עוד שלא יפעל מה שיפעלהו בגלל דבר מהדברים
#28א1127 כל עוד שלא יפעל מה שיפעלהו לתכלית דבר מה
△28א1127 וכמו כן תהיה הנהגתו כפי מה שהוא עליו כל עוד שלא יעשה מה שיעשה לתכלית דבר מה
‡28א1127 Xאין מקבילX

%29א1127 והכזב בעצמו רע מגונה והצדק טוב
б29א1127 והשקר בעצמו רע ומגונה והאמת טוב
#29א1127 והשקר הנה הוא מצד עצמו רע ומגונה והנאמנות טוב יפה
△29א1127 והשקר הנה הוא מצד עצמו רע ומגונה והנאמנות טוב יפה
‡29א1127 אמר   הצדק בכלל משובח והכזב מגונה Xאל 1127ב16‡X

%30א1127 משובח ולכן היה האמות והוא הממוצע משובח
б30א1127 משובח ולכן היה הנאמנות והוא הממוצע משובח
#30א1127 ומשובח ולכן יהיה האיש הנאמן והוא הממוצע נאה ומשובח
△30א1127 ומשובח ולכן יהיה האיש הנאמן והוא הממוצע נאה ומשובח
‡30א1127 Xאין מקבילX

%31א1127 ואולם שני הקצוות הנה יכזבו ושניהם מגונים ובפרט
б31א1127 ואולם שני הקצוות הנה שניהם כוזבים ושניהם מגונים ובפרט
#31א1127 ואולם שני הקצוות הנה שניהם כוזבים ושניהם הם מגונים ובפרט
△31א1127 ואולם שני הקצוות הנה הם שקרנים ומזוייפים ושניהם יחד הם מגונים וביחוד
‡31א1127 Xאין מקבילX

% 30 משבח (ד) / היה] בזה (ב ח) /
----
29 יפה] ויפה (ב) /

1127א32% המסולסל כי הוא יותר רב כזב אמר ואנחנו נתארם יחד ונתחיל בצדוק
1127א32ƃ היהיר המגזם כי הוא יותר רב הכזב אמר ואנחנו נתארם יחד ונתחיל בנאמנות
1127א32# האיש היהיר המגזם לפי שהוא יותר רב הכזב אמר ואנחנו נתאר את כלם ונתחיל בנאמנות
1127א32Δ האיש היהיר המגזם ביען כי הוא יותר רב השקר והזייוף אמר ואנחנו נתאר את כלם ונתחיל בנאמנות
1127א32‡ Xאין מקבילX

1127א33% ולא נרצה בצדוק מה שהיה צדוק במה שיודו בו בני אדם לזולתם
1127א33ƃ ולא נרצה בנאמנות מה שהוא נאמנות בדברים שיודו בהם האנשים לזולתם
1127א33# ולא נרצה בנאמנות הנה הנאמנות הנופל בדברים שיש בהם טענה והודאה בין איש לרעהו
1127א33Δ ולא נרצה מענין הנאמנות בכאן הנאמנות הנופל בדברים שיש בהם טענה והודאה בין איש לרעהו
1127א33‡ Xאין מקבילX

1127א34% והוא מה שהיה הצדוק בו יביא אל השווי והכזב אל עול
1127א34ƃ הוא הדבר אשר הנאמנות בו מביא אל יושר ושווי והשקרנות אל עול
1127א34# והם הדברים אשר הנאמנות בהם מביא אל היושר והשקרנות אל העול
1127א34Δ והם הדברים אשר הנאמנות שבהם מביא אל היושר והשקרנות אל העול
1127א34‡ Xאין מקבילX

1127ב1% כי זה מדרך מעלת אחרת אבל נרצה בו הצדק אשר לא יפול בו מחלוקת ולא חלוף
1127ב1ƃ כי זה הנה הוא מדרך מעלה אחרת ואבל נרצה בו הנאמנות אשר לא יפול בו עצום ומחלוקת
1127ב1# לפי שכמו זה הנאמנות הנה הוא מדרך מעלה אחרת ואבל נרצה בו הנאמנות אשר לא יפול בו עצום ומחלוקת
1127ב1Δ כי כמו זה הנאמנות הנה הוא מדרך מעלה אחרת ואכן נרצה בו הנאמנות אשר לא יפול בו עצום ומחלוקת
1127ב1‡ Xאין מקבילX

% 33 -שהיה צדוק במה- (ג) / שירור (ג) / 34 -מה- (ג) / בו] כן Xעם שתי נקודות למעלה ובגליון "בר"X (ב) .. (ג) / יביא]
יב.א (ח) / השווי] שווי (ב ג ד) השורי Xעם שתי נקודות מעל ל"ה"X (ח) / עול] ... (ב) / ב1 מדרך Xבין השורותX (ב)
/ אחרת] אחת (ב ח) /

Δ 32 יותר (א.א) /

1127ב2% והוא אשר יצדק בו מנפשו והנהגתו לפי שתארו זה התואר
1127ב2ƃ והוא הנאמנות אשר יתנהג בו בנפשו והנהגתו לפי שתארו הוא זה התאר
1127ב2# והוא הנאמנות אשר יאחז בו האדם בעניני עצמו ובהנהגתו מפני שטבעו הוא כך
1127ב2△ והוא הנאמנות אשר יאחז בו האדם בעניני עצמו ובהנהגתו מפני שטבעו הוא כך
1127ב2‡ Xאין מקבילX

1127ב3%% שפל הגוף וזה
1127ב3% וכבר יחשב בו שהוא נכנס תחתיו וזה
1127ב3ƃ דכבר יחשב בו שהוא שפל הגוף וזה
1127ב3# וכבר יחשב מעניך כמו זה האיש שהוא דכא ושפל רוח וזה
1127ב3△ וכבר יחשב מעניך כמו זה האיש שהוא דכא ושפל רוח וזה
1127ב3‡ Xאין מקבילX

1127ב4% שאוהב הצדק ואם היה יצדק בזולת מקום הצדק
1127ב4ƃ שאוהב האמת אם הוא נאמן בזולת מקום האמת
1127ב4# שאם יהיה האיש שהוא אוהב האמת נאמן בדבריו ובמעשיו בזולת מקום האמת
1127ב4△ שאם יהיה האיש האוהב האמת נאמן בדבריו ובמעשיו בזולת מקום האמת
1127ב4‡ Xאין מקבילX

1127ב5% הנה הוא יותר ראוי שיצדק במקומו לפי
1127ב5ƃ הנה הוא יותר ראוי שיהיה נאמן במקומו לפי
1127ב5# כל שכן שיהיה נאמן במקומו לפי
1127ב5△ כל שכן שיהיה נאמן במקומו לפי
1127ב5‡ Xאין מקבילX

% 3 יחשבו] יחשב (ב ג ד ח) / נכנס החתיו] שפ. הגוף (ב) שפל הגוף (ג ח) שפל הכנף (ד) ׳ וזה Xאותיות גדולותX (א) /

ƃ ב2 התאר אה"ה" נוספת בין השורותX (א) /

ב4 האמת] אמת (ב) / 5 כל שכן] כ"ש (ב) /

△ ב2 והוא (א.ד) והנה (א) / 3 דכא ושפל <הוא שאמר החכם לשון שקר ישנא דכיו Xמשלי כו:כחX פי√ דכיו שם התואר כמו דכא> (א.א)/

1127ב6% שאשר ישנא הכזב לעצמו רצוני למקום שהוא כזב לא ישנאהו בשעור מה ומי שהיה בזה התואר
1127ב6ƀ שאשר יתרחק מהכזב בעניני עצמו רצוני בעבור שהוא כזב לא יתרחק ממנו בשעור מוגבל ומי שהוא בזה התאר
1127ב6# שהאיש שהוא מתרחק ופורש מן השקר מצד עצמו רצוני מצד מה שהוא דבר שקר וכזב לא יהיה התרחקו והתנזרו ממנו בשעור מוגבל ומיוחד והאיש המתואר בזה התאר
1127ב6Δ שהאיש שהוא מתרחק ופורש מן השקר מצד עצמו ר"ל מצד מה שהוא דבר שקר וכזב לא יהיה התרחקו והנזרו ממנו בשיעור מוגבל ומיוחד והאיש המתואר בזה התאר
1127ב6ǂ Xאין מקבילX

1127ב7% הנה הוא משובח ויתבאר מענין אשר יטה אל החסרון יותר
1127ב7ƀ הנה הוא משובח ויתבאר מענין האיש הנוטה אל החסרון הרבה
1127ב7# הנה הוא משובח והנה הוא מבואר מענין האיש הנוטה יותר אל צד החסרון
1127ב7Δ הנה הוא משובח והנה הוא מבואר מענין האיש הנוטה יותר אל צד החסרון
1127ב7ǂ Xאין מקבילX

1127ב8% שהוא יותר חזק השגחה בצדק מאשר יטה אל התוספת לפי שהתוספת כבדות
1127ב8ƀ שהוא יותר חזק השגחה בנאמנות מהאיש הנוטה אל התוספת לפי שהתוספת כבד
1127ב8# שהוא יותר חזק ההשגחה בענין הנאמנות מן האיש הנוטה אל התוספת לפי שהתוספת הוא דבר כבד
1127ב8Δ שהוא יותר חזק ההשגחה בדבר הנאמנות מן האיש הנוטה אל צד התוספת לפי שהתוספת הוא דבר כבד
1127ב8ǂ Xאין מקבילX

% 6 בשיעור (ד) / שהיה] שהוא (ג) / 7 -אל עד יטה- Xבגליון בכ"י רהוט ומלים אחדות נחתכו ע"י הכורךX (ב) / 8 ההשגחה (ח) /

Δ 6 שהאיש (א.ד) / שהוא <דורש> Xמחוקא (א) /

1127ב9% ואולם אשר יחשיב עצמו ביותר ממה שבו
1127ב9ƃ ואולם אשר יזייף ביותר ממה שבו
1127ב9# ואולם האיש המכזב ביחס לעצמו יותר ממה שיש בו
1127ב9Δ ואולם האיש המכזב ביחס לעצמו יותר ממה שיש בו
1127ב9ǂ והנה יעשו זה אם פעמים

1127ב10%% שופט
1127ב10% בזולת סבה הנה כבר ידמה הרע ולולא זה לא היה ידין
1127ב10ƃ בזולת סבה הנה הוא כבר ידמה לאיש הרע רצוני זה לא היה שופט
1127ב10# מזולת סבה הנה הוא דומה לאיש הרע ולולי זה לא היה בוטח
1127ב10Δ מזולת סבה הנה הוא דומה אל האיש הרע והבליעל ולולי שהדבר כן לא יהיה בוטח
1127ב10ǂ ללא סבה

1127ב11% בכזב והוא בשיהיה מבוטל יותר ראשון בשיהיה רע ואם היה מחשב עצמו
1127ב11ƃ בשקר והוא כשיהיה עריץ יותר ראוי משיהיה רע ואם הוא מזייף
1127ב11# בשקר אלא שהוא יותר ראוי שיקרא עריץ משיקרא רע ובליעל ואם הוא מכזב בזה הענין
1127ב11Δ בשקר אלא שהוא יותר ראוי שיקרא עריץ משיקרא רע ובליעל ואם הוא מכזב בזה הענין
1127ב11ǂ Xאין מקבילX

1127ב12%% או הכבוד הנה
1127ב12% בסבה אחרת והיתה הסבה ההיא ההגדלה והכבוד הנה איננו מגונה מאד כמו
1127ב12ƃ לסבה אחרת תהיה הסבה ההיא ההתרוממות והכבוד הנה איננו מגונה מאד כגנבות
1127ב12# לסבה אחרת ותהיה הסבה ההיא ההתרוממות והכבוד אין גנותו רב כגנבות
1127ב12Δ בעבור סבה אחרת הנה אם תהיה הסבה ההיא ההתרוממות והכבוד אין גנותו רב כגנבות
1127ב12ǂ Xאין מקבילX

% 9 יחשוב (ג) / עצמו] נפשו (ב ח) / 10 זולת (ד) / כבר] יכבד (ב ח) / לילא (ח) / ידין] שופט (ב ג ח) / 11 מחשב] מחשיב (ב ד ח) / 12 אחרת] אחת (ב ח) / הגדלה (ג) / והכבוד] או הכבוד (ב ד ח) או כבוד (ג) /

ƃ 10 רצוני זה Xכך (א) /

Δ 12 ההתרוממות Xה"ה" נוספת בין השורותX (א.ב) /

ǂ ב9 זה יעשו (מ) / -אם- (מ) /

%13ב1127 המסולסל ואם היה זה בסבת הדינרין והדרהמין או מה שיביא אל הדינרין והדרהמים הנה ענינו יותר מגונה מענין המסולסל
б13ב1127 היהיר המגזם ואם יהיה זה בסבת הדינרים והדרהמים או מה שיביא אל הדינרין והדרהמים הנה ענינו יותר מגונה מענין היהיר המגזם
#13ב1127 היהיר המגזם ואם יעשה כן בסבת המעות ושקלי הכסף או מה שהוא מביא אליהם הנה ענינו יותר מכוער מענין היהיר המגזם
Δ13ב1127 היהיר המגזם ואם יעשה כן בסבת המעות ושקלי הכסף או בסבת דבר מה מביא אליהם הנה ענינו יותר מכוער מענין היהיר המגזם
ǂ13ב1127 אם פעמים להגדלה והתכבדות אם פעמים לריוח לקנות בזה ממון Xאל 1127ב20ǂX

%14ב1127 והמסולסל אינו מסולסל בכח לבד ר"ל בטבע אבל ובבחירה
б14ב1127 והיהיר המגזם אינו יהיר ומגזם בכח לבד ר"ל בטבע אבל גם בבחירה
#14ב1127 והיהיר המגזם איננו יהיר ומגזם בכח ר"ל בטבע ואכן הוא יהיר ומגזם בבחירה
Δ14ב1127 והאיש היהיר המגזם איננו יהיר ומגזם בכח ר"ל בטבע ואכן הוא יהיר ומגזם בבחירה
ǂ14ב1127 Xאין מקבילX

%15ב1127 לפי שהוא אמנם הוא מסולסל בטבע והמדה במדרגת
б15ב1127 לפי שהוא אמנם הוא יהיר ומגזם במדרגת
#15ב1127 לפי שהוא אמנם יקרה לו כמקרה
Δ15ב1127 לפי שהוא אמנם יקרה לו כמקרה
ǂ15ב1127 Xאין מקבילX

% 13 והדרהמין] הדרהמים (ב) והדרהמוני√ (ג) / -שיביא עד הדרהמים- (ד) / אל עד והדרהמים] אליהם (ג) / מענין] מן (ג) / 14
-והמסולסל עד מסולסל X15X- Xבגליון‏X (ב) / לבד] כבד (ד) / ובבחירה Xה"ר" נוספהX (א) גם בבחירה (ב ג ד ח) / 15
והמדה Xבאותיות גדולותX (א) /

ǂ 13 ואם (כ) / -להגדלה עו פעמים- (כ) /

%16ב1127 הכזב כי קצת הכזבנים יכזבו לשמחה מהם בכזב וקצתם יכזבו
ƃ16ב1127 השקרן כי קצת השקרנים ישקרו לשמחה מהם בכזב וקצתם ישקרו
#16ב1127 השקרן וזה שקצת האנשים השקרנים יכזבו וישקרו להיותם ששים ועלזים בכזב וקצתם יכזבו וישקרו
△16ב1127 השקרן וזה שקצת האנשים השקרנים יכזבו וישקרו להיותם ששים ועלזים בכזב וקצתם יכזבו וישקרו
‡16ב1127 והנה תמצא קצת הכזבנים שיכזבו לערבותם בכזב לא לדבר אחר וקצתם יכזבו להכרח וקצתם יכזבו

%17ב1127 לתאוה מהם להתנשאות או לריוח הנה אשר ישתמשו הסלסול להתנשאות בו
ƃ17ב1127 לתאוה מהם להתנשאות או לריוח ואשר ישתמשו בהתיהר הגזום לבעבור יתנשאו בעבורו
#17ב1127 בעבור היותם מתאוים מעלה ומשרה או ריוח ותועלת והאנשים שהם מתיהרים ומגזמים לבעבור התנשא והשתרר
△17ב1127 בעבור היותם מתאוים מעלה ומשרה או ריוח ותועלת והאנשים שהם מתיהרים ומגזמים לבעבור ההתנשא וההשתרר
‡17ב1127 לבקשתם ההתנשאות או לריוח בדבר מה ובכלל הנה ההשתמשות בזאת התכונה בכלל ראוי שיעשה בדרך ראוי ולפי הזמן והמקום
הראוי Xאל 1127ב34‡X

%18ב1127 יועצו בדברים אשר ישובחו בני אדם עליהם או ישמחו
ƃ18ב1127 ישימו זיוף בדברים אשר ישובחו בני אדם עליהם או ישמחו
#18ב1127 הנה הם מכזבים ושמים זיוף בדברים שהאנשים משובחים או שמחים עליהם
△18ב1127 הנה הם מכזבים ושמים זיוף בדברים שהאנשים משובחים או שמחים עליהם
‡18ב1127 Xאין מקבילX

%19ב1127 ואשר ישתמשו הסלסול לריוח הנה יתיעצו בדברים אשר ימשך להם בם מי שיקרב מהם ובענינים אשר
ƃ19ב1127 ואשר ישתמשו בהתיהר והגזום לתכלית ההוא הנה הם ישימו הזיוף בדברים אשר ימשך להם בסבתם מי שיקרב אליהם ובענינים אשר
#19ב1127 והאנשים שהם מתיהרים ומגזמים לתכלית הריוח והתועלת הם הם מכזבים ושמים זיוף בדברים אשר ימשך להם בסבתם שיתקרבו
האנשים אליהם וישימו זיוף גם כן בענינים
△19ב1127 והאנשים שהם מתיהרים ומגזמים לתכלית הריוח והתועלת הנה הם מכזבים ועושים זיופיהם בדברים אשר ימשך אליהם בסבתם
שיתקרבו האנשים אליהם וישימו זיוף גם כן בענינים
‡19ב1127 Xאין מקבילX

% 16 קצת Xנקודה מעל ל"ת"X (א) / הכזבנים <לא> (ג) / מהם <בזה> (ד) / יכזבו] ינשאו (ג) / 17 בהתנשאות (ג) / בסלסול (ג) /
-בו- (ג) / 19 ישתמשו] ישמשו (ג) / הסלסול] הסלסו Xסוף שורהX (א) בסלסול (ג) /

ƃ 18 ישובחו] ישובח Xסוף שורהX (א) /

△ 19 בסבתם (א.ב) בסברתם Xעם סימני השמטהX (א) / גם כן (א.א) /
----
‡ 16 -תמצא- (ל) / לערבותם] לשמחה מהם (ל) / -לא עד להכרח- (ל) / בהכרח (מ) / 17 לבקשת התנשאות (מ) / התכונה] הכונה (מ)
המדה (כ) / -שיעשה עד הראוי- (מ) /

1127ב20% אפשר שיהיו נמצאים ויעלם ענינם שהם כך במדרגת מה שיפעלהו הבקיא והרופא והחכם כי אלו הדברים יעלמו ולכן
1127ב20ƃ אפשר שיהיו נמצאים יעלם ענינם שהם כך במדרגת מה שיפעלהו הקוסם והרופא החכם לפי שאלה הדברים הם נעלמים ולכן
1127ב20# שמציאותם הוא אפשרי ונעלם מענינם שהם נמצאים במדרגת מה שיפעלוהו הקוסם והרופא והחכם לפי שכמו אלה הדברים הם דברים נעלמים ולכן
1127ב20△ שמציאותם הוא אפשרי ונעלם מענינם שהם נמצאים במדרגת מה שיפעלהו הקוסם והרופא והחכם וזה שכמו אלה הדברים הם דברים נעלמים ולכן
1127ב20‡ כמו שיעשו הפקחים הטוענים והרופאים וזהו הקצה אשר מצד התוספת

1127ב21% יראו רוב האנשים בכמו אלו הדברים ויחשיבו עצמם בם
1127ב21ƃ יזייפו רוב האנשים בכמו אלה הדברים ויתפארו בהם
1127ב21# ישימו בהם רוב האנשים שקר וזיוף ויתפארו
1127ב21△ ישימו בהם רוב האנשים שקר וזיוף ויתפארו
1127ב21‡ Xאין מקבילX

1127ב22% רצוני בשהדברים אשר תארנו נמצאים בם ר"ל שהם שופטים או בקיאים ואולם הפכי המסולסלים והם המתפחתים
1127ב22ƃ רצוני בשהדברים אשר תארנו נמצאים בהם ר"ל שהם חכמים או חוברי חבר ואולם ההפכיים ליהירים המגזמים והם המתפחתים
1127ב22# בשהם נמצאים בהם ר"ל שהם חכמים או חוברי חבר ואולם האנשים שהם הפכיים ליהירים המגזמים והם האנשים המתהדיטים והמתפחתים
1127ב22△ בשהם נמצאים בהם ר"ל שהם חכמים או חוברי חבר ואולם האנשים שהם הפכים ליהירים המגזמים והם האנשים המתהידיטים והמתפחתים
1127ב22‡ ואולם הקצה אשר מצד החסרון יקראו מתפחתים

% 20 ויעלם] ואולם (ג) / שהם] הם (ב ח) / הבקיא] הבקי (ב ג ד ח) / והחכם אה"ר" בין השורותX (ג) / ולכן] ולזה (ב ג ד ח) /
21 האנשים] בני אדם (ב ג ד ח) / ויחשיבו] ויחשבו (ג) / עצמיהם (ג) / 22 בשהדברים Xאה"ב" נוספת בין השורותX (א) כשהדברים (ב) /

----

20 נעלמי√ (ב) / 22 נמצאי√ (ב) /

△ 20 הוא (א.ב) / 22 המתהידיטים Xכךx (א) /

1127ב23% הנה לפי שהם יתארו נפשותם בזולת מה שהם עליו הנה כבר יתבאר מענינם שהם יותר רעי מדות וזה שכבר
1127ב23ƃ הנה לפי שהם יתארו עצמם בזולת מה שהם עליו הנה כבר יתבאר מענינם שהם יותר רצויי המדות וזה שכבר
1127ב23# הנה לפי שהם מתארים עצמם בדברים שהם שפלים במדרגה מן הדברים הנמצאים בהם וכן הוא מבואר מענינם שהם יותר רצויי
המדות וזה שכבר
1127ב23△ הנה לפי שהם מתארים את עצמם בדברים שהם שפלים במדרגה מן הדברים הנמצאים בהם לכן הוא מבואר מענינם שהם יותר רצויי
המדות לפי שכבר
1127ב23ǂ לפי שהם יתארו נפשותם בפחות ממה שבכ

1127ב24% יחשב בם שהם לא יתארו נפשותם במה שיתארו אותם לבקשת הריוח אבל לבריחה מן ההכרה
1127ב24ƃ יחשב בם שהם לא יתארו עצמם במה שיתארוהו לבקשת הריוח ואבל לבריחה משיוכר ענינם
1127ב24# יחשב בהם שהם אינם מתארים את עצמם בדברים שהם מתארים אותו לבעבור השיג ריוח ותועלת רק למען המלט משיוכר ענינם
1127ב24△ יחשב מהם שאינם מתארים את עצמם בדברים שהם מתארים אותו לבעבור השיג ריוח ותועלת רק למען המלט משיוכר ענינם
1127ב24ǂ ופעמים יעשו זה לבריחה מן ההכרה רצוני כדי שלא יכירום רואיהם במקום שהם בו

1127ב25% והם לא יפליגו בכפירת הענינים הנכבדים כמו שהיה עושה סקראט
1127ב25ƃ והם לא יפליגו בכפירת הענינים הנכבדים כמו שהיה עושה סקראט
1127ב25# ואכן אינם מפליגים בזה עד שיכפרו הענינים הנכבדים כמו שהיה עושה כקראט
1127ב25△ והם אינם מפליגים ועוברים הגבול בענין הכחשת הענינים המעולים וכפירתם כמו שהיה עושה סקראט
1127ב25ǂ Xאין מקבילX

% 23 נפשותם <לבקשת> Xעם שתי נקודות למעלהX (א) / בזול. (ח) / המדות (ח) /
----
23 הנמצאי√ (ב) / וכן XכךX (א) /

△ 23 שהם (א.ד) שהוא (א) / לכן XכךX (א) / רצויי (א.ד) רצוי (א) /

ǂ 23 מה (ל) / שבם] שהם (מ) /

1127ב26% ואולם אשר יועצו בדברים הקטנים הגלוים
1127ב26ƃ ואולם האנשים אשר זייפו בדברים הקטנים הגלויים
1127ב26# ואולם האנשים אשר יזייפו בדברים הקטנים הגלוים
1127ב26Δ ואולם האנשים המכזבים והשמים זיוף בדברים הקטנים והגלוים
1127ב26ǂ ויש מאלה אשר לזולת סבה יפחית עצמו בכל דבר ולא יחשב עצמו אף בדברים הקטנים הנמצאים בו

1127ב27% הנה יקראו נמאסים והם פחותי הקהל
1127ב27ƃ הנה הם נקראים אנשי מרמה והם היותר פחותים שבכולם
1127ב27# הנה הם נקראים אנשי מרמה והם היותר פחותים שבכלם
1127ב27Δ הנה הם נקראים אנשי מרמה והם היותר פחותים שבכלם
1127ב27ǂ ואלו נקראים נבזים נמאסים פחותי הקהל Xאל 1127א23ǂX

1127ב28% Xאין מקבילX
1127ב28ƃ Xאין מקבילX
1127ב28# Xאין מקבילX
1127ב28Δ Xאין מקבילX
1127ב28ǂ Xאין מקבילX

1127ב29% וזה שהתוספת והחסרון מאד ייוחס אל המגונים   ואולם אשר
1127ב29ƃ וזה שהתוספת והחסרון מאד ייוחסו אל המגונים   אולם אשר
1127ב29# וזה שהתוספת והחסרון המופלג ייוחס אל האנשים המגונים ואולם האנשים שהם
1127ב29Δ לפי שהתוספת והחסרון המופלג ייוחס אל האנשים המגונים ואולם האנשים שהם
1127ב29ǂ Xאין מקבילX

% 26 הגלויים (ב ג ד ח) / 29 מאד] מאדיי (ח) / ייוחס] יחס (ח) /

ƃ 26 ואולם] .א.לם (א) /

ǂ 26 יחשיב (ל מ) / 27 נבזים] נבלים (כ) / הקהל] הקול (כ) /

%30ב1127 ישתמשו אלו הדברים בשעור ובענינים אשר אינם נעלמים מאד
ƃ30ב1127 ישמשו מאלו הדברים בשעור מוגבל ובענינים אשר אינם נעלמים מאד
#30ב1127 משתמשים מן הדברים האלה בשעור מוגבל וישתמשו מהם בענינים אשר אינם נעלמים מאד
△30ב1127 משתמשים מן הדברים האלה בשיעור מוגבל וישתמשו מהם בענינים שאינם נעלמים מאד
‡30ב1127 Xאין מקבילX

%31ב1127 ולא גלוים מאד הנה מבואר מענינם שהם מקובלים
ƃ31ב1127 ולא גלויים מאד הנה מבואר מענינם שהם מקובלים
#31ב1127 ולא גלוים מאד הנה מבואר מענינם שהם רצויים ומקובלים
△31ב1127 ולא נגלים מאד הנה הוא מבואר מענינם שהם רצויים ומקובלים
‡31ב1127 Xאין מקבילX

%32ב1127 ויתבאר שהמתפחת מקביל למצדיק לפי שהוא למטה ממנו
ƃ32ב1127 והתבאר שהמתפחת מקביל לנאמן לפי שהוא למטה ממנו
#32ב1127 והתבאר ממה שנאמר שהאיש המתהדיט והמתפחת הנה הוא מקביל לנאמן לפי שהוא שפל ממנו במדרגה
△32ב1127 וממה שנאמר התבאר שהאיש המתהדיט והמתפחת הוא מקביל לאיש הנאמן לפי שהוא שפל ממנו במדרגה
‡32ב1127 Xאין מקבילX

%33ב1127 אמר ולמה שהיה לאדם בחירותו מנוחה והיתה הנהגתו בעת זאת המנוחה
ƃ33ב1127 אמר ולמה שיש לאדם בימי חלדו הנחה ומרגוע הנהגתו בעת זה המרגוע
#33ב1127 אמר ולפי שהאדם מגביל ומיחד לנפשו בימי חלדו עתות הנחה ומרגוע ומגמת פניו בעת כזאת
△33ב1127 אמר ולפי שהאדם מגביל ומיחד לנפשו בימי חלדו עתות הנחה ומרגוע ומגמת פניו בעת הזאת
‡33ב1127 Xאין מקבילX

%34ב1127 תהיה בגעגוע הנה כבר יחשב שבכאן גכ כן חברה
ƃ34ב1127 תהיה השעשוע ודברי לצון הנה כבר ידשב שיש בכאן גם כן חברה
#34ב1127 הלא היא לדבר צחות ולהליץ באמרי לצון לכן תהיה בשעשוע ודברי לצון יחשב שיש בכאן עוד חברה
△34ב1127 הלא הוא לדבר צחות ולהליץ באמרי לצון לכן יחשב שיש בכאן עוד חברה
‡34ב1127 הדבור בליצנות וההתול והגעגוע

% 30 אלו] באילו (ג) / הדברים] העניייני√ (ג) / 31 גלויים (ב ג ד ח) / -הנה- (ג) / מקובלים Xעם שתי נקודות מעל ל"ו" X (ג) / 32 שהמתפחת] שהמפחת (ח) / למצדיק Xה"מ" נוספת בין השורותX (ג) / 33 לאדם] האדם Xעם נקודה מעל ל"ה" ובגליון "ל" X (ב) האדם (ד) / מנוחה בחירותו (ד) / הנהגת. (ב) / 34 -תהיה- (ד) /

ƃ 30 ישמשו] י.משו (א) / 32 מקביל] מקבי Xסוף שורהX (א) / 33 ולמה Xבאותיות גדולותX (א) /

----

33 לנפשו] נפשו (ב) /

△ 33 עתות (א.א) /

%1א1128 טובה ידובר בה במה שיחויב וכמה שיחויב וכן
ƃ1א1128 ערבה ידובר בה במה שראוי וכמו שראוי וכן
#1א1128 עריבה ידובר במה שראוי וכמו שראוי וכן
△1א1128 ערבה ידובר בה דברים ראוים באופן ראוי וכמו כן
ǂ1א1128 Xאין מקבילא

%2א1128 ישמע בה במה שיחויב וכמה שיחויב
ƃ2א1128 ישמע בה מה שראוי וכמו שראוי
#2א1128 ישמע בה מה שראוי וכמו שראוי
△2א1128 יהיו הדברים הנשמעים מאתו דברים ראויים באופן ראוי
ǂ2א1128 Xאין מקבילא

%3א1128 ומהמבואר שבאלו גם כן תוספת וחסרון
ƃ3א1128 ומן המבואר שיש בזאת ג"כ תוספת וחסרון
#3א1128 ומן המבואר שיש גם כן בזאת החברה תוספת וחסרון
△3א1128 והנה הוא מן המבואר בשכבר ימצא בזאת החברה גם כן תוספת וחסרון
ǂ3א1128 אמר הנה באלו העניינים מצוע ותוספת וחסרון

%4א1128 ומצוע וזה שאשר יפליגו במה שיצחק ממנו
ƃ4א1128 ומצוע וזה שהאנשים המפליגים בדבר מה שיצחק שומעו ממנו
#4א1128 ומצוע וזה שהאנשים המפליגים לדבר מה שישחק שומעו ממנו
△4א1128 ומצוע וזה מפני שכבר יחשב באנשים המרבים לדבר דברים מביאים אל הצחוק
ǂ4א1128 וזה שאשר יפליגו להתל בדבריהם ולצחק ולהלעיג

%%5א1128 מגעגעים ישתוקקו
%5א1128 יחשב בם שהם מיפים לפי שהם ויוליכו אל הענינים אשר יצחק מהם בלי ספק
ƃ5א1128 יחשב בהם שהם צחים לפי שהם יפנו אל הענינים אשר יצחק שומעם מהם בלא ספק
#5א1128 יחשב בם שהם אנשים צחים לפי שהם יפנו אל הענינים אשר יצחק שומעם מהם בלא ספק
△5א1128 שהם אנשים צחים דוברי אמרים מתוקים ביען כי הם פונים אל הענינים אשר יצחק מהם בלי ספק כל השומע אותם
ǂ5א1128 יחשב בם שהם מתגעגעים לפי שהם ישתוקקו אל מה שיצחק ממנו

% 1א28 במה] ובמה Xה"ר" נוספה מעל ל"ב"X (ג) / -וכמה שיחויב- (ב ח) / וכמה] ובכמה (ג ד) / 2 במה] מה (ב ג ד ח) / וכמה] ובמה (ג ד ח) / 3 שבאלו] שבאו (ח) / התוספת (ג) / והחסרון (ג) / 4 והמצוע (ג) / 5 מיפים] מגעגעים (ב ג ד ח) / יוליכו] ישתוקקו (ב ג ד ח) Xסימן מעל ל"ש"X (ד) / בלי] בלא (ג ד ח) /

ƃ 3א28 ומן] .מ. (א) / 5 צחים Xכך (א) /

1א28 ידובר במה Xכך (א) / 4 שומעו Xה"ר" הראשונה נוספת בין השורותX (א) / 5 בם] בהם (ב) / יצחק] ישחק (ב) /

ǂ 4א28 -וזה- (מ) / ואשר (מ) / ולצחוק (ל מ) / 5 משתוקקים (מ) /

%6א1128 ורוב כונתם שיצחק מהם ושיהיה דבורם
ƃ6א1128 ורוב כונתם שיצחק השומע מהם ושיהיה דבורם
#6א1128 ורוב כונתם הוא שישחק השומע מהם ושיהיה
△6א1128 ורוב כונתם הוא שימשך מאתם צחוק ורנה ושיהיה דבורם
‡6א1128 כי רוב כונתם הצחוק והשמחה ושיהיו דבריהם

%7א1128 דבור מגעגע ושלא ידאגו מי שיגעגעוהו ואולם אשר לא
ƃ7א1128 דבור צח ושלא יעציבו את האיש אשר יתעלסו עמו ואולם האנשים אשר לא
#7א1128 דבור צח ונקי ושלא יעציבו את האיש אשר יתעלסו עמו ואולם האנשים שאינם
△7א1128 דבור צח ונקי ושלא יעציבו את האיש שהם מתעלסים ומתלוצצים עמו ואולם האנשים שאינם
‡א7א1128 דברי געגועים Xאל X‡14א1128 ‡ב7א1128 אמר אולם הקצה המחסר הוא שלא

%%8א1128 יביא אל הצחוק כלל
%8א1128 יאמרו דבר יצחק כלל וירחיקו מי שיאמר אותו
ƃ8א1128 יאמרו דבר מביא אל השחוק כלל גם ירחיקו מי שיאמר אותו
#8א1128 מוציאים מפיהם שום דבר מביא אל השחוק ואבל הם גוערים בכל מי שיפתח שפתיו לדבר בו
△8א1128 מוציאים מפיהם שום דבר שיביא אל הצחוק ואבל הם גוערים בכל מי שיפתח שפתיו לדבר ב
‡8א1128 יאמרו דבר שיביא לצחוק גם ירחקו ממי שיאמר אותו

%9א1128 הנה יחשב בם שהם מדבריים נסי התכונה ואולם מי
ƃ9א1128 הנה יחשב בם שהם מדברים גסי התבונה ואולם מי
#9א1128 כבר יחשב בהם שהם אנשים מדברים כבדים וערלי לב ואולם האנשים
△9א1128 כבר יחשב בהם שהם אנשים מדבריים כבדים וערלי לב ואולם האנשים
‡9א1128 ואלו הם הנקראים מדבריים גסי התכונה אמר אולם

%10א1128 שישתמש הגעגוע המחשבי הנה יקראו בעלי מוסר
ƃ10א1128 שישתמש מהשעשוע הערב הנה יקרא בעל מוסר
#10א1128 הנוהגים השעשוע הערב והידידות המענג הנה הם נקראים בדיחים נדיבי לבב שבעי רצון נקיי הדעת
△10א1128 הנוהגים השעשוע הערב והידידות המענג הנה הם נקראים בדיחים נדיבי לב שבעי רצון נקיי הדעת
‡10א1128 האמצעי בין שני אלו הוא השמחן והמוסרי Xאל X‡18א1128

% 6 ורוב] ורב (ב ח) / 7 דבור] דבר (ג) / מגעגוע (ג) / ידאגו] יתנו דאגה (ב ג ד ח) / מי] למי (ב ג ד ח) / שיגעגעהו (ב ח) / 8 יצחק] יביא אל השחוק (ב ח) יביא אל הצחוק (ג ד) / וירחיקו] גם ירחיקו (ב ג ד ח) / 9 מדברים (ב ח) / התבונה (ד) / 10 הגעגוע] השעשוע (ב ד ח) בשעשוע (ג) /

----

6 -הוא- (ב) / ושיהיה דבור Xכך (א) /

△ 9א28 מדבריים (א.ד) מדברים (א) /

----

‡ 6 ושיהיה (ל) / 7א -דברי- (מ) / געגוע (ל) / 8 ירחיקו (כ) /

%11א1128 לפי שאלו התארים כלם יחשב בם שהם למדה אחת בעינה כי כמו
ƃ11א1128 לפי שאלו התארים כולם יחשב בם שהם למדה אחת בעינה כי כמו
#11א1128 וכבר יחשב מעניין התארים האלה כלם שהם מיוחסים למדה אחת אחת בעינה וזה שכמו
△11א1128 וכבר יחשב מעניין התארים האלה השלשה שהם מיוחסים אל מדה אחת בעינה וזה שכמו
ǂ11א1128 Xאין מקבילX

%12א1128 שהגופים נשפוט על תארם כן המדות
ƃ12א1128 שהגופים נשפוט על תארם הנה כן המדות
#12א1128 שיחתך משפט ויגזר אמר על עניני הגופים ותאריהם כמו כן יחתך על עניני המדות ותאריהן
△12א1128 שיחתך משפט ויגזר אמר על עניני הגופים ותאריהם כמו כן יחתך על עניני המדות ותאריהם
ǂ12א1128 Xאין מקבילX

%%13א1128 וכשהתפזר ישמח ברוב העתים
%13א1128 וכשהתפשט הדבר המצחק ירבה הראות
ƃ13א1128 וכאשר התפשט הדבר המשחק ונתמלא שחוק פי רוב אנשי המעמד
#13א1128 ואם באולי יתמיד הדבר המשחק וימשך עד שרוב אנשי המעמד יגדילו השמחה וירבו השחוק גם יאחזו
△13א1128 ואם באולי יתמיד הדבר המצחק וימשך עד שרוב אנשי המעמד יגדילו השמחה וירבו הצחוק גם יאחזו
ǂ13א1128 Xאין מקבילX

%%14א1128 בשעשוע והחירוף יותר
%14א1128 הגעגוע וההדיטות יותר ממה שראוי
ƃ14א1128 עם השעשוע וההוללות יותר ממה שראוי
#14א1128 בהוללות והסכלות יותר ממה שראוי
△14א1128 בהוללות וסכלות יותר ממה שראוי
ǂ14א1128 והתכלית הנוסף בזה

%15א1128 יקרא הפועל לו המחקה והליצן ושהעניין בשבני אדם יתחלפו
ƃ15א1128 יקרא הפועל אותו המחקה והליצן והעניין בשהאנשים יתחלפו
#15א1128 אז יקרה הפועל אותו המחקה והליצן והעניין בשהאנשים יתחלפו
△15א1128 אז יקרא האיש המחדש כמו זה הצחוק המחקה והליצן וכבר התבאר ממה שאמרנוהו במה שקדם שהאנשים הנה הם מתחלפים
ǂ15א1128 יקרא המחקה הליצן Xאל 1128א7ב‡X

% 11 למדה] למידה (ב ח) / 12 תארם] האדם (ח) / 13 וכשהתפשט] וכשהתפזר (ב ד ח) וכשהתפאר (ג) / -הדבר- (ג) / המצחק] המשחק (ב ח) / ירבה עד הגעגוע] ישמח ברוב העתים בשעשוע (ב ג ד ח) / 14 וההדיטות] והחריף (ב ג) והחירוף (ד) והחרוף (ח) / 15 יקרא] וקרא Xה"ר" עם נקודה מעליה ובגליון "י"X (ב) וקרא (ח) <לו> (ב ח) / והליצן] והלוצץ (ב ח) והלשן (ג) / ושהעניין] והעניך (ב ג ד ח) / בשבני] שבני (ג) /

ƃ 12 כן] כי (א) /

----

11 -אחת- (ב) / 12 ויגזר] ויגזור (ב) / אמר] אומר (ב) / 15 יקרה XכךX (א) /

△ 14 וסכלות XכךX (א) /

ǂ 15 -המחקה- (כ) /

%16א1128 חלוף לא באלו הדברים לבד הנה כבר הבאר ממה שאמרנוהו
ƃ16א1128 התחלפות לא באלו הדברים לבד הנה כבר התבאר ממה שאמרנוהו
#16א1128 התחלפות לא באלו הדברים לבד הנה כבר התבאר ממה שאמרנוהו
△16א1128 בדברים אחרים זולת הדברים האלה
‡16א1128 Xאין מקבילX

%17א1128 והשלוח מיוחד בענין האמצעי רצוני ששם השלוח מיוחד בענין האמצעי בזאת המדה ומדרך המשולח
ƃ17א1128 והחירות מיוחד בענין האמצעי רצוני ששם החירות מיוחד בענין האמצעי בזאת המדה ומדרך הבן חורין
#17א1128 ושם החירות מיוחד בתאר האמצעי של זאת המדה ומדרך הבן חורין הוא
△17א1128 ושם החירות מיוחד בתאר האמצעי של זאת המדה ומדרך הבן חורין הוא
‡17א1128 Xאין מקבילX

%18א1128 שיאמר וישמע מה שיאות באיש הרך והענוג שיאמר אותו וישישמעהו
ƃ18א1128 שיאמר וישמע מה שיאות באיש החפשי הרך והענוג שיאמר אותו וישישמעהו
#18א1128 לדבר ולשמוע דברים יאות אל האיש שהיא נשיא חן שר ונגיד לאמרם ולשמעם
△18א1128 לדבר ולהקשיב דברים שיאות אל האיש שהוא נשוא חן שר וטפסר לאמרם ולהטות אזנו להם
‡18א1128 וזה שזה האיש ישמח לומר ולשמוע דברים משמחים בשעור ראוי ובזמן ראוי

%19א1128 כי בכאן דברים יאותו במי שהיה זה ענינו שיאמרם
ƃ19א1128 כי יש בכאן דברים שיאותו כמו שהיה זה ענינו שיאמרם
#19א1128 וזה שכבר ימצאון הנה דברים יאות אל האיש שזה תארו לאמרם
△19א1128 וזה שכבר ימצאו הנה דברים שיאות אל האיש שזה תארו לאמרם
‡19א1128 Xאין מקבילX

%20א1128 וישמעם על צד השעשוע ושעשוע הבן חורין יתחלף
ƃ20א1128 וישמעם על צד השעשוע ושעשוע הבן חורין הנה הוא מתחלף
#20א1128 ולשמעם על צד ההתול וההשתעשע בדבר צחות ושעשוע השר הנגיד באמרי צחות ודברי התולים מתחלף הוא
△20א1128 ולהאזין אותם על צד ההתול וההשתעשע בדבר צחות ושעשוע השר והטפסר באמרי צחות ודברי התולים מתחלף הוא
‡20א1128 והוא נהנה בשעשוע בצד ראוי אמר שעשוע הבן חורין יתחלף

% 16 ממה] מה (ב ח) / 17 והשליח (ג) / -רצוני עד האמצעי- (ב ח) / השלוח] השליח (ג) השילוח (ד) / בענין] לעניין (ג) / 18 והעניג (א) / אותו] אליו (ג) / וישישמעהו Xה"ש" הראשונה נוספה בכ"י רהוטX (א) .שישמעהו (ח) /

----

18 -שהוא עד האישX19X- (ב) /

△ 17 ושם Xבאותיות גדולותX (א) / 18 נשוא (א.ב) נושא (א) / 20 באמרי (א.ב) בדברי (א) / הוא (א.ב) /

----

‡ 18 וזה] מה (כ) / -ולשמוע- (מ) / הראוי (ל) / ראוי X2X הראוי (כ) / 20 והוא] והנה (מ) /

%21א1128 לשעשוע העבד ושעשוע המוסרי יתחלף לשעשוע מי שאין לו מוסר
ƃ21א1128 לשעשוע העבד ושעשוע המוסרי יתחלף לשעשוע מי שאינו מוסרי
#21א1128 אל שעשוע העבד ושעשוע האיש שהוא מוסרי ובקי בדרך ארץ יתחלף אל שעשוע האיש שאין לו מוסר ודרך ארץ
△21א1128 אל שעשוע העבד ושעשוע האיש שהוא מוסרי מוכתר בדרך ארץ הנה הוא מתחלף אל שעשוע האיש שאין בו מוסר ודרך ארץ
‡21א1128 לשעשוע העבד ושעשוע המוסרי יתחלף לשעשוע הבלתי מוסרי

%22א1128 ונדע זה מהשירים אשר הניחום הקדמונים
ƃ22א1128 ונדע זה מהשירים אשר הניחום הקדמונים
#22א1128 וכבר יודע זה הענין ויתאמת מן השירים אשר יסדו וחברו המשוררים הקדמונים
△22א1128 וכבר יודע ויתאמת זה הענין מן השירים אשר יסדו וחברו המשוררים הקדמונים
‡22א1128 Xאין מקבילX

%%23א1128 בגנות
%23א1128 והחדשים בהגיה וזה כי בני אדם מהם הביאם לצחוק גנות המאמר
ƃ23א1128 והחדשים אשר מקרוב באו במליצותיהם וזה שאנשים מהם הביאם דבור המאמר לצחוק מהם
#23א1128 ואשר מקרוב במליצותיהם וזה שכבר נמצאו מהם אנשים שנמשך השחוק מדבריהם מצד כיעור המאמר ונוולו
△23א1128 ואשר מקרוב במליצותיהם וזה שכבר נמצאו מהם אנשים שנמשך הצחוק מדבריהם מצד כיעורי המאמר וניוולו
‡23א1128 Xאין מקבילX

%%24א1128 המחשבה
%24א1128 ובני אדם הביאם לשחוק החשד ובין שני אלו הדברים בהטבה הבדל אינו מועט
ƃ24א1128 ואחרים שהביאם לצחוק מהם דבה ולזות שפתים ויש בין שני אלו הדברים הבדל שאינו מועט בשלוח
#24א1128 ויש מהם שנמשך השחוק מאתם מצד השנויים וההשאלות ובין שני הדברים האלה יש הבדל גדול בענין יופי השיר ונעימותו לא הבדל קטון
△24א1128 ויש מהם שנמשך הצחוק מאתם מצד השנויים וההשאלות ובין שני הדברים האלה יש הבדל גדול בענין יופי השיר ונעימותו לא הבדל קטון
‡24א1128 Xאין מקבילX

%%25א1128 ראדע החרוף
%25א1128 אמר ומי יתן ראשער האם ראוי שיגדר ההדיוטות והגדוף הנאמרי√ בהתול
ƃ25א1128 אמר ומי יתן ואדע האם ראוי שיגדר הדבור המנוול המדובר בהוללות וסכלות
#25א1128 אמר ומי יתן ואדע איך ראוי שיגדר המאמר המכוער המדובר בהוללות וסכלות האם יגדר
△25א1128 אמר ומי יתן ואדע איך ראוי שיוגדר המאמר המכוער המדובר בהוללות וסכלות האם יגדר
‡25א1128 אמר מי יתן ואדע האם ראוי שיגדר החרוף והגדוף הנאמר בהתול

% 21 המוסר (ד) / שאין לו] שאינו <בעל> (ג) / 22 מה...רים (ב) / 23 בהגיה] בגנות (ב ג ד ח) / -גנות עד לשחוק- XבגליוןX (ב) / 24 לשחוק] לצחוק (ג ד) XבגליוןX (ב) Xמתוקנת מ"לשחוק"X (ח) / החשד] המחשבה (ב ג ד ח) / 25 ראשער] ואדע (ב ג ד ח) / ההדיוטות] החרוף (ב ג ד ח) / הנאמ√ (ב) הנאמר (ג ח) /

ƃ 21 לשעשוע] לשע Xסוף שורהX (א) /

----

23 ונוולו] וניוולו Xה"ו" הראשונה נוספת בין השורותX (ב) /

△ 25 המדובר (א.ד) המכובד (א) /

----

‡ 25 שיגדר] שיגבר (כ) /

%26א1128 בשהוא המאמר אשר לא יאות באיש הבן חורין או בשהוא המאמר אשר לא יעציב שומער
ƃ26א1128 בשהוא המאמר אשר לא יאות באיש הבן חורין או שהוא המאמר אשר לא יעציב שומער
#26א1128 בשהוא המאמר אשר לא יאות לצאת מפי איש שר וגדול או בשהוא המאמר אשר יקנה אל שומער יגון ואנחה
△26א1128 בשהוא המאמר אשר לא יאות לצאת מפי שר וגדול או אם יגדר בשהוא המאמר אשר יקנה אל שומער יגון ואנחה
ǂ26א1128 בשהוא המאמר אשר לא יאות באיש בן חורין או בשהוא המאמר אשר לא יעציב שומער

%27א1128 וזה הרושם השני כאלו הוא בלתי מוגבל כי הנמאס והערב אצל כל אחד מבני אדם הוא זולתו אצל האחר
ƃ27א1128 וזה הרושם השני כאלו הוא בלתי מוגבל לפי שהדבר המתועב והערב אצל כל אחד מהאנשים הוא זולתו אצל האחר
#27א1128 וזה הרושם השני כמעט שאיננו מוגבל לפי שהדבר שהוא נמאס א׳ ערב אצל אדם אחד איננו הדבר בעינו שהוא נמאס או ערב אצל אדם אחר
△27א1128 ואולם זה הרושם השני כמעט שאינו מוגבל ולא נאחז בגדר לפי שהדבר שהוא נמאס או ערב אצל אדם אחד אינינו הדבר בעינו שהוא נמאס או ערב אצל אדם אחר
ǂ27א1128 וזה הרושם השני כאלו הוא בלתי מוגבל כי הנמאס והערב אצל אחד מבני אדם הוא זולתו אצל אחר

%%28א1128 הדבר
%28א1128 וכמו זה יקרה בדברים אשר ישמער כי הדברים
ƃ28א1128 וכמו כן יקרה בדברים הנשמעים וזה שהדבר
#28א1128 וכמו כן יקרה בדברים הנשמעים בשכבר יחשב שהדבר
△28א1128 ודוגמת זה יקרה בדברים הנשמעים בשכבר יחשב שהדבר
ǂ28א1128 וכמו זה יקרה בדברים אשר ישמער כי הדבר

%29א1128 אשר יסבול שמער האיש כבר יחשב שהוא יפעלהו לפי שאין כל דבר יפעל כל אדם
ƃ29א1128 אשר יסבול שומער צער וכאב כבד יחשב שהוא יפעלהו לפי שאין כל דבר יפעל כל אדם
#29א1128 אשר יקשיב אותו שומער עם היותו מצטער עליו שהוא יאמר אותו גם כן וזה שאין כל דבר נעשה ומדובר מפאת כל איש מן האנשים
△29א1128 אשר יקשיב אותו שומער עם היותו מצטער עליו שהוא יאמר אותו גם כן וזה שאין כל דבר נעשה ומדובר מפאת כל איש מהאנשים
ǂ29א1128 אשר יסבול שמער אחד לא יסבול אחר

%%30א1128 והחרוף הנעשים על צד ההתחל לא
%30א1128 וזה שהקללה וההדיוטות לא יפעלם האיש הבן חורין אמר ואנשים ממניחי הנימוסים
ƃ30א1128 וזה שהקללה והחרוף הנעשים על צד ההתחל לא יפעלם האיש הבן חורין אמר ואנשים ממניחי הנמוסים
#30א1128 שהרי דברי חרופין וקללות ואמרי הוללות וסכלות לא יצאו מפי האיש שהוא שר וגדול אמר ורבים ממניחי הנימוסים
△30א1128 שהרי דברי חרופים וקללות ואמרי הוללות וסכלות לא יצאו מפי האיש שהוא שר וגדול ואמר ורבים ממניחי הנמוסים
ǂ30א1128 והוא הקללה והחרוף הנעשים על צד ההתחל לא יפעלם האיש הבן הורין אמר ומניחי הנמוסים

% 26 בשהוא] שהוא (ג) / אשר לא] שלא (ג) / באישי (ב ח) / הבני (ח) / בשהוא X2X] שהוא (ג) / 27 הרשם (ג) / באלו (ב) / 28 הדברים] הדבר (ב ג ד ח) / 29 שומער (ב ח) / -האיש- (ד) / חשב (ב) / 30 וההדיוטות] והחרוף הנעשים על צד ההתחל (ב ג ד ח) / הנימוסים] הנימוס (ג) הנמוס (ד) /

----

30 הנמוסים (ב) /

△ **27 אחד עד אחר** (א.ב) Xרווח של שלוש אותיותX (א) / 30 שהרי (א.ד) שהם (א) / ואמר Xכךא (א) /

ǂ **26 המאמר** X2X] מאמר (כ) / שמער (כ) / 27 וזה <כי> (מ) / 30 והוא] והנה (מ) / ההתול] ההרגל (מ) /

%31א1128 ימנעו הקללות והיותר ראוי באנשים מהם ימנעו החרוף והאיש הבן הוריין
ƀ31א1128 ימנעו הקללות והיותר ראוי באנשים מהם ימנעו החירוף והאיש הבן הוריין
#31א1128 יזהירו ויעניש על החרופין והקללות וכת אחרת מהם אומרים שהוא יותר נכון להזהיר ולענוש על דברי הוללות וסכלות והאיש שהוא שר וגדול
Δ31א1128 יזהירו ויעניש על החרופים והקללות וכת אחרת מהם אומרים שהוא יותר נכון להזהיר ולענוש על דברי הוללות וסכלות והאיש שהוא שר וגדול
‡31א1128 ימנעו הקללות ההחרפות והאיש הבן הוריין

%32א1128 המקובל הנה זה עניינו אחר שהיה לנפשו במדרגת הנימוס לבעל המדינה
ƀ32א1128 המקובל הנה זה עניינו אחר שהוא לנפשו במדרגת הנימוס אל אנשי המדינה
#32א1128 רצוי ומקובל כה משפטו וזה תארו לפי שהוא במדרגת הנימוס אל אנשי המדינה
Δ32א1128 רצוי ומקובל כה משפטו וזה תארו ביען כי הוא אל נפשו כמדרגת הנימוס אל אנשי המדינה
‡32א1128 הנה זה עניינו לפי שהוא מנהיג נפשו כמו שינהיג בעל הנימוס את האומה

%33א1128 הנה הממוצע בזאת המדה והוא הנמצא בזה התואר יקרא משולח
ƀ33א1128 הנה הממוצע בזאת המדה והוא הנמצא בזה התאר יקרא בן הוריין
#33א1128 והאיש הממוצע בזאת המדה והוא האיש שזה תארו וכה משפטו נקרא בן הוריין
Δ33א1128 והאיש הממוצע בזאת המדה והוא האיש שזה תארו וכה משפטו נקרא בן הוריין
‡33א1128 Xאין מקבילX

%34א1128 ואולם המחקה הוא למטה מהליצן כי הוא לא יקבל מנפשו ולא
ƀ34א1128 ואולם המחקה הנה הוא למטה מהליצן כי הוא לא יקבל מנפשו ולא
#34א1128 ואולם האיש המחקה הנה הוא זולת האיש המרבה בדברים המביאים אל השחוק וזה מפני שהאיש המחקה איננו מקבל מעצמו ולא
Δ34א1128 ואולם האיש המחקה הנה הוא זולת האיש המרבה דברים מביאים אל הצחוק וזה מפני שהאיש המחקה איננו מקבל מעצמו ולא
‡34א1128 Xאין מקבילX

%35א1128 מזולתו אלא הדברים המביאים לשחוק ויאמר גם כן דברים
ƀ35א1128 מזולתו אלה הדברים המביאים לצחוק ויאמר ג"כ דברים
#35א1128 מזולתו אלא דברים מביאים אל השחוק עם שיאמר גם כן דברים
Δ35א1128 מזולתו אלא דברים מביאים אל הצחוק עם שיאמר גם כן דברים
‡35א1128 Xאין מקבילX

% 31 שבאנשים (ג) / ימנע (ב ג ד ח) / החירוף (ב ד ח) / 32 -זה- (ח) / כמדרגת (ח) / 33 משלה <Xמלים אחדות נמחקותX> (א) / 34 ואולם Xבאותיות גדולותX (א) / מהלצן (ג) / מהליצן <המשחק> Xעם שתי נקודות למעלהX (א) / הרא] זה (ב ח) / 35 לצחוק (ב ג ד ח) /
----
32 שהוא במדרגת Xכךֻ X (א) /

Δ 32 כמדרגת Xכךֻ X (א) / 35 דברים (א.ב) /
----
‡ 32 כמו] בדרך (מ) / שינהיגו (מ) / בעלי (מ) /

1128ב1% שלא יהיה טוב אל האיש המקובל שיאמרם ודברים לא ייטב לו שישמעם ואולם
1128ב1б שלא יהיה טוב אל האיש המקובל שיאמרם ודברים לא ייטב לו שישמעם אולם
1128ב1# אשר לא יאות אל האיש הרצוי והמקובל לאמרם ולא להקשיב אותם ואולם
1128ב1Δ אשר לא יאות אל האיש הרצוי והמקובל לאמרם ולא להקשיב אותם ואולם
1128ב1⋕ Xאין מקבילX

1128ב2% המדברי הנה לא יכשר לכמו אלו החבורות אחר שהיה לא יסכים עמו דבר מהם
1128ב2б המדברי הנה הוא לא יאות לכמו אלו החבורות אחר שאין דבר מהם טוב וכשר בעינו
1128ב2# האיש המדברי איננו נאות והגון אל כמו אלו החבורות לפי שאין דבר מהן טוב וכשר בעיניו
1128ב2Δ האיש המדברי איננו נאות והגון אל כמו אלה החבורות לפי שאין שום דבר מהן טוב וכשר בעיניו
1128ב2⋕ Xאין מקבילX

1128ב3% ויהיה מבולבל מכלם יחד אמר וכבר יחשב שהמנוחה
1128ב3б והוא משתומם מכלם יחד אמר וכבר יחשב שההנאה
1128ב3# ואבל הוא חרד ומשתומם מכלן אמר וכבר יחשב מעניין ההנחה והמרגוע
1128ב3Δ ואבל הוא חרד ומשתומם מכלם אמר וכבר יחשב מעניין ההנחה והמרגוע
1128ב3⋕ Xאין מקבילX

1128ב4% והשעשוע בהנהגת האדם הכרחיים כי
1128ב4б והשעשוע הם הכרחיים בהנהגת האדם לפי
1128ב4# וההשתעשע בדברי צחות ואמרי התולים שהם הכרחיים בהנהגת האדם וזה
1128ב4Δ וההשתעשע באמרי צחות ודברי התולים שהם הכרחיים בהנהגת האדם וזה
1128ב4⋕ Xאין מקבילX

1128ב5% המצועים המתוארים בחבורות שלשה וכלם יחד ישותפו בשהם במאמרים מה
1128ב5б שהממוצעים המתוארים בעניין החבורות הם שלשה וכלם יחד ישתתפו בשהם במאמרים ידועים
1128ב5# שהתארים הממוצעים הנמצאים בעניין החבורות הם שלשה וכלם יחד ישתתפו בשהם נמצאים במאמרים ידועים
1128ב5Δ שהתארים הממוצעים הנמצאים בעניין החבורות הם שלשה וכלם יחד משתתפים בשהם נמצאים במאמרים ידועים
1128ב5⋕ Xאין מקבילX

% ב1 שלא] לא (ב ג ד ח) / אל האיש] לאיש (ג) / יטב (ג ד) ייטיב (ח) / 2 הנה <הוא> (ב ד ח) / 3 מכולם (ח) / 4 -כי- (ג) / 5 המצועים] הממוצעים (ב ג ד ח) / והמתוארים (ג) / השלשה (ג) / מאמרים (ג) /

\# ב5 הממוצעי√ (ב) /

Δ ב2 כמו <Xאות מטושטשת עם סימני השמטהX> (א) /

1128ב6% ופעולות ויתחלפו בשאחד משניהם
1128ב6б ופעולות יתחלפו בשאחד משניהם
1128ב6# ובפעולות ויתחלפו בשאחד מהם
1128ב6△ ובפעולות והם מתחלפים בשהאחד מהם
1128ב6ǂ Xאין מקבילX

1128ב7% ימצא בצדק והוא אשר יקרא בעליו הישר והאחר ימצא בענין הערב ואלו שני מינים
1128ב7б ימצא בנאמנות והוא אשר יקרא בעליו הנאמן והאחר ימצא בענין הערב ואין לשני מינים
1128ב7# נמצא בנאמנות והוא התאר אשר יקרא האיש המתואר בו הנאמן והשני מינים האחרים ימצאו בענין הערב
1128ב7△ נמצא בענין הנאמנות והוא התאר אשר יקרא האיש המתואר בו הנאמן והשני מינים האחרים ימצאו בענין הערב
1128ב7ǂ Xאין מקבילX

1128ב8% מהם מה שיהיה בשעשועים והם אשר יקרא בעליהם המוסרי ומהם מה שיהיה בחבורות מי שיתנהג בלתי הנהגת השעשוע
1128ב8б מהם מה שיהיה בשעשועים והם אשר יקרא בעליהם המוסרי מהם מה שיהיו בחבורות מי שיתנהג בזולת הנהגת השעשוע
1128ב8# המין האחד נמצא בענין ההשתעשע באמרי צחות ודברי התולים והוא התאר אשר יקרא האיש המתואר בו נדיב לב ושבע רצון
והמין השני ימצא בחברת האנשים שהנהגת חברתם היא זולת הנהגת ההשתעשע באמרי צחות ודברי התולים
1128ב8△ המין האחד נמצא בענין ההשתעשע באמרי צחות ודברי התולים והוא התאר אשר יקרא האיש המתואר בו נדיב לב ושבע רצון
והמין השני ימצא בחברת האנשים אשר הנהגתם בחברתם היא זולת הנהגת ההשתעשע באמרי צחות ודברי התולים
1128ב8ǂ Xאין מקבילX

1128ב9% Xאין מקבילX
1128ב9б Xאין מקבילX
1128ב9# Xאין מקבילX
1128ב9△ Xאין מקבילX
1128ב9ǂ Xאין מקבילX

1128ב10% אמר ואולם הבושת הנה אין ראוי שנדבר בו על שהוא מעלה מה
1128ב10б אמר ואולם הבשת הנה אין ראוי שנדבר בו על שהוא מעלה מה
1128ב10# אמר ואולם הבשת אין ראוי שנדבר בו על שהוא מעלה מה
1128ב10△ אמר ואולם הבושת אין ראוי שידובר בו על שהוא מעלה מה
1128ב10ǂ הדבור בבשת אמר אולם חבשת הנה אין ראוי שנדבר בו על שהוא מעלה מה

% 6 ופעולות] ופועלות (ח) / בשהאחד (ב ח) / 7 הערב] הער. (ב) / 8 שיהיה X2X] שיהיר (ב ג ד ח) / 10 הבשת (ג ד) /
-הנה- (ב) / מה לפי] לפי מה (ד) /

б ב10 הבשת Xבאותיות גדולותX (א) /

----

7 והשני] והב√ (ב) / 8 השני] הב√ (ב) /

△ 7 הנאמן Xה"ה" נוספת בין השורותX (א) / 8 בחברתם (א.א) / 10 אין (א.ד) אשר Xעם סימני השמטהX (א) /

%%11ב1128 בתכונה
%11ב1128 לפי שהוא יותר דומה בהפעלות מאשר הוא בענין
б11ב1128 לפי שהוא יותר דומה בהפעלות מאשר הוא בתכונה
#11ב1128 לפי שהוא יותר דומה אל הפעלות מדמיונו אל תאר ותכונה
Δ11ב1128 לפי שהוא יותר דומה אל הפעלות מדמיונו אל תאר ותכונה
‡11ב1128 לפי שהוא יותר נמנה בהפעליות מאשר ימנה בתכונות

%12ב1128 xאין מקבילx
б12ב1128 xאין מקבילx
#12ב1128 xאין מקבילx
Δ12ב1128 xאין מקבילx
‡12ב1128 xאין מקבילx

%13ב1128 xאין מקבילx
б13ב1128 xאין מקבילx
#13ב1128 xאין מקבילx
Δ13ב1128 xאין מקבילx
‡13ב1128 xאין מקבילx

%14ב1128 xאין מקבילx
б14ב1128 xאין מקבילx
#14ב1128 xאין מקבילx
Δ14ב1128 xאין מקבילx
‡14ב1128 xאין מקבילx

%15ב1128 xאין מקבילx
б15ב1128 xאין מקבילx
#15ב1128 xאין מקבילx
Δ15ב1128 xאין מקבילx
‡15ב1128 xאין מקבילx

% 11 מאשר] .אשר (ב) / בענין] בתכונה (ב ג ד ח) /
----
11 הפעלות] הפעולות (ב) /
----
‡ ב11 נמנה] נרצה (מ) / בהפעליות] שבפעולות (מ) / ימנה <שהוא> (מ) /

1128ב16% וזה ההפעלות אינו ראוי בכל שנים אבל אמנם יאות בבחורים אחר שהינו רואים
1128ב16ɓ וזה ההפעלות איננו נאות לא בכל ימי החלד ואבל אמנם יאות בשני הבחרות אחר שאנחנו רואים
1128ב16# וזה ההפעלות איננו נאות והגון בכל ימי החלד ואבל אמנם יאות בשני הבחרות לבד לפי שהדעת נותנה
1128ב16△ וזה ההפעלות איננו נאות והגון בכל ימי החלד ואבל אמנם יאות בשני הבחרות לבד לפי שהדעת נותנת
1128ב16ǂ ואמנם זה ההפעלות אינו ראוי בכל השנים אבל אמנם יאות בבחורים כי

1128ב17א% שהוא מחויב שיהיו כמו אלו מתבישים Xאל 1128ב19א%X 1128ב17ב% לפי שהנהגתם למה שהיה גובר עליה ההפעלות
1128ב17אɓ שהוא מן הראוי שיהיו כמו אלו מתביישים Xאל 1128ב19אɓX 1128ב17בɓ לפי שהנהגתם היא דבר השגיאה בסבת ההפעלות הגוברת עליה
1128ב17א# בשהוא מן הראוי אל הבחורים שיהיו ביישנים Xאל 1128ב19א#X 1128ב17ב# לפי שההפעלות הגובר בדרך הנהגתם ומעשי ידיהם
1128ב17א△ בשהוא מן הראוי אל הבחורים שיהיו בישנים Xאל 1128ב19א△X 1128ב17ב△ לפי שההפעלות הגובר בדרך הנהגתם ומעשה ידיהם
1128ב17ǂ יחוייב לבחורים שיהיו מתביישים לפי שהנהגתם

1128ב18%% מזה
1128ב18% היו מרבים הטעות והבושת ימנעם זה Xאל 1128ב19ב%X
1128ב18ɓ והבשת
1128ב18# יביאם לחטוא ולשגות מאמרי דעת אלא שהבשת ימנעם ממנו Xאל 1128ב19ב#X
1128ב18△ יביאם לחטא ולשגות מאמרי דעת והבושת ימנעם ממנו Xאל 1128ב19ב△X
1128ב18ǂ ברבוי התאוות והנה הבשת ימנעם מכלם או מקצתם

1128ב19א% רצוני הבחורים ואמנם היה הבושת באלו משובח Xאל 1128ב17ב%X 1128ב19ב% ואולם הזקנים
1128ב19אɓ ר"ל הבחורים ואמנם היה הבשת באלו משובח Xאל 1128ב17בɓX 1128ב19בɓ Xאין מקבילX
1128ב19א# ואמנם הנה הבשת בהם דבר נאה ומשובח Xאל 1128ב17ב#X 1128ב19ב# ואולם הזקנים
1128ב19א△ ואמנם היה הבושת בהם דבר נאה ומשובח Xאל 1128ב17ב△X 1128ב19ב△ ואולם הזקנים
1128ב19ǂ ואולם הזקנים

1128ב20% הנה אין אחד ישבחם על שהם בישנים לפי שאנו רואים שהזקנים אין ראוי
1128ב20ɓ Xאין מקבילX
1128ב20# אין שום אדם משבח אותם על היותם ביישנים לפי ששורת הדין נותנת בזקנים שאין ראוי
1128ב20△ אין שום אדם משבח אותם על היותם ביישנים לפי שהשכל גוזר והדעת נותנת שאיננו דבר נאות והגון
1128ב20ǂ אין אחד שישבחם עם שהם בישנים לפי שהם אין ראוי

% 16 שנים] השנים Xה"ה" נוספת בין השורותX (ג) / שהינו] שהיי.. (ב) שאנו (ג) שהיינו (ד ח) / 17א שיהיו] כי יהיו Xמחוק ובגליון ".י.י."X (ב) / מתבישים] מתביישים (ב ד ח) / 19א הבשת (ד) / משובח באילו (ג) / 17ב לפי] ולמה (ג) / -שהיה- (ג) / גובר] שגובר (ג) נז.ר (ח) / 18 והבשת (ג ד) / זה] מזה (ב ג ד ח) / 19ב ואולם Xבאותיות גדולותX (א) / הזקנים] ושקנים (ח) / 20 -אין- (ד) / ישבחם] שישבחם (ב ג ד ח) / ביישנים (ב ג ד ח) / -שאנו רואים- (ג) / הזקנים (ד) /

ɓ 17ב דבר] .בר (א) / הגוברת] הגובר. (א) / 18 והבשת Xשאר המאמר א"א לקרואX (א) /

19א הנה] היה (ב) /

△ 16 ההפעלות Xאות מחוקה לפני ה"ה" הראשונהX (א) /

ǂ 16 -כי- (מ) / 20 שהם אין] שאין (כ) /

%21ב1128 להם שיפעלו פעולות יתביישו מהם ולא המעולה גם כן
ƃ21ב1128 Xאין מקבילא
#21ב1128 להם שיפעלו פעולות שיתביישו מהם
Δ21ב1128 אל הזקנים שיפעלו פעלים שיתביישו מהם
‡21ב1128 להם שיפעלו פעולות אשר יתביישו מהם אמר המעולה לא

%22ב1128 יתבייש אחר שהיה הבושת אמנם הוא מהדברים הרעים והיו אלו אין ראוי שיפעלו
ƃ22ב1128 Xאין מקבילא
#22ב1128 לפי שהבשת אמנם יקרה מצד עשיית הדברים הרעים ואלה הדברים אין ראוי שיהיו נעשים
Δ22ב1128 מפני שהבשת אמנם יקרא מצד עשיית הדברים הרעים ואלה הדברים אין ראוי שיהיו נעשים ונפעלים
‡22ב1128 יתבייש לעולם אחר שהיה הבשת אמנם הוא מדברים רעים וזה לא יפעל דבר רע או מגונה Xאל ‡29ב1128X

%23ב1128 אמר ואחר שהיו הדברים המגונים מהם מה שהם כך באמת
ƃ23ב1128 Xאין מקבילא
#23ב1128 אמר ואין הבדל בדברים המגונים והמכוערים בין שיהיו מכוערים באמת
Δ23ב1128 אמר ואין הבדל בדברים המגונים והמכוערים בין שיהיו מכוערים באמת
‡23ב1128 Xאין מקבילא

%24ב1128 ומהם מה שהם כך במחשבה הנה אין הבדל בין שניהם בששני החלקים יחד ראוי שלא יפעלו
ƃ24ב1128 Xאין מקבילא
#24ב1128 או שיהיו מכוערים במחשבה כי הוא מן הראוי בשני החלקים יחד שלא יהיו נעשים ונפעלים
Δ24ב1128 או שיהיו מכוערים במחשבה ודמיון כי הוא מן הראוי בשני החלקים יחד שלא יהיו נעשים ונפעלים
‡24ב1128 Xאין מקבילא

%25ב1128 עד שלא יתבייש משניהם והמעולה זה הוא ענינו רצוני שאין מדרכו אחד משני אלו הגנויות ואולם הרע הנה הוא אשר מדרכו שיהיה בענין
ƃ25ב1128 Xאין מקבילא
#25ב1128 באופן שלא יביאו לבשת וגם לחרפה והאיש המעולה כה משפטו רצוני שאיננו מדרכו לעשות שום דבר משני אלה המינים מן הדברים המכוערים ואולם האיש הרע מדרכו הוא להיותו מתאר בתאר
Δ25ב1128 באופן שלא יביאו לבשת וגם לחרפה והאיש המעולה כה משפטו רצוני שאיננו מדרכו לעשות שום דבר משני אלה המינים מן הדברים המכוערים ואולם האיש הרע מדרכו הוא להיותו מתואר בתאר
‡25ב1128 Xאין מקבילא

% 21 פעולות] הפעלות Xא"ה" נוספתX (ג) / מהם] ממנו (ג) / 22 הבשת (ג ד) / הוא] יהיה (ב ג ד ח) / שיפעלום (ג) / 23 -באמת עד כך- (ג) / 24 -ומהם עד כך- (ח) / בששני] בששניהם (ד) / חלקים (ד) / 25 זה הוא] זהו (ב ח) / מדרכו Xא"מ" נוספת בין השורותX (א) / הגנויות] הגיונות Xמחוק ובגליון "הגנויות"X (ב) הגנויות (ד) / -הרע- (ב ח) / הנה] הוא (ג) / כענין (ח) /

----

23 מכוערים] מכוער√ (ב) / 24 Xבגליון "הרחק מן הכיעור ומן הדומה לו"X (א) / בשני] בב√ (ב) / 25 -רצוני- (ב) / משני] מב√ (ב) / אלה] אלו (ב) /

----

‡ 21 -להם- (מ) / 22 מהדברים הרעים (מ) /

1128ב26%% בשיעשה
1128ב26% יפעל בו דבר מהענינים המגונים וזה יהיה בשעשה
1128ב26ƃ Xאין מקבילX
1128ב26# שבו יעשה ויפעל הענינים המכוערים ולכן אם יתבייש אחרי עשותו
1128ב26△ שבו יעשה ויפעל הענינים המכוערים ולכן אם יתבייש אחרי עשותו
1128ב26ǂ Xאין מקבילX

1128ב27% דבר מאלו ונתבייש ולכן היתה המחשבה בו שהוא נצול
1128ב27ƃ Xאין מקבילX
1128ב27# הדבר המכוער אפשר שיתקן ענינו ומפני כן יחשב עליו שהוא נצול ונמלט
1128ב27△ הפעל המכוער אפשר שיתוקן ענינו ומפני כן יחשב עליו שהוא נצול ונמלט
1128ב27ǂ Xאין מקבילX

1128ב28% מן המגונה בענין אבל הבושת בענינים אשר יהיו ברצון
1128ב28ƃ Xאין מקבילX
1128ב28# מן הדבר המכוער באופן מה ואמנם הביישן בעניני͏ם הנעשים ברצון
1128ב28△ מן הפעל המכוער באופן מה ולכן האיש הביישן בענינים הנעשים ברצון ובבחירה
1128ב28ǂ ובפרט בעניינים הבחירים Xאל 1128ב30בǂX

1128ב29% יאמר בו שהוא
1128ב29ƃ Xאין מקבילX
1128ב29# כבר יאמר עליו שיש לו
1128ב29△ כבר יאמר עליו שיש לו
1128ב29ǂ אמר אמנם יאמר בבשת שהוא Xאל 1128ב30אǂX

1128ב30%% הנה נבטח על בעליו שיוליכהו אל
1128ב30% טוב ההסכמה לפי שהביישן כשעשה פועל מגונה יתבייש ממנו וזה יקוה לו ההולכה אל המעלה ולכן יאמר בבושת שהוא טוב לא
1128ב30ƃ Xאין מקבילX
1128ב30# הסכמה יפה וטובה לפי שהביישן אם יעשה פעל מה מגונה נתבייש ממנו ולכן יש תקוה לאחריתו שידרוך ויגיע אל המעלה ולכן יאמר בבשת שהוא טוב לא
1128ב30△ הסכמה יפה וטובה לפי שהאיש הביישן אם יעשה פעל מה מגונה יתבייש ממנו ולכן יש תקוה לאחריתו כי ידרוך ויזכה להגיע אל המעלה ומפני כן יתואר האיש הביישן בשהוא טוב וכשר לא
1128ב30אǂ טוב Xאל 1128ב28ǂX 1128ב30בǂ לפי שהביישן כשעשה פעל מגונה יתבייש ממנו ובזה תקוה בו שזה העניין יוליכהו אל המעלה וישמר עוד מחטא ומזה הצד יאמר בבשת שהוא טוב לא

% 26 יהיה] יהיו (ד) / בשעשה] בשיעשה (ב ג ד) בשיעשו (ח) / 28 מן המגונה] מהמגונה (ד) / -בענין- (ב ג ד ח) / הבשת (ג ד) / 30 הסכמה (ב ד ח) / לפי] ולפי Xנקודה מעל ל"ו" ולמטה ממנהX (א) / ממנו] ממ.. (ב) / יקוה לו ההולכה] הנה נבטח .. בעליו שיוליכ.. (ב) נבטח על בעליו שיוליכהו (ג) הנה נבטח על בעליו שיוליכהו (ד ח) / ולכן] לכן (ח) / בבשת (ד) /
----
27 שיתקן XכךX (א) / 30 נתבייש XכךX (א) /

△ 26 ולכן (א.ד) ואולם Xעם סימני השמטהX (א) / 28 ולכן (א.ד) ואכן (א) / 30 ומפני (א.ד) וכמו (א) /

ǂ 28 הבחריים (כ) הבחוריים (מ) / 30ב כשיעשה (מ) / תקוה] תקנה (כ) / מחטוא (ל) /

%31ב1128 שהוא מנוי במעלות אלא שהעזות רע והוא
б31ב1128 Xאין מקבילX
#31ב1128 שיהיה נמנה מכלל המעלות אלא שהעזות והוא
△31ב1128 שיהיה הבושת נמנה מכלל המעלות אלא שהעזות והוא
‡31ב1128 שהוא מנוי במעלות   אמר   אמנם העזות הוא רע והוא

%32ב1128 שלא יתבייש אדם ממעשה המגונה והיותר ראוי באדם והיותר ראשון בו שלא
б32ב1128 Xאין מקבילX
#32ב1128 הסיר האדם מעל פניו מסוה הבשת בעשותו המעשים המכוערים הוא דבר רע ואולם היותר ראוי לאדם והיותר הגון אליו הוא שלא
△32ב1128 הסיר האדם מעל פניו מסוה הבשת בעשותו המעשים המכוערים הוא דבר רע ואולם היותר נכון לאדם והיותר הגון אליו הוא שלא
‡32ב1128 שלא יתבייש האדם מעשות המגונה   אמר   היותר ראוי באדם והיותר ראשון שלא

%33ב1128 יהיה פועל מה שיצטרך שיתביש ממנו   אכר   ואין
б33ב1128 Xאין מקבילX
#33ב1128 יעשה מעשים שיהיה צריך להתבייש מהם
△33ב1128 יעשה מעשים שיהיה צריך להתבייש מהם
‡33ב1128 יהיה פועל מה שיצטרך שיתבייש ממנו

%%34ב1128 עד שנדבר
%34ב1128 לחיצת הנפש גם כן מעלה ונדבר בה בזה החלק אבל הוא דבר מעורבב והנה נדבר
б34ב1128 Xאין מקבילX
#34ב1128 אמר   וכבישת היצר גם כן איננו מעלה עד שנדבר בו בזה החלק ואמנם הוא דבר מעורב ונדבר
△34ב1128 אמר   וכבישת היצר איננו מעלה עד שנדבר בו בזה החלק ואכן הוא דבר מעורב ונדבר
‡34ב1128 Xאין מקבילX

%35ב1128 בו במה שאחר זה ואנחנו עתה נדבר בשווי
б35ב1128 Xאין מקבילX
#35ב1128 בו במה שאחר זה ואולם עתה נדבר בענין היושר ובכאן נשלם המאמר
△35ב1128 בו במה שיבא ואולם עתה הנה נדבר במדת היושר   נשלם המאמר הרביעי בחסד עליון וברוב טובו
‡35ב1128 ובכאן נשלם המאמר הרביעי

% 31 אלא] אבל (ג) / שהעזית (ב) העזות (ג) / 32 האדם (ב ג ד ח) / ממעשה] מעשייתי (ב) מעשיית (ג ד ח) / ויותר (ג) / -בו- (ג) / 33 פועל] פעל* (ב) / יצטרך (ג) / שיתבייש (ב ג ד ח) / 34 ונדבר] עד שנדבר (ב ג ד ח) / הוא] היא (ב ג ד ח) / מעורבב] מעורב (ב ג ד ח) / 35 בו] בה (ב ג ד ח) /

----

31 שיהיה <Xא"א לקרואX> (ב) /

△ 34 היצר איננו XכךX (א) / 35 נשלם עד טובו Xבשורה נפרדת ובאותיות גדולותX (א) /

----

‡ 32 -שלא- (מ) / 33 יהיה פועל] יפעל (כ) / מה] וזה (מ) / שיצטרך] שלא יצטרך (מ) /

נספח א: השוואת כתב יד ט עם נוסח %. כתב יד ט נמצא רק משורה 24ב1120.

24ב1120% בם ואשר יוש.. .. ..פ / 32 -תדבק עד המעלה- Xנוסף בגליוןX / 34 יהיו] יהיה / הפכיים] ההפכים /

1א1121% לנדיב] אל הנדיב Xה"אל" נוספת בין השורותX / 3 זה] בזה / ויצטער וידאג / 5 -לא- / ישער <אין לו יכלת> /
11 והם Xבין השורותX / 15 עליו Xבין השורותX / 18 בלי] בלא / יקמצו <הם אשר> Xבין השורותX / 19 מן הכילי] מהכילי
/ 20 השנים <ומפני> / 21 וההסרון] החסרון / 22 שהיה] שהוא Xה"ו" וה"א" מחוקות ו"יה" בין השורותX / שנמצא] שימצא
/ אשר] שהוא / 23 ואם <הוא> / 26 מדרך <הרע> Xבין השורותX / והפחות / הפחות <להרע> Xמחוקא / 27 יקה <אבל> Xבין
השורותX / ואמנם] אמנם / 29 זכרנו] זכרנום / בני] מבני / יועיל] יועילו Xעם סימני מחיקה על ה"ו" השניהX / יועיל
<לא> Xמחוקא / 33 -וירצו- Xנוסף בגליוןX / שתקל Xה"ש" נוספת בגליוןX /

1ב1121% נשברים XגליוןX מדברים Xטכסטא / 2 מכל Xה"מ" נוספת בין השורותX / 11 אל המוסר] למוסר / 12 אל X2X] על /
ואולם Xשלש נקודות למעלהX / 13 אין <Xשתי אותיות מחוקותX> / 14 חזקי] חזקים Xה"ם" מחוקהX / 16 לפזורו Xה"ו"
האחרונה נוספת בין השורותX / והכילות Xשלש נקודות למעלהX / 21 שאשר] כי אשר / 25 שהם <אמנם> / 27 שרנא ההופות]
מונה העד. XגליוןX / הדברים Xמחוקא השמות Xבין השורותX / 28 בהמנע] מהמנע Xה"מ" מחוקה ו"ב" בין השורותX / 30 בזה
Xבין השורותX / מספיקים] מס..... / 32 מכל צד] ... . /

1א1122% אלו <כלם> Xבין השורותX / 2 הם Xבין השורותX הוא Xבטכסט מחוקא / 4 יקחו Xבין השורותX יתנו Xבטכסט מחוקא /
6 ושללו ההיכלות Xגליוןא / 7 ואולם Xשלש נקודות למעלהX / 9 שיפעלוהו Xה"ו" הראשונה נוספת בין השורותX / 14
שיאמר] יאמר <Xשלש אותיות מחוקותX> / וזה Xשלש נקודות למעלהX / רוע Xה"ו" נוספת בין השורותX / 19 מעלה] המעלה Xעם
סימני השמטה מעל ל"ה" הראשונהX / 20 יהיו] יהיה Xה"ה" השניה מחוקה ו"ו" נוספת בין השורותX / כמו] כמה Xה"ה" מחוקה
ו"ו" נוספת בין השורותX / 22 ברבוי מה] במה Xטכסטא רבוי Xנוסף בין השורותX / 23 כי הוא Xבין השורות מעל לאותיות
מחוקותX / 24 והגדול <אמנם> / בסמיכות <אל> Xבין השורותX / 25 על ה Xבין השורות מעל לאותיות מחוקותX / ההוצאה]
בהוצאה / 26 אשר יוציא] ... ..ציא / 27 לו Xבין השורות מעל לאותיות מחוקותX / 28 -לו- / 31 יקרא] נקרא / 32 בגודל
Xה"ו" נוספת בין השורותX / בדברים Xה"ב" נוספת בין השורות מעל לאותיות מחוקותX / -אבל עד יהויב- Xטכסטא אבל בגודל
מה שיפ... במה שלא מחויב Xגליוןא / 35 יוכל] ישער / כי הענין] שהענין /

1ב1122% שהענין] שהתואר Xגליוןא / בפעולו <ובמי שיפעלם> Xגליוןא / 4 מגדולה Xנקודות מעל ומתחת ל"ו"X / שיהיה
Xה"י" הראשונה נוספת בין השורותX / 6 פעולות] הפעולות Xה"ה" מחוקהX / 8 וקלות Xבטכסט מחוקא ושמחה לפי שהחקירה
ביותר Xגליוןא / ודקדוק] והדקדוק Xה"ה" נוספת בין השורותX / רב] הרב Xה"ה" נוספת בין השורותX / פתיתות] פתיתיות
/ 9 ועיונו עד שיעשהו Xשתי נקודות מעל לכל מלהX בשיהיה בשעור שיוציא עליו Xגליון וכנראה שייך לשורה הבאהX / 10
בשיהיה] הנה יהיה X"הנה" נוספת בין השורות מעל לשתי אותיות מחוקותX / 12 ולגודל Xה"ו" השניה נוספת בין השורותX /
16 ומעלת המעשה] ומעל. .מעשה / 17 ממנו ולכן] .... / 20 והנדרים Xבין השורותX / 21 האלהיים Xה"י" השניה
נוספת בין השורותX / 23 ותפלות] והתפלות / 26 שיהיו ממה] שיהיה ממה Xבין השורותX / יעשה Xבין השורותX / 27 הדל
Xגליוןא הכל Xבטכסט מחוקא / 30 קדימה Xבין השורות מעל לאותיות מחוקותX / 32 כי Xבין השורותX / הדברים <יש> Xבין
השורותX / 35 והיותר Xה"י" נוספת בין השורותX /

%1123א1 החופות Xשלש נקודות למעלהX / 5 בעניני√] בעניניים אה"ם" נוספת בין השורותX / ההמוניים אה"ה" השניה נוספת
בין השורותX / והתשורות Xשלש נקודות למעלהX / 7 כי Xבין השורותX / 9 בו Xבין השורותX / וזה Xשלש נקודות למעלהX /
12 נכבדת] נכבדות Xעם סימני השמטה על ה"ר"X / הגדולים Xטכסטא הנכבדים Xבין השורותX / 14 הנקראת] הנקראים /
ואלדואמתין] ואל..עפין Xטכסטא אלדואמתין Xגליון̣X / המדבריים ‹הם› / 15 מעט] מועט אה"ר" נוספת בין השורותX / 16
עשה] שיעשה אה"ש" נוספת בין השורותX / 17 בגודל אה"ר" נוספת בין השורותX / שהוסיף] שהוציא / 19 ואולם Xשלש נקודות
למעלהX / והוא Xגליון̣X / 23 ויתן ‹מתנות› Xגליון̣X / 27 מעט] מעוט עם Xסימני השמטה על ה"ר"X / 31 וכל] ועל X"כ"
בין השורותX / 32 אלא עד יזיקו] אלא שהם יזיקו Xטכסטא לפי שהם לא יזיקו Xגליון̣X / 35 בם Xבין השורותX /

%1123ב1 בגדול] בגודל / בגודל] בגדול / 2 הוא Xבין השורותX / 6 שגודל] שגדול X"ר" נוספת בין השורות וה"ר" עם
סימני השמטהX / 7 והנוי Xבין השורותX / והמלחות Xמחוקא והיופי Xגליון̣X / 9 הנה Xבין השורותX / נפשו] נפש לו / 10
ממה Xבין השורותX / שראוי] שהוא ראוי / 12 -לעניינים עד נפשו- Xנוסף בגליון̣X / תראהו] תראוהו / 16 ובפרט אה"ב"
נוספת בין השורותX / 17 אחר Xבין השורותX / הוא אמנם Xעם סימנים של הפוך̣X / 18 ממה אה"מ" הראשונה בין השורותX /
שיעבוד] שיעבד / האל יתי√ Xבין השורות מעל לאותיות מחוקותX / 20 גדול Xשלש נקודות למעלהX / 22 מעניני] מענין / 24
הקטן] קטן / הנפש ‹הנה› / 26 יוסיף Xבין השורות מעל למלת "יוציא" מחוקהX / 27 שהיה] שיהיה Xעם סימני השמטה על
ה"י" הראשונהX / 28 המעולה אה"ר" נוספת בין השורותX / המעולה ‹שבאנשים› / מן העניינים] מהעניינים אה"מ" נוספת בין
השורותX / 30 אחת] אחד / שגדל] שגדול / 31 בכלל] בו כלל אה"ר" נוספת בין השורותX / 35 שהיה] שיהיה Xעם נקודה מעל
ל"י" הראשונהX / הוא] שהוא אה"ש" מחוקהX / ואמנם אה"ר" נוספת בין השורותX /

%1124א1 הטוב Xבין השורותX / מבני] מן בני / שיהיה Xשלש נקודות למעלהX / 2 עצמות אה"ר" הראשונה בין השורותX / 3
ולכן Xשלש נקודות למעלהX / שימצא] להמצא / 4 שימצא] להמצא / האחרון אה"ה" נוספת בין השורותX / 5 הגדול Xשלש
נקודות למעלהX / 6 שישמח Xעם סימני השמטה מעל ד"ש" הראשונהX / שמחה Xשלש נקודות למעלהX / 7 -ראוי X2X- / לו
Xנוספת בין השורותX / 8 המעלה Xשלש נקודות למעלהX / 10 ואולם Xשלש נקודות למעלהX / ומההנבזה Xסימני השמטה ב"ה"
הראשונהX / שבבני] מבני / 11 -מהם- / ויהיה נקלה] ויוקלה X"ר" נוספת בין השורותX / 12 הנה Xשלש נקודות למעלהX /
14 העושר והיכולת / 15 מהם Xבין השורותX / 21 בעלי Xמחוקא / -שבעלי עד לפי- Xנוסף בגליון̣X / היחסים X2X] היחס /
24 -אנשים- Xנוסף בגליון̣X / 31 -מה- Xנוסף בגליון̣X / הטובות Xבין השורותX מעלות Xגליון̣X /

%1124ב1 -בהם- / 3 להם X2X] בהם / 4 יפעלוהו] יפעלהו / בגדולי] לגדולי Xעם נקודה מעל ל"י"X / הנפשות Xעם נקודות
מעל ל"י" ר"ת"X / 5 ראוי ‹ראוי› Xמחוקא / 6 ואין Xשלש נקודות למעלהX / 7 רב Xטכסטא גדול Xגליון̣X / 8 גדול Xטכסטא
עצום Xגליון̣X / 11 יאהבהו] יחיבהו Xטכסטא יאהבהו Xגליון̣X / 12 הערות והנטיה Xטכסטא ההמשך וההשמע לבני אדם Xגליון̣X
/ ויחשוב אה"ר" השניה נוספת בין השורותX / בהם] בם / 13 ולא אה"ר" נוספת בין השורותX / 18 בזריזות] בהשתהואות /
19 היכולת] השעורים / 20 שהתנשאות] שההגבהה / 21 התפארת Xטכסטא מדנים Xבין השורותX / 25 יקר] גדול / 26 שיהיה
Xשלש נקודות למעלהX / הגבהת הקול Xטכסטא בקשת זריזה Xבין השורותX / 27 שהגעיה] שהגעייה אה"יה" מחוקות ובין
השורות "גוע"X / 28 -ר"ל בפועל- / 29 שיהיה] שהיה / 30 צנוע Xטכסטא אמונים Xגליון̣X / קלות ראש Xטכסטא לכזב
Xגליון̣X / קל ראש Xטכסטא כזבן Xגליון̣X / 31 שלא אה"לא" בין השורותX /

2א1125% כמו] במדרגת / -חנפים- / הוא <גם כן> Xגליוןx / 3 -לא עד שהיה- Xנוסף בגליוןx / קנאי] נוטר Xגליון
ומתוקן ל"קנאי"X / 5 שישפיל האנשים Xטכסטx שיספר חדשות לבני אדם Xגליוןx / 6 בשישבה] בשישבהם / 9 התקוה Xה"ה"
הראשונה מחוקהX / 10 מי Xגליון ובטכסט שתי אותיות מחוקותX / 12 מלקיחוור Xה"ר" נוספת בין השורותX / והמועילים]
המועילים / למי] לפי Xה"פי" מחוק ולמעלה "מי"X / שהיה] שזה Xמחוק ולמעלה "שהיה"X / 13 ויחשב Xשלש נקודות למעלהX /
16 למהיר] לאיש מהיר / תואר] התאר Xה"ה" מחוקהX / 17 יוסיף Xשלש נקודות למעלהX / 22 ישתוקקו Xה"ר" האחרונה מחוקהX
/ 24 תמימי Xשלש נקודות למעלהX / 25 יברחו מהמעשים] כגרים מה מהאנשים Xמחוק בטכסטX יברחו מהמעשים Xבין השורותX /
27 ואולם Xשלש נקודות למעלהX / 28 וגלוי / 29 והיקרים Xה"ר" נוספת בין השורותX / -ויתקשטו בהם- / 30 לזה Xבין
השורותX / 33 גדול] לגדול Xגליוןx / שיקבילהו / 34 כי Xשלש נקודות למעלהX / רב Xגליוןx / רוע Xה"ר" נוספת בין
השורותX / הגאוה Xה"ר" נוספת בין השורותX /

5ב1125% ו.מנם / דמה] תדמה Xה"ת" נוספת בין השורותX / לנדיבות <כי> Xבין השורותX / 6 אמנם] כבר / 8 הראוי] ראוי /
9 שאשר Xה"ש" הראשונה נוספת בין השורותX / 10 אפילו Xבין השורותX לא Xמחוק בטכסטX / 11 לא Xבין השורותX / 12 מצד
Xבין השורותX / ואהב] ואוהב / 13 שאמרנו / 15 דבר] ענין / בעינו Xגליוןx / 17 -שבין- / 18 הספק <אם כן> Xעם סמני
השמטהX / בשני] בשתי / בו] בם Xה"ם" מחוקה ולמעלה "ו"X / שיהיה Xטכסטx הוא Xבין השורותX / 19 מצוע / 20 שיתאוהו /
22 אוהב Xטכסטx ה"ו" מחוקה ו"ת" נוספת בין השורותX / 23 אוהב הכבוד Xבין השורותX / היא Xבין השורותX / 24 הם Xבין
השורותX / אחר] אחד / שתי] שני / 27 הקצוות Xה"ה" נוספת בין השורותX / 29 הקצה Xה"ה" נוספת בין השורות מעל ל"ב"
מחוקהX / מצד <הכעס> Xעם סמני מחיקהX / חימה Xגליוןx רתיחה Xטכסטx / 31 הנה <אמנם> / 32 שראוי] הראוי Xה"ה" מחוקה
ו"ש" בין השורותX / 33 הוא Xבין השורותX / שיהיה Xעם סמני מחיקה על ה"י" הראשונהX / ישובה / 34 מתעלם בדברים
Xטכסטx מעביר על מדותיו Xגליוןx / 35 השכל] בהשכל /

10א1126% יותר <ראוי> Xמחוקx / שהיה ראוי] שראוי / 11 כולם Xעם שלש נקודות למעלהX / 12 ממה <שלא> Xמחוקx / שיחויב
Xה"ש" נוספת בין השורותX / אשר לא] שלא / אחר Xשלש נקודות למעלהX / 13 אפשר] איפשרי / אליו] עליו / 14 ויותר
Xה"ו" הראשונה נוספת בין השורותX / 15 היותר Xה"ה" נוספת בין השורותX / 17 אחר Xטכסטx עוד Xבין השורותX / 18 זה
Xמחוק ובין השורות "אלו"X / 20 וישאר Xה"י" נוספת בין השורותX / 21 כשנסתפק <ונתרצה> Xגליוןx / 22 יניחו] ינוח
Xמחוקx והרצוי ישקיט Xבין השורותX / עםXה"ע" בין השורות ובטכסט "א" מחוקהX / 23 יסתפקו <ויתרצו> Xבין השורותX /
התדבקה] תתדבק Xטכסטx תבער המתם Xגליוןx / 25 תשאר] תשוב Xה"וב" מחוק ובין השורות "אר"X / רתיחתם Xמחוקx המתם
Xבין השורותX / 29 שיושמו] שישימו X"ר" נוספת בין השורות וה"י" השניה מחוקהX / משישים Xטכסטx משיושם Xתקוןx / 31
הם Xגליוןx / 32 אותו <הנה> Xמחוקx / 33 -בכל עד שיהיה- Xנוסף בגליוןx / 36 שאנו Xשלש נקודות למעלהX /

3ב1126% עלינו] עליהם Xה"הם" מחוק ו"נו" בין השורותX / 4 אחד X2X] ואחד Xה"ו" מחוקהX / 5 שהתאר Xה"ה" נוספת בין
השורותX / 8 וכשתעבר] וכאשר יעבור / 9 שראוי] שהוא ראוי / 11 ואמנם] ואולם / שיהיו] אשר יהיו / ובהלצות / -כלומ√
מילי דבדיחותא- / 12 הנה] הם Xבין השורותX / חולי Xמחוק בטכסטx מרוצי Xבין השורותX / 14 בו Xבין השורותX / והם
Xמחוק בטכסטx ואולם Xבין השורותX / 15 ישמח] ייחד Xטכסטx יכלול Xגליוןx / 16 מתועבים מרוחקים / 17 -מהם- / 18
וכמה] ובמה / 20 שאשר Xה"ש" נוספת בין השורותX / 22 בדרך] ברך / ההבה] החכמה Xמחוקx המדה היא מודה Xבין השורותX /
23 מההפעלות] מהפעלות / שיהיה] אשר יהיה / -יחשב עד שיחשב- Xנוסף בגליוןx / 24 -כל אחד עד יקבל- Xנוסף בגליוןx /
מי Xה"י" נוספת בגליון מעל ל"ה" מחוקהX / 26 מזה Xבין השורותX / 28 שתהיה Xבין השורותX שיתאר Xמחוק בטכסטx / 29
פועל] הפועל Xה"ה" נוספת בין השורותX / 30 גם עניבו] או אל / 32 -או עד נאה Xשורה X35- Xנוסף בגליוןx / 35 כלל]
מועטת /

%1127א1 חבורות] חברותו Xאה"ר" השניה מחוקהX / 2 העניינים <האחרים> המתחלפים Xבין השורותX / 3 לא יהנה] יתביישו / 11 התבאר] יתבאר / 13 -ר"ל בחבורות- / 14 -יהיה- / 15 -ר"ל עד בתארם- / שנהיה Xאה"נ" נוספת בין השורותX / 16 שהם] שם / 21 מזויף] מזייף / ומראה Xבין השורותX / 24 הוא הצדיק Xבין השורותX / -במאמרים עד שבאר- / 28 -וכן עד עליו- Xנוסף בגליוןX / 29 מגונה] ומגונה Xאה"ר" הראשונה מחוקהX / 34 שהיה] שיהיה /

%1127ב1 הצדק] הצדוק / חלוף <Xארוה של תשע אותיות מחוקותX> / 2 והוא <Xארוה של ארבע עשרה אותיות מחוקותX> / מנפשו] בנפשו X"מ" נוספת בין השורות מעל ל"ב"X / שתארו Xה"ש" נוספת בין השורותX / 3 יחשבו] יחשב / נכנס תחתיו Xטכסטא שפל הגוף Xגליוןא / 4 יצדק Xבין השורותX / 5 במקומו Xה"ב" בין השורותX / 6 ישנא Xבגליון ובטכסט ארבע אותיות מחוקותX / רצוני Xבין השורותX / ישנאהו Xבין השורותX / שהיה] שהוא / 8 השגחה] להשגחה Xה"ל" מחוקהX / יטה אל Xבין השורותX / 9 יחשיב Xה"י" השניה בין השורותX / 10 ולולא Xגליוןא ובזולת Xטכסטא / לא היה ידין] היה ירחק Xטכסטא לא היה שופט Xגליוןא / 11 מחשב] מחשיב Xה"י" נוספת בין השורותX / 12 והכבוד] או הכבוד Xה"א" נוספה בכ"י שונהX / 14 ובבחירה] גם בבחירה / 16 הכזבנים Xגליוןא הכוזבים Xטכסטא / 18 -ישובהו עד אשר- Xנוסף בגליוןX / 19 ובעניינים Xה"ב" בין השורות מעל לאות מחוקהX / 20 במדרגת] במדרגות Xה"ר" מחוקהX / 21 -האנשים- Xטכסטא בני אדם Xגליוןא / 22 -והם- / המתפחתים Xה"ה" נוספת בין השורותX / 30 בשיעור ובעניינים Xבין השורותX / 31 מאד Xבין השורותX / 32 ממנו Xה"ר" בין השורות מעל ל"ה" מחוקהX /

%1128א1 במה Xה"ב" מחוקהX / וכמה] ובמה / -וכן עד שיחויב X2X- Xנוסף בגליון בשנויים קלים עיין למטהX / 2 במה] מה וכמה] ובמה / 4 שאשר X"אשר" בין השורות מעל ל"זה" מחוקX / 5 מיפים] מי.ים Xטכסטא מגעגעים Xגליוןא / יוליכו Xטכסטא ישתוקקו Xבין השורותX / בלי] בלא / 6 מהם Xבין השורותX / 7 ידאגו Xטכסטא יתנו דאגה Xגליוןא / מי] אל מי Xה"אל" בין השורותX / שיגעגעוהו] שיגעגעהו / 8 דבר <יביא אל> Xגליוןא / יצדק Xטכסטא הצחוק Xה"ה" וה"ו" בין השורותX / וירחיקו Xה"ו" הראשונה מחוקהX גם Xבין השורותX / 9 התכונה] התבונה / 10 שישתמש] שישתמשו Xה"ו" נוספת בין השורותX / הגעגוע Xטכסטא השעשוע Xבין השורותX / 12 נשפוט Xה"ו" בין השורותX / 13 וכשהתפשט Xה"ת" בין השורותX / ירבה עד הגעגוע] ישמח ברב העתים בשעשוע / 14 וההדיטות Xטכסטא והחירוף Xגליוןא / יותר Xבין השורותX / 15 ושהעניין] והעניין / 18 והעינוג] והתענוג Xה"ת" מחוקהX / ושישמעהו Xה"ש" הראשונה בין השורותX / 20 יתהלף] תתהלף Xה"ת" הראשונה מחוקה ר"י" בין השורותX / 23 בהגיה Xמחוקא בגבות Xבין השורותX / 24 החשד] המחשבה / 25 -האם ראוי שיגדר- Xטכסטא ואדע האם ראוי שיגדר החירוף Xבין השורותX / -הנאמר√ בהתול- Xטכסטא הנאמר בהתול Xבין השורותX / 27 והערב Xבין השורותX / אצל Xבין השורותX / 29 כל Xבין השורות מעל ל"ה" מחוקהX / 30 וההדיטות Xטכסטא והחירוף Xגליוןא / וההדיוטות <הנעשים על צד ההתול> / הנימוסים] הנימוס / 32 אחר Xשלש נקודות למעלהX / 34 מהליצן <המצחיק> Xבגליון כתוב "אינו בספר אחר"X / 35 לשחוק] לצחוק /

%1128ב1 שלא] לא / 2 המדברי] המדברים / הנה <הוא> / 3 וכבר Xשלש נקודות למעלהX / 5 המצועים] הממוצע Xטכסטא ים Xגליוןא / המתוארים Xגליוןא / 8 המוסרי Xגליוןא / 11 בעניין] בתכונה / 18 היו Xבין השורותX / זה] מזה Xה"מ" בין השורותX / 20 ישבחם] שישבחם Xה"ש" הראשונה בין השורותX / 22 מהדברים Xה"ה" בין השורותX / 25 מדרכו Xה"מ" בין השורותX / אשר Xה"ר" בין השורותX / 26 בו Xבין השורותX / בשעשה] בשיעשה Xה"י" בין השורותX / 27 היתה Xגליוןא / 30 לפי] ולפי Xה"ו" מחוקהX / יקוה] יקרה Xטכסטא הנה נבטח על בעליו שיוליכהו Xבליוןא / ולכן Xשלש נקודות למעלהX / 32 אדם] האדם / ממעשה Xמחוקא מעשיית Xבין השורותX / 33 שיצטרך Xבין השורותX / 34 ונדבר] עד שנדבר Xה"עד" בין השורותX / מעורבב Xה"ב" הראשונה מחוקהX / 35 בו] בה /

נספח ב: השוואת כ"י טורין עם נוסח % מן ההתחלה עד 1126א14 ועם נוסח # מ1126א15 עד סוף הפרק.

%1119ב22 שנמשיך] שנמשך / 27 והדרהמין] והדרהמי. /

%1120א2 האיש] ממרבו / 3 שהחיים] שחייר / בממון] בממרבו / 6 -והמחושב- / מהדברי√] מן הדברים / מכל אחד מהדברים]
מהעושר / 7 המשתמש] אשר ישתמש / 8 שהשתמשות] שהשתמשות / 10 ממה שיקח] משיקח / 13 -בה- / 14 שהטבה וההכרה / 15
הן] .הם / 19 ואמנם] ואולם / 20 נשתרו] נתיישרו / בעשות] בעשיית / 25 בו] כן / 26 ריוהד] וייוחד / 27 הוא <אם Xעם
סימני השמטהX> / הזקו] הזיקו / 30 רינזק] ויצטער / הנאה] .... / 31 הדבר] .... / 32 שזאת] .... / הלקיחה] .לק.חה
/ אינה] .... / 33 מאחר] לשום ... Xאדםx / 34 טובה] הטבה / -וכבר- / -מה- /

%1120ב1 מקביניו] מן הכפופים תחת ידו / 2 יאצור] יאבד / 3 יאותו] שיהיו ראויים / 4 ראוי <וצד ראוי> / וצד] והצד /
תהיה] שתהיה מתנתו / 10 וקביבו] מקבין / 13 שיאהבהו] ויאהבהו / 14 כאבות] כמו האבות / 16 יכבדהו] י...הו / לעצמו]
לעצ.. / 18 והזדמן] ובהזדמן / 19 שירצה] שישגיח / 20 שירצה] שישגיח / 21 -להם- / 25 המנצחים] המושלים / 27 וכאשר]
כאשר / 31 -אשר- / בין] במה שבין / 32 -רצוני יקח כמו שראוי- / בה] לה / 34 יהיו] יהיה / כמו] כפי מה / הפכיים]
ההפכים / האלו] מאלו /

%1121א3 ויצטער וידאג / 5 ישער] יוכל / שיהיה] שהיה / 6 דאגתו] צרתו / 8 יטעה] .... / 14 יחסר <במצוע Xעם סימני
השמטהX> / 18 בלי ספק] מהר / יקמוצר <הם אשר> / -כבר- / 19 מן הכילי] מהכילי / 21 והחסרון] ומפני החסרון / 22 מה]
ממה / אשר <הוא> / 23 -או- / 24 יתאוה] ויתאוה / 26 הרע והפחות / 27 ואמנם] אבל אמנם / העשיר] המסתפק / 29 זכרנו]
זכרנום / בני] מבני / 30 מהמפזרים] מן המפזרים / 33 ההוצאה] היציאה /

%1121ב1 נשברים] משתדלים / 2 יתנדב] שיזדמן / 5 -ידאגו- / פעמים <יעשירו> / ממי] מי / 11 מעורר] שומע / אל המוסר]
למוסר / 12 וראה] ויפקוד / יעתק] נעתק / 14 חלשה שהיא] הולשה כי היא / חבור] הרגל / 21 -וזה עד בנתינה- Xטכסטx
רזה שאשר יקרא צר עין וקפדן ופחות הוא אשר יחסר בנתינה ולא Xגליוןx / 24 לטירל] להנקות מרע / העניבים] ענינים /
25 שהם <אמנם> / 27 שרבא החופות] מרבה העדשים / יקראוהו] יקראו / 32 -ויקחו- / 33 שיפעלו הקופים והאנשים] שיפעלו
שפלי הנפש מן האנשים והאנשים הנקביים ר"ל אשר דרך נשים להם /

%1122א6 ושדדו] ושללו / 14 שיאמר] יאמר / 17 והפחיתיות] והפחיתיות / 24 בסמיכות <אל> / 25 המרציא] המוצא / 26
יוציא] יוצא / יוציא X2X] יוצא / 28 -לו- / 30 פחיתות] מעט הרגשה / 31 יקרא המיה] יתרון טוב הלבב והתגדלות / 32
אשר <לא> / בדברים] במה / -אשר- / 33 -לא- / יחויב] שיחוייב / 35 יוכל] ישער / -מה- / שיחויב] המחויב / -כי- /
העניין] שהעניין /

%1122ב1 ויוגבל] ויוגדל / 8 וקלות] ועיון / ודקדוק הרב / 9 והרע] גם הדקדוק רב] והתפארת הוא / 10 בשיהיה <מה
שיוציא עליו מעט הנה מחוייב בהכרח שיהיו> / 13 אשר יוציאה] שיוציאה / 15 ומעלת <המעל Xמחוקx> / 16 הממון] ..... /
17 שיעיין אל] ש..... .ל / 18 והותרבות] .... / 21 האלהיים] האלים Xעם שתי אותיות למעלהx / 23 ותפלות]
והתפלות / 27 יהיה <הדן Xמחוקx> / 28 כפי <מה> / מהדלים] מן הדלים / 32 אלו <ההדרים Xעם סימן השמטהX> /

1123%א3 בשליחות <השלוחים> / 5 ההמוניים] הכוללים / 6 ישוב] משכן / 8 כשהיו] שהם / 10 לאלה] לאל / דברים] הם
ענינים / 14 הבעל עד המדבריים] הכדור והצפור ושני צמידים / 15 מה] ממה / שירא] שישתעשע בו / -ממנו- / 17 שהוסיף]
שהוציא / 24 ההפלגה] ההתפארות / 28 הדברים] ...... / 29 וישהיתהו ואמנם] וישחית.. .אמנם / 30 מעוטה] מעטה / 32
אלא] לפי / 33 מבעליהן] מבעליהם / 34 הגדולים] גדולים / 35 ונתאר] ונבאר /

1123%ב1 בגדול] בגודל / בגדול / 2 יכין נפשו] יחשוב בעצמו שהוא ראוי / מוכן] ראוי / 3 על בלתי] מבלתי
שיהיה / 5 מוכן] ראוי / יכין נפשו] יראה עצמו ראוי / 7 שהסברת הפנים] שהיופי / -והמלהות- / 8 יכין נפשו] יחשוב
בעצמו שהוא ראוי / הגדולים] גדולים / מוכן] ראוי / 9 שהכין נפשו] שיחשוב שהוא ראוי / שראוי] שהוא ראוי לו / שהכין
נפשו למטה] שיחשוב שהוא ראוי לפחות / 10 שראוי] שהוא ראוי / 12 יותר ראוי] ראוי יותר / שהוא למטה] שלמטה / לא
תראהו] מה תחשוב כך / 13 היותר] יותר / 14 אותן] אותם / 15 בזה <והנאה יוסיף עליו גליוןX> / 18 ומה] וממה / 19
השקידה בממונות טכסטX ההשתדלות בענינים גליוןX / 22 מעניני] מענין / 23 יכינו נפשותם טכסטX יחשבו בעצמם שהם
ראויים גליוןX / 32 יכבד עליו טכסטX יגדל בעיניו גליוןX / 33 שימשך לענינים טכסטX שידקדק בענינים גליוןX /
35 אחר] אחד / שכן למעלה טכסטX גמול המעלה גליוןX /

1124%א1 מבני] מן בני / 3 שימצא] להמצא / 4 שימצא] להמצא / האחרון שבטובים טכסטX כי אם טוב ומטיב גליוןX / 6
שישמח] ישמח / 7 -לו ראוי או למטה מה שהוא- / 8 ויוכן לה] ויהיה ראוי לה / הרבה] הדבר / 11 -מהם- / יתבזה עד בו
טכסטX יבז בעיניו ויקל בו גליוןX / כשיעדר] כשנעדר / 14 העושר והיכולת / 15 משניהם יגיע אליו] שיגיע לו / -הוא-
/ כשהצליח] כשיצליח / 20 גוזמא טכסטX העוצם גליוןX / החיצוניות] החיצונות / 25 הענינים] ענינים / 27 יכינו
נפשותיהם טכסטX יהיו ראויים גליוןX / 31 מציאות טכסטX לכלכל גליוןX / ימצאו להם טכסטX יכלכלו גליוןX /

1124%ב1 -בהם- / מאסו טכסטX ..... גליוןX / האנשים טכסטX אותם גליוןX / 2 וידעו עד להם טכסטX ויעשו אי זה
דבר שיקרה להם גליוןX / 3 להם] בהם / 4 שתחיבהו] שתחייבו / בגדולי הנפשות] בגדול הנפש / 6 ואין עםX שתי נקודות
למעלהX / 7 רב הסכנה טכסטX רב ההסתכנות גליוןX / 10 הדבר] דבר / המעדיף טכסטX המטיב גליוןX / מדרך] דרך /
המועדף טכסטX אשר ייטיב לו גליוןX / 12 התחלתו בהטבה טכסטX התחיל להיטיב לו גליוןX / -הערות- / והנטיה] הנטיה
/ מהיר הנטיה טכסטX לה..תו ור"ל שהוא רך כקנה להשמע ולהדרש לדורשיו ונמצא למבקשיו ויהמו רחמיו על מי שראוי ובכלל
כל המדות הנמשכות אחר החסידות בין א"בין" עם נקודה אחת למעלה מכל אותX גליוןX / 15 -הנה- / הוא] והוא / -בו- /
שהעדיף עליו טכסטX שהטיב לו גליוןX / 18 ומדרכיו] ומדרכו / בזריזות גליוןX בהשתוואות טכסטX / 19 היכולת]
השעורים / 20 שההתנשאות] שההגבהה / 21 לבעלי ההפארת טכסטX בעל תפארת גליוןX / 22 העבורים יכבד טכסטX השפלות כבד*
גליוןX / 25 יקר] גדול / 26 הגבהת הקול] בקשת הרוח טכסטX פרסום גדלתו גליוןX ....ת קול גםX בגליוןX / 27
שהגעיה] שהגעגוע טכסטX ....תדלות גליוןX שהההמדה בזה גםX בגליוןX / היראו <הם> / 28 -ר"ל בפועל- / 29 שיהיה]
שהיה / ראוי טכסטX מקל גליוןX / 30 צנוע] אמיר כךX בטכסטX טוב הנפש מתא.. גליוןX / קלות הראש] לכזב טכסטX
השעשוע גליוןX / קל ראש] כזבן טכסטX מת... גליוןX /

1125א1% אלא] א.. / בהראות עד החבות XטכסטX בהתאהבות XגליוןX / היו] ... / 2 ההנופות] החנפות / כמו עד חנפים]
במדרגת השכירים והמקבלים הטבות X"ובעלי ההכנעה" בגליוןX חנפים / 3 קנאי XטכסטX נוטר איבה XגליוןX / 4 הגדול] גדול
/ 5 ההעלמה] העלמה / שישפיל האנשים XטכסטX שירבה שיחה עם בני אדם XגליוןX / 7 ואין הוא הורש רעות XטכסטX מרבה
לשבח בני אדם XגליוןX / 8 נוקם ונוטר XטכסטX מספר בגנות XגליוןX / 9 ההכרחיים <והעניבים הקטנים> / תקוה XטכסטX
חמדן ... XגליוןX / 10 תוחלת XטכסטX .כנעה XגליוןX / 12 והמועילים] המועילים / 13 התנועה] התנועות / 14 עומד
בדבורו XטכסטX מתערב במאמר XגליוןX / בטחונו XטכסטX השתדלותו XגליוןX / מעטים] המעטים / 15 סכנה XטכסטX השיבות
XגליוןX / ומדון] .מדון XטכסטX מזומן Xבין השורותX / והדות הקול XטכסטX ומשתדל XגליוןX / 16 למהיר XטכסטX לנמהר
Xבין השורותX נמהר XגליוןX / ואיש מדון XטכסטX והמזומן XגליוןX / 17 יחסר] .... / 18 שהם] ... / 19 טועים XטכסטX
חוטאים XגליוןX / 20 יהיה ראוי] .... / 24 תמימי הטבע XטכסטX פותים XגליוןX / 29 -ויתקשטו בהם- / 33
שיקבילנו] שיקבילהו /

1125ב3% גודל Xבין השורותX גדול XטכסטX / 5 ואולם] ואמנם / 6 אמנם] כבר / 9 שאשר] אשר / 10 אפילו] לא / 11 -לא- /
אוהב הכבוד] .... .כבוד / 12 ואהב] ואוהב / נשבח] .... / 13 שאמרנוהו] שאמרנו / 16 -יותר X2X- / 17 מן המחויב]
מהמחויב / 18 שיהיה X2X] שהוא / 19 המצוע] מצוע / 20 שיתאורנו] שיתאוה אותו / 22 -אל- / 24 מהקצורות] משני הקצורות /
שתי] שני / הקצורות] ...... / 25 ושהוא] וכי / 29 הימה] רתיחה / 33 משובח] ישובח / 34 -שיהיה- / מתעלם בדברים
Xטכסט והערת השוליים נשרפהX / בלתי נקשר לכעס Xהערת השוליים נשרפה והמלה האחרונה "לכעס"X /

1126א1% Xההשוואה עם % נגמרת בשורה X14 / 1 ותהיה מציאותו כשעור XטכסטX ויהיה כעסו XגליוןX / 12 עצמו] נפשו /
כשהתקבצו] כשיתקבצו / 13 אפשר] סובל / הכעסן] הכעס /

15א1126# Xמכאן מתחילה ההשוואה עם # וכ"י טורין זהה עם # עד סוף הקטעX

4ב1126# -בלתי- / 5 -בו- / 12 בהם] בם / 13 בו מה] הוראה / 24 -מי שיקבל- / 35 הפכיי] הפכי / ואבל] אבל /

6א1127# זה X3X <הוא> / 17 שהן כן] שהם כך / 21 מזייף] מזוייף / 29 יפה] ויפה / 33 שיש עד והודאה] ... ...
..ודאה / 34 אל היושר] .. היו.ר /

10ב1127# ולולי] ולולא / 14 והיהיר] ויהיר / 19 הם X1X] הנה / 32 המתהדיט] התמהדיט / 33 אמר <בליצנות וההתול
ר הגענוע XגליוןX> /

8א1128# השחוק] הצחוק / 11 -אחת- / 15 יקרה] יקרא / 17 של] אל / 18 שהוא עד ולשמעם] שזה תארו לאמרם ולשמעם Xמהוק
בטכסטX ... נשוא חן .. ונגיד ....ם ולשמעם XגליוןX / 34 איננו] אינו /

17ב1128# ומעשי] ומעשה / 25 מתאר בתאר] מתואר בתואר / 35 -ובכאן נשלם המאמר- /

kindnesses to me while I was visiting the monastery in the summer of 1973. I also thank the late Al-'Abid al-Fası, director of the Qarawiyyin Library in Fez, and the staff of the National Library in Rabat, for providing photographs of the unique Fez manuscript of the *Ethics*.

For financial aid and encouragement over the past years, I thank the American Council of Learned Societies, the American Philosophical Society, the Israel Academy of Sciences and Humanities, the National Foundation for Jewish Culture, Stanford University, and the Roland Foundation. I also wish to acknowledge the help of David J. Halperin, who was in charge of the technical side of the project at its beginning, as well as the staff of the Stanford Computing Center, who extended every courtesy. Raphael A. Finkel served as technical consultant at the last stage of the project. Thanks are also due to my wife, Hanna Berman, who collated the Turin manuscript and helped in various ways to bring the project to a successful conclusion. W.A. Clebsch encouraged me in the prosecution of this task over the past few years. Professor S. Pines took an active interest in my work from the beginning and I thank him for his graciousness. I express my thanks as well to the Israel Academy of Sciences and Humanities for taking upon itself the publication of this work and to Mr Samuel Reem for his obliging cooperation in preparing the book for printing.

A preliminary version of the Introduction was delivered at the Twenty-Ninth International Congress of Orientalists in Paris on 19 July 1973.

L.V.B.

Averroes' *Middle Commentary on the Nicomachean Ethics* was translated into Hebrew by Samuel ben Judah of Marseilles in 1321. It was the first translation into Hebrew of a Greek philosophic work on ethics and politics. The translation had an enormous influence on the development of Hebrew ethical and political terminology of a philosophic nature. In fact, Samuel's original work initiated a period of activity centred around the *Nicomachean Ethics* lasting for some three hundred years.

While gathering material for an edition of the work, commencing in 1962, I realized gradually that the Hebrew manuscripts which M. Steinschneider had listed in his monumental *Die hebräischen Übersetzungen des Mittelalters* actually represent different stages in the evolution of the text. First of all, it seemed that certain corrections introduced by the translator himself in his revision of the original work can be recognized. In the Introduction to the edition of Book Four of the *Middle Commentary*, presented here, specific examples in support of this assertion are pointed out. Additionally, Samuel's original version was revised in several stages by anonymous individuals. In Book Four, at least three different revisions of the original version can be distinguished. Another related text is an epitome of the original version by Joseph ibn Kaspi, a contemporary of Samuel.

The main purpose of the Introduction to the edition of Book Four is to clarify the manuscript tradition in order to isolate the manuscripts pertinent to a forthcoming edition of the whole text of Samuel's original version. A subsidiary purpose is to provide some information on one aspect of the cluster of texts related to the *Nicomachean Ethics* in Hebrew, a topic neglected in the past. Some comments are included on the use of the computer for the editing of Hebrew language texts.

I wish to thank the Institute of Microfilmed Hebrew Manuscripts, Jewish National and University Library, Jerusalem, for the use of its rich collections and the obliging cooperation of its staff. Special thanks are due to Father Demetrio Stefano Altimari of the Laboratorio di Restauro del Libro, Badia Greca di Grottaferrata, for sending a microfilm of the Turin manuscript and for various

CONTENTS

THE ISRAEL ACADEMY OF SCIENCES AND HUMANITIES

THE HEBREW VERSIONS OF BOOK FOUR OF AVERROES' MIDDLE COMMENTARY ON THE NICOMACHEAN ETHICS

Critical Edition with Introduction by

LAWRENCE V. BERMAN

Jerusalem 1981

CORPUS PHILOSOPHORUM MEDII AEVI
ACADEMIARUM CONSOCIATARUM AUSPICIIS
ET CONSILIO EDITUM

CORPUS AVERROIS

PUBLICATIONS OF THE ISRAEL ACADEMY
OF SCIENCES AND HUMANITIES

SECTION OF HUMANITIES

AVERROES HEBRAICUS

Editioni curandae praesidet
Shlomo Pines